本书由国家民委新疆师范大学中华民族共同体研究基地、新疆维吾尔自治区"十四五"重点学科——民族学、新疆维吾尔自治区文科基地——新疆农牧区社会转型研究中心——资助出版。

汉民族研究丛书 曾少聪 主编

百年红墩

新疆牧区汉人的社会文化变迁

A Hundred Years of Hongdun:
The Social and Cultural Changes of
Han People in Xinjiang Pastoral Areas

罗意 ○ 著

中国社会科学出版社

图书在版编目（CIP）数据

百年红墩：新疆牧区汉人的社会文化变迁／罗意著 . —北京：中国社会科学
出版社，2024.1（2025.1 重印）

（汉民族研究丛书）

ISBN 978 - 7 - 5227 - 0352 - 7

Ⅰ.①百… Ⅱ.①罗… Ⅲ.①牧区—汉族—社会生活—研究—
新疆 Ⅳ.①K281.1

中国版本图书馆 CIP 数据核字（2022）第 169630 号

出 版 人　赵剑英
选题策划　宋燕鹏
责任编辑　金　燕
责任校对　李　硕
责任印制　李寡寡

出　　版　中国社会科学出版社
社　　址　北京鼓楼西大街甲 158 号
邮　　编　100720
网　　址　http://www.csspw.cn
发 行 部　010 - 84083685
门 市 部　010 - 84029450
经　　销　新华书店及其他书店

印　　刷　北京明恒达印务有限公司
装　　订　廊坊市广阳区广增装订厂
版　　次　2024 年 1 月第 1 版
印　　次　2025 年 1 月第 2 次印刷

开　　本　710×1000　1/16
印　　张　17.75
插　　页　2
字　　数　275 千字
定　　价　108.00 元

目　　录

图表目录

绪　言

　　本书是一部关于新疆西北部阿尔泰山草原深处一个拥有一百五十多年历史的、以汉人为主的"民族互嵌型社区"的民族志报告。

　　这个社区叫"红墩",位于克兰河中游东岸的台地上,距离阿勒泰市区仅 12 千米。该社区形成于清末,生活着被称为"户儿家"的汉人群体,以及哈萨克族、维吾尔族和蒙古族村民。中华人民共和国成立后,汉族、回族、哈萨克族和维吾尔族人口持续迁入,巩固和发展了各民族相互嵌入的社区环境。在红墩这个微型场域中,各民族在日常生活中交往交流交融,发展出了和谐的民族关系,形成了共享的民族团结记忆。汉人不仅适应了阿尔泰山草原生态环境和人文环境,还形成和发展出了具有牧区属性的社会文化体系。近年来,"红墩"频繁出现在主流媒体的报道之中,彰显了红墩汉人社会文化和各民族交往交流交融经验之研究的重要价值。2016 年,国家民委调研组在一份调查报告中提出了民族团结的"阿勒泰现象",并概括了红墩各民族交往交流交融的事实和经验。

　　位于新疆北部的阿勒泰地区,素有"金山银水"和"大爱之地"之美誉。长期以来,生活在这里的哈萨克、汉、维吾尔、回、蒙古等 30 多个民族相互了解、相互尊重、相互包容、相互欣赏、相互学习、相互帮助,始终像石榴子一样紧紧抱在一起,民族团结长期经受住了各种困难和风浪的考验……,堪称各民族和睦相处、和衷共济、和谐发展的典范,创造了民族团结的"阿勒泰现象"。

　　阿勒泰地区各民族在长期的生产生活中深度交融，形成了你中有我、我中有你，因你有我、因我有你、不分你我、共担风雨的密切关系，铸就了博爱包容、感恩互助、平等相待、勤劳进取的"户儿家"精神，成为阿勒泰地区各民族深度交融的缩影。①

一　田野偶遇

　　2010 年以来，笔者长期在阿尔泰山草原从事游牧社会的调查，于2014 年完成了一部以哈萨克族定居游牧民为研究对象的博士论文。②在牧区调查时，总是能够遇到一些汉人村落，规模大小不一，少则一二十户，多则一百来户。它们有的连接成片，沿乌伦古河、克兰河、布尔津河线状分布。有的散落在草原深处，原子化式地嵌入于以哈萨克族人为主的牧业社区之中。还有一些汉人"聚居点"，无法单独成村，成为行政村的一个自然村。这些汉人村落是当代牧区社会的重要组成部分，在牧区经济、社会、文化、政治、生态和族群关系等多个领域扮演着极为重要的角色。然而，这些汉人及其组成的村落长久为学界忽视。对研究游牧的人类学家来说，哈萨克族才是主要的研究对象，汉人只是在必要时（比如涉及族群关系）才被关注。对研究新疆汉人社会的人类学家来说，他们喜欢到巴里坤、奇台、吉木萨尔等东天山和天山北路的汉人聚居区进行调查和研究，散落在牧区深处的汉人村落被认为不具典型性。

　　然而，我却对这些散落在牧区深处的汉人及其组成的村落特别感兴趣。我博士论文的田野点是阿勒泰地区富蕴县的吐尔洪盆地。这是阿尔泰山东段南麓的一个山前断裂盆地，处于额尔齐斯河的上游，19

---

　　① 国家民委调研组：《金山银水春常在，大爱之地花常开——新疆阿勒泰地区民族关系长期和谐的调查与思考》，《求是》2016 年第 1 期。

　　② 博士论文《消逝的草原：一个草原社区的历史、社会与生态》已经于 2017 年 7 月由中国社会科学出版社出版。

世纪中叶后便是哈萨克族中玉兹克烈部落中且柔奇、哈拉哈斯、木里合与萨尔巴斯四个小部落的春秋草场和冬季牧场。20世纪50年代开始，这里的哈萨克族人开始了定居进程。20世纪60年代后，一批疆外的汉族、回族移民迁入，并从事农业生产。在这个不大的盆地中，有2个汉人村落，1个汉族与回族各占一半的村落，还有1个汉人组成的自然村。因此，要想对哈萨克族定居游牧民的社会文化变迁进行解释，根本不可能回避生活在这里的汉人群体。因为他们参与了牧区过去几十年经济、社会、文化、政治和生态的复杂变迁过程，是牧区社会的一部分。

博士论文写完后，我给自己提出了两项新的命题，即如何认识阿尔泰山草原的汉人社会，以及如何从汉人社会的视角重新认识阿尔泰山草原及其过去几十年的沧桑巨变。在对吐尔洪盆地汉人群体的调查中，我注意到这些嵌入草原深处的汉人在生计方式、生活方式、社会关系网络、宗教信仰和族群意识等方面与东天山和天山北路汉人聚居区的情形明显区别开来，也与经典民族志作品中汉人社会的面貌不尽相同。因此，牧区汉人的社会文化究竟有哪些特性，这些特性是如何生成的，应该如何解释这些特性等问题一直埋藏在我心中。

2015年10月中旬，我与新疆师范大学民族学与人类学系的关丙胜教授受阿勒泰广播电视大学（后文简称电大）腾建新校长的邀请，到该校讲课，并商谈共建民族学专业本科生和研究生实习基地事宜。关丙胜教授的博士论文是《族群的演进与博弈：中国图瓦人研究》（社会科学文献出版社，2011年），其田野点是阿勒泰地区哈巴河县的白哈巴村。我与关教授颇有渊源，都毕业于厦门大学，都从事游牧社会的研究，又都长期在阿尔泰山做田野。此时，他正从事青海回迁新疆哈萨克族人的研究。在阿勒泰市的阿苇滩镇就有一部分回迁哈萨克族人，当地人称为"青海哈萨克村"。某日，我们在该村完成了一位老人的访谈后，天色尚早，随行的电大副校长邹峰说"距此不远有一个老户儿家的民俗陈列馆"。我与关教授都没有听明白，不知道何谓"老户儿家"。邹峰说，据说是清代遗留下来的一批汉人，自称"老户儿家"，还在红墩镇建了一个民俗陈列馆。这一下子激起了我们的兴趣，遂驱车前往红墩。到红墩后，我们看到了民俗陈列馆的牌匾，但门锁了。邹与红墩镇的秦红军书记联系，才知陈列馆已经搬迁到镇政府楼下。

我们在红墩镇通往汗德尕特乡的十字路口徘徊，对面是一位维吾尔族青年开的肉摊。已近黄昏，街上稀稀拉拉有人经过。此时，一位老大爷蹒跚而至，并与肉摊的主人用哈萨克语交谈甚欢。我们闲来无事，猜测这位老大爷的民族身份。以走路的姿态和穿着，特别是头上戴的黑帽来看，这应是一位哈萨克族老大爷无疑。然而，若以面相来看，则不太像，反倒是像汉族或是回族。我们过去用哈萨克语和老大爷打招呼，老大爷也客气的用哈萨克语和我们打招呼。我冒昧地问他是什么民族，大爷笑而不答，后来才说是汉族。聊了几句后，知道他姓曹，再一细问得知他便是老户儿家曹氏的后人，叫曹忠伟，而且正好是民俗陈列馆建设者李红秀的丈夫。

片刻后，秦书记带着李红秀笑盈盈地走了过来。我们说明来意，希望参观一下民俗陈列馆。显然，李红秀已经非常熟悉接待程序了，带着我们进入陈列馆，并逐一对老户儿家的历史、20世纪50年代前的生产生活用具、一些"家族"的合影和当前红墩农牧业发展的现状等做了介绍。我注意到了右侧墙上悬挂的数幅老照片（家族合影），多是四代或五代的合影，以此推算其祖辈应在150多年前到达红墩。陈列馆的中央摆放着四个大的玻璃橱窗，里面陈放着恽长普编写的《阿山往事》与《阿山旧事》。根据他的记载，这批人应在19世纪60年代末就已在红墩扎根。这些信息给我极大震撼，因为我在阿尔泰山草原做田野将近十年，所遇到的汉人多是20世纪60年代后迁移而来，历史较短。另外，据我所知，天山北路一带的汉人移民多是19世纪80年代左宗棠收复新疆后重新组织的移民。与李红秀短暂交流后，我们得知老户儿家汉人可能是1864年战乱中从奇台、玛纳斯、吉木萨尔一带逃散的汉人移民，至今他们的后裔仍在红墩生活。我当即与秦书记和李红秀沟通，表达了2016年年初到红墩进行调查的意向。他们十分高兴，并明确说将提供力所能及的帮助。

　　回到乌鲁木齐后，我开始查阅史志材料。尽管材料极少，但通过《阿勒泰市志》、《新疆游记》中只言片语的记录，还是可以认定老户儿家的历史确有 150 余年，而且可以肯定的是他们与 1864 年奇台战乱和 1868 年布伦托海（现阿克泰地区福海县）屯民暴动相关。2016 年 1 月，我带领两位研究生到红墩进行试调查，对老户儿家中曹氏、杨氏、李氏后人做了初步访谈，也对几户哈萨克族村民进行了访谈，搜集到了《阿山往事》、《阿山旧事》和一些家族的族谱资料。通过短期调查，我发现红墩的汉人中也有一部分是民国时期的自发移民，还有 20 世纪 60 年代后的移民。这意味着，通过红墩，可以建构出阿尔泰山草原过去 150 年汉人迁移的连续体，可以对该区域汉人社会形成一个总体性的认识。这里的汉人长期与当地的哈萨克族、维吾尔族、蒙古族和回族村民杂居，彼此在日常生活中交往交流交融，建构和发展出了共生互补的族群关系。这种关系与我在吐尔洪盆地见到的哈萨克族、回族与汉族的关系如出一辙，但更有历史深度，各民族村民共享了共同团结奋斗、共同繁荣发展的历史记忆。①

　　2016 年 7 月—8 月，我带领 1 位研究生和 7 位本科生在红墩的萨亚铁热克村就当地汉人移民的社会与文化，以及他们与其他族群成员的关系做了 60 天的系统调查，获得田野资料 50 余万字。在调查前，我已经围绕红墩汉人搜集了大量资料，并阅读了大量新疆汉人社会研究的文献。其中，王建基和许学诚关于镇西（现巴里坤县）汉人社会的研究尤其重要。调查结束后，我带领学生花了将近 2 个月的时间才将田野资料整理完毕。其间，撰写了三篇反映汉人与其他族群成员关系的论文。在论文写作过程中，我意识到还缺少红墩的档案资料。2017 年 1 月，我与阿勒泰地委马学良秘书长联系，在阿勒泰地区档案馆和阿勒泰市档案馆查阅了红墩的档案资料。其中，20 世纪 50—60 年代的档案资料中有大量关于红墩老户儿家的记录，这在很大程度上

---

　　① 参见罗意《共生关系的构建与发展——新疆阿勒泰草原一个微型多民族社区的个案》，《西南民族大学学报（人文社会科学版）》2014 年第 12 期。

弥补了田野调查的不足。2018 年 5 月，我带领两位研究生再次到红墩。此时，我正在考虑写一本与红墩汉人相关的民族志，并已有大体思路。我们再次对红墩的几位老人进行了访谈，补充了家族和信仰等方面的材料，并补拍了一些照片。

当我准备写这本红墩汉人的民族志时，我的脑海中浮现出了四个问题。一是阿尔泰山草原汉人群体及其社会文化是如何形成、发展和演变的，如何在一个游牧民人口为主的地区延续下来的；二是站在农耕文明而非游牧文明的角度，阿尔泰山草原汉人社会的人类学研究可以为认识阿尔泰山草原过去一百多年的历史、社会与文化提供哪些新的认识；三是在红墩这个"民族互嵌型"社区中，人们如何在日常生活中交往交流交融，如何建构和发展出了共生互补的族群关系，并生成了各民族高度共享的共生记忆。同时与其他民族交往交流交融对汉人社会文化特性会产生哪些重要影响，该社区的族群关系模式对我们认识新疆民族关系有何种启示；最后，红墩汉人社会研究可以为边地汉人的研究提供哪些启发，与其他边地汉人社会相比又具有哪些特性。

二 汉人社会人类学研究脉络

汉人社会可谓中国人类学成果最为丰富的领域，积淀深厚，经典作品层出不穷，影响深远。毋庸讳言，要完整和系统梳理汉人社会人类学研究的知识谱系是极为困难的。在此，我们从不同时期的代表性成果入手，以汉人社会的生成为主题构建一个大体的研究脉络。百余年来，汉人社会人类学研究发展出了村落研究与区域研究两条主要路径，形成了多种研究范式。

20 世纪 30—40 年代，燕京大学开创了社区研究范式，视村落为"社区"，一个由人民、人民居住的地域、人民的生活方式或文化构成的自足的运转系统。① 费孝通围绕土地制度、建立在土地基础上的经

---

① 吴文藻：《人类学社会学研究文集》，民族出版社 1990 年版，第 145 页。

济和与之相关的社会文化事项，系统描述了开弦弓农民的生计与生活。① 林耀华阐明了宗族在村落整合与运行中的重要性，提炼出了"宗族乡村"的概念。② 弗里德曼提出，水利灌溉系统、稻米种植、边疆社会、宗族内部社会地位分化四项变量促成了中国东南发达的宗族组织。③ 在黄应贵看来，弗里德曼真正关心的问题并不是家族、宗族、乃至于祖先崇拜，而是中国社会组成的原则是什么。④ 总之，村落是一个自在的实体，内部会自发地生长出组织和整合社会的机制。

同期，日本经验汉学将村庄视为同质性较高的"共同体"，突出"归属认同"意涵，强调人与人之间高度的利益与文化共享。清水盛光认为村落共同体具有自律性的连带性质，以自然形成的村民的亲和感情为基础的，伴随着义务感的行为、思维以及感受方式。平野义太郎指出，中国的农村社会是以寺庙祭祀为中心形成的共同生活组织，村庙处于村落凝聚的中心。⑤ 因此，共同体的生成有赖于村民共享的集体意识。

20 世纪 40—50 年代，施坚雅在四川发现，农民实际社会区域的边界由基层市场区域的边界所决定而非村庄狭窄范围所决定，提出了市场体系理论。⑥ 福武植在华中的调查发现，村庄在生活上不是一个自我满足的统一体，宗族制度欠发达，农民村落意识低，村落间联合具有突出地位，主张用"生活共同体"概念来理解中国乡村。⑦ 两项研究都强调超村落连接机制的重要性，开创了区域研究路径。

---

①　费孝通：《江村经济——中国农民的生活》，商务印书馆 2001 年版。

②　林耀华：《义序的宗族研究》，生活·读书·新知三联书店 2000 年版。

③　［英］莫里斯·弗里德曼：《中国东南的宗族组织》，刘晓春译，上海人民出版社 2000 年版。

④　黄应贵：《光复后台湾地区人类学研究的发展》，《"中央研究院"民族学研究所辑刊》（第 55 期）1983 年春季。

⑤　李国庆：《关于中国村落共同体的论战——以"戒能—平野"论战为核心》，《社会学研究》2005 年第 6 期。

⑥　［美］施坚雅：《中国农村的市场与社会结构》，史建云、徐秀丽译，中国社会科学出版社 1998 年版。

⑦　杜靖：《作为概念的村庄与村庄的概念——汉人村庄研究评述》，《民族研究》2011 年第 2 期。

　　20 世纪 70 年代以来，汉人社会人类学研究在村落和区域研究中都有重要突破。村落研究形成了强调国家与地方社会的关系、注重考察中国村庄社会文化变迁两条路径，以破除"封闭而孤立的自足实体"和"无时间感"的研究倾向。① 这一时期的民族志作品尽管研究主题和区域有异，但都"自觉"地同时纳入两条路径，呈现并解释时代与社会变革中汉人乡村社会变迁的图景。这通常被总结为"小地方与大社会"模式。②区域研究力求发掘出经济理性之外的生成机制。克瑞斯曼在台湾彰化山地的研究中发现，因族群认同等原因，当地人赶街倾向于在同一族群内进行，造成舍近求远现象，进而提出了"文化崎岖"现象或"磁吸理论"。③ 台北"中央研究院"的"浊大计划"，推动了从民间信仰来理解乡村社会结构、地域支配关系和普通百姓生活的研究路径，形成了祭祀圈/信仰圈研究范式，以回答民间信仰如何形构地域社会，人们如何以宗教进行社会连接④，信仰圈如何与婚姻圈、市场圈相重合以组织社会等问题。⑤20 世纪 90 年代水利社会研究范式兴起，以水所勾连的土地、森林、植被、气候等自然要素和被水塑造的经济、文化和社会生活等的分析来认识汉人社会。⑥

　　自 20 世纪 50 年代以来，迁移至边疆的汉人及其社会文化成为学界的一个重要关注点，核心问题是移民社会的整合问题。台湾汉人社会有移民及土著化两个阶段的发展，移民阶段依赖祖籍意识及移植性血缘关系所组成的社会组织，土著化后宗族关系在社会构成中的作用逐步凸显。即便如此，作为近代移民边疆社会，由于没有足够时间形

---

　　① 杜靖：《作为概念的村庄与村庄的概念——汉人村庄研究评述》，《民族研究》2011 年第 2 期。

　　② 王铭铭：《小地方与大社会：中国社会人类学的社区方法论》，《民俗研究》1996 年第 4 期。

　　③ 杜靖：《超越村庄：汉人区域社会研究评述》，《民族研究》2012 年第 1 期。

　　④ 林美容：《汉人传统庄社的基本性质》，《民俗研究》2016 年第 2 期。

　　⑤ 庄英章：《人类学与台湾区域发展史研究》，《广西民族学院学报（哲学社会科学版）》1998 年第 2 期。

　　⑥ 行龙：《"水利社会史探源"——兼论以水为中心的山西社会》，《山西大学学报（哲学社会科学版）》2008 年第 1 期。

成东南中国的单姓村或地方世系群，以至于宗族不能单独负起维持社会秩序的作用。① 20 世纪 90 年代以来，大陆边地汉人社会的研究形成了一些新的认识。闫天灵调查发现，清末蒙地放垦后，东北、华北和西北长城以南一线的汉人越过长城，进入蒙地。由于多是战乱、灾害和贫困等原因引发的移民，宗亲关系在组织社会中的功能较弱，发挥作用的是同乡关系及以此关系为基础的同业组织和宗教信仰。这些汉人长期与蒙古族杂居和通婚，在行为方式和文化观念等多个层次都发生了显著变化。② 阎云翔指出，黑龙江下岬村的汉人由于没有发达的宗亲可以依靠，转而积极地编织或营构一种姻亲、屯亲和其他社会关系网络作为生存资源，显示出变通性的生存智慧。③

　　大体来讲，上述研究范式的不同既源自学者不同的学术旨趣、学术传承与学术视野，但更多源自对不同地区、不同类型汉人社会特性的精确洞察，以及对已有研究的深刻反思。

　　近年来，从中心区通过移民方式进入非中心区，与非汉族群杂居共处的汉人及其社会引起了学界的关注。石峰称这类汉人社会为"边汉社会"，对贵州屯堡汉人做了研究，发现了四个典型特征。一是与周边非汉族群相比，具有鲜明的汉文化色彩；二是高度认同自己的汉人身份和地域身份，并有历史可考；三是居住聚落表现为连片集中大规模居住，进而形成了所谓的"文化孤岛"，但也不排除零星分散居住的汉人及其社会；四是与典型汉文化相比，既有重叠和共性，又形成了自己的地域特色。④ "边汉社会"的一个典型是贵州的屯堡人，已有较多研究。翁家烈在《夜郎故地上的古汉族群落——屯堡文化》一书中从族源、建筑等物质文化、语言、生计、家庭、社会习俗等多

①　黄应贵：《光复后台湾地区人类学研究的发展》，《"中央研究院"民族学研究所辑刊》（第 55 期）1983 年春季。
②　闫天灵：《汉族移民与近代蒙古社会变迁研究》，民族出版社 2004 年版。
③　阎云翔：《礼物的流动：一个中国村庄中的互惠原则与社会网络》，李放春、刘瑜译，上海人民出版社 2017 年版。
④　石峰：《"边汉社会"及其基本轮廓——以黔中屯堡乡村社会为例》，《安顺学院学报》2017 年第 6 期。

个方面做了详细描述。① 事实上，人类学家对这类汉人社会的探讨很早便已开始。1943 年，陶云逵先生指出"边地的汉人是值得专门的精密的大量研究一番"，又说"谈边疆建设，应该不要忘记在各边地中居住着或来往着的汉人"，边地汉人有发展农业、传承传统文化、生活"土化"和多汉土混血儿等特征。② 在本书中，我倾向于用陶云逵先生所提的"边地汉人"概念。从研究地域来看，西南与西北是"边地汉人"研究文献相对集中。

西北地区"边地汉人"的研究主要集中在河湟地区，文章颇多，但内容多集中于迁移、社会文化适应、信仰、人生礼仪（如丧葬、婚礼）、习俗等方面。徐黎丽的《走西口：汉族移民西北边疆及文化变迁研究》是其中的翘楚之作，作者对走西口的背景、移民迁移的动力与过程，移民的经济生活、婚姻、家庭、亲属、社会关系和文化的变迁，以及汉族移民与其他民族的关系做了比较系统的调查和梳理。③ 徐对走西口汉族移民诸方面的描述，与本书所描述的红墩汉人有着较强的相似性。比较有代表性的文章有马成俊的《循化汉族社会文化的建构：从河源神庙到积石宫》（2009 年）、王丽珍的《河湟汉族转房婚存留的背景探析》（2009 年）、梁玉金等人的《文化圈理论之下的青海河湟汉族求子风俗探析——以湟中县为个案研究》（2012 年）等，代表性的著作有李健胜和郭凤霞的《国家、移民与地方社会：河湟汉族研究》（2015 年）和蒲生华、马建华的《河湟汉族传统婚礼歌研究》（2015 年）。西北地区"边地汉人"的另一个中心地区是新疆，相关内容将在下一部分进行分析。西北其他地区还有一些边地汉人的研究，比如芈一之的《青海汉族来源、变化和发展（上、中、下）》（1996 年）等。这些研究的一个重要特点是强调汉人迁入边地后的社会文化适应问题，而且往往将之与迁入地生态环境和与周边其

① 翁家烈：《夜郎故地上的古汉族群落——屯堡文化》，贵州教育出版社 2002 年版。
② 陶云逵：《论边地汉人及其与边疆建设之关系》，《边政公论》1943 年第二卷第一、第二册。
③ 徐黎丽：《走西口：汉族移民西北边疆及文化变迁研究》，民族出版社 2010 年版。

他族群的关系作为适应的对象，实质是对西北地区边地汉人社会文化在地化进程和结果进行解释。

西南地区"边地汉人"的研究也关注汉人迁移、社会文化适应、习俗等议题，但似乎一开始就意识到了汉人与其他族群的关系及其对汉人社会文化和族群认同的影响。我们可以从较早的一些文献中看出一些端倪，比如陆辉的《"高山汉族"——多民族聚居地区里的少数民族丛叶》（1994 年）、谭德清的《多重的认同，共赢的汇融——壮汉族群互动模式及其对消解民族矛盾的启示》（1999 年）等。这一倾向成为西南地区"边地汉人"研究的一大特色，并延续下来，比如段超的《元至清初汉族与土家族文化互动探析》（2004 年）、白志红的《历史脉络中的民族认同——以阿佤山汉族移民认同的变迁与佤族的互动为例》（2009 年）、杨晓柳的《一个处于区域性"少数民族"地位的汉族族群建构——对云南大理州鹤庆县金敦乡积德屯村的调查》（2002 年）等。一些研究者在探讨"边地汉人"的社会文化时，逐渐意识到迁入边地汉人文化的生成与创新，以及对边地文化本身深刻的影响。比如廖国强就注意到，随着汉人进入云南少数民族地区，少数民族"汉化"与汉族"夷化"现象同时出现。① 再以汪洪亮、何广平长期关注的川西北羌地汉人来说，他们就认为"羌地汉人与当地羌藏族群相互交融，共同创造羌地文化，形塑了那时乃至以后川西北丰富多彩、多元并生的民族文化"。② 21 世纪以来，西南边地汉人研究方兴未艾，与学界这一时期对藏彝走廊的关注是紧密相关的。这些研究不仅有助于增进对走廊区域族群交往交流交融的认识，也有助于增进对汉人向边地拓展和促进边地开发的认识。

客观地讲，边地汉人的研究尚未形成诸如中国东南、台湾和其他区

① 廖国强：《清代云南少数民族之"汉化"与汉族之"夷化"》，《思想战线》2015 年第 2 期。

② 汪洪亮、何广平：《民国时期川西北羌地汉人的文化生活与精神世界》，《西南民族大学学报（人文社会科学版）》2017 年第 2 期。汪洪亮、何广平：《民国时期川西北羌地汉人的经济生活》，《中国边疆史地研究》2017 年第 3 期。

域成熟的研究范式，但已经对以往汉人社会的经济生活、社会结构、信仰体系等的研究提出了诸多挑战，比如宗族与家族体系的多变性、文化的杂糅性、生计方式的混合性等等。研究者也愈发认识到边地汉人社会研究的价值。首先，为"从周边看汉人社会"提供了可能。王崧兴教授明确指出，可以从汉人社会文化与周围其他民族接触的过程、其他民族社会文化对汉人社会文化的直接影响和其他民族所建构的汉人"意象"，来了解汉人的社会文化及其特性。这也有助于去解释汉人社会的多元化特征，以及汉人社会的生成机制;① 其次，为理解边地社会文化提供了新的视角。从边地的汉人社会回归他们的历史现场，以他们的主体性看历史，看周边，从边疆的"在地化"经验出发，能为边地社会文化属性的研究提供不一样的认识;最后，为深化中华民族共同体形成和发展的认识提供了新的方向。边地汉人在边疆与中原之间、在汉族与其他民族之间扮演着陶云逵先生所强调的"枢纽人"角色，推动了边疆的开发与建设，促进了各民族的交往交流交融，推动了中华民族多元一体格局的形成和发展。总之，汉人社会人类学研究迈向边地意义深远，边地汉人是值得专门的精密的大量研究一番。②

三　新疆汉人社会研究

新疆这块占我国 1/6 国土面积的宝地，位于祖国西部，史称"西域"。两汉、魏晋、隋唐、元清诸朝军在新疆实行各类屯田，其中，军屯、犯屯、民屯（别于回屯、旗屯），主要招募陕甘移民，形成汉人在新疆的先民。③ 历史上的汉人移民在迁入西域后，多逐渐融合入其他族

① 哈正利:《社会变迁与学科发展:台湾民族学与人类学简史》，民族出版社 2009 年版，第 146—147 页。

② 陶云逵:《论边地汉人及其与边疆建设之关系》，《边政公论》1943 年第二卷第一、第二册。

③ 周泓:《汉唐两朝对古代新疆的管辖与经营》，《新疆师范大学学报（哲学社会科学版）》2001 年第 4 期;周泓:《魏晋十六国时期中原王朝对西域的经营》，《新疆师范大学学报（哲学社会科学版）》2003 年第 2 期。

群之中。费孝通指出，汉人融合入其他族群中主要有两种情况：一是被迫的，有如被匈奴、西羌、突厥掳去的，有如被中原统治者派遣去边区屯垦的士兵、贫民或罪犯；另一种是由于天灾人祸自愿流亡去的。① 移入民族地区的汉人很多就和当地民族通婚，并且为了适应当地社会生活和自然环境，也会在生活方式、风俗习惯等方面发生改变，过若干代后，就融合于当地民族了。比如，在公元 399 年在吐鲁番盆地及邻近地区建立的麴氏高昌国是一个以汉人为主体建立的国家，存在了 141 年，曾先后臣属于北方游牧民族柔然、高车及突厥。公元 640 年为唐朝所征服，设置西州。公元 866 年回鹘占西州，从此长期受回鹘统治，当地汉人的后裔就融合于维吾尔族了。②

1950 年秋天，谷苞先生在新疆南部维吾尔族农村进行社会调查时也发现了相同的现象，他写道：

> 一天我在疏勒县的一个茶馆里吃茶，碰到了几个维吾尔族青年正在用维吾尔语讲《三国演义》中的故事。好奇心使我同他们攀谈了起来，得知他们祖上的男方都是在疏勒城外八个屯子屯田的汉族士兵，祖上的女方都是当地维吾尔族妇女。他们约我到他们的家里做客，我在他们家里看到，他们的家庭生活和南疆的其他维吾尔族农民家庭生活完全一样。如果还有一点不同的话，就是我在他们的家里看到了用汉字写的神主牌位，这只能算是汉族祖先崇拜的一点遗物。1877 年，清军和新疆各族人民赶走了阿古柏这帮外国侵略势力后，驻疏勒的清朝军队就在城外屯田，距我在疏勒县调查时仅七十年，可见这些屯田的汉族士兵融合于维吾尔族的速度是很快的。③

---

① 费孝通：《中华民族多元一体格局（修订本）》，中央民族大学出版社 1999 年版，第 21 页。
② 费孝通：《中华民族多元一体格局（修订本）》，中央民族大学出版社 1999 年版，第 23 页。
③ 谷苞：《在我国历史上为有数众多的汉族融入于少数民族》，载黄达远、王彦龙、蔺海鲲《从河西走廊看中国：中华民族共同体意识形成的区域经验》，社会科学文献出版社 2018 年版，第 129—130 页。

清代是新疆汉人社会形成和发展的重要时期，屯垦和移民是最主要的推动力。王希隆指出，清代西北屯田始于清政府对准噶尔部用兵，最初在甘肃河西和漠北喀尔喀蒙古地区，随着战事的进行和新疆的统一，天山南北大规模兴起了多种类型的屯田。① 贾建飞指出，尽管清代前往新疆移民在数量、规模上不如其他边疆地区，但对新疆的开发、新疆社会的发展变化，尤其对清朝的新疆经略政策以及近代中国西北疆域的最终形成和稳定均具有非常重要的影响。新疆成为中国疆域不可分割的一部分，与内地人口不断向新疆进行流动存在非常密切和直接的关系。② 因此，在新疆汉人的研究中，清代屯垦和清代汉人社会的研究历来是一个重点。以屯垦来说，代表性的著作有王希隆的《清代西北屯田研究》、华立的《清代新疆农业开发史》等。近年来，研究者将视野转向清代新疆汉人的人口、经济、社会、文化、信仰与社会控制等多个层面，初步勾勒出了清代新疆汉人社会的一个基本轮廓。相关研究文献颇多，无法一一列举，代表性的作品包括阚耀平的《清代天山北路人口迁移与区域开发研究》、黄达远的《隔离下的融合：清代新疆城市发展与社会变迁（1759—1911）》、王鹏辉的《清代民初新疆镇迪道的佛寺道观研究》、贾建飞的《清乾嘉道时期新疆的内地移民社会》、齐清顺的《清代新疆汉民族的文化生活》、刘虹的《清末民国时期新疆汉文化传播研究（1884—1949）》等等。

与清代相比，民国时期汉人社会的研究文献相对较少，但突破了以"屯垦史"为主线的研究套路，对移民的类型、迁移动力、经济生活、社会结构等层面的描述和分析更加具体和深入。李洁在《民国时期新疆汉族移民探析》一文中指出，北疆地区汉族移民有经济型移民、政治型移民和军事型移民，认为汉族移民的进入改变了新疆人口分布格局，促进了汉族移民与少数民族文化的融合及新疆多元文化的

---

① 王希隆：《清代西北屯田研究》，新疆人民出版社2012年版，第1页。
② 贾建飞：《清乾嘉道时期新疆的内地移民社会》，社会科学文献出版社2012年版，第9页。

建构，在巩固边疆稳定中起到了重要作用。① 周泓利用晚清民国的各类史料，在系列论文中试图去揭示新疆汉人社会的生成机制的问题。比如，她以"迪化"为中心，以新疆汉人商帮为分析对象，对汉人的商业活动、文化信仰、与政府的关系等做了分析，指出"晚近新疆汉帮吸纳当地文化，与当地民族融洽协作，认同当地，称为'老新疆汉人'（有别于现代认同家乡的新疆移民），从而构成当地社会主体"。② 又比如，在《近代新疆汉人主体的社会生成》一文中就明确说清中土"农人、船民随左宗棠西征军行商入西域，使汉地的业缘、族缘、乡缘与兼重官民、城乡之绅性文化，寓于商业、宗族、乡族与信仰组织而西植；实现了农民、船工向商人市民的转化，亦促使新疆历史上汉人主体实现由屯垦农户向城镇居民的近代结构转变"。③ 显然，周泓研究的主要是城镇中的汉人，所谓"社会生成"可能更多符合古城、奇台、迪化等城镇汉人的情形，而乡村汉人社会的生成可能是另一番面貌。

大体来讲，对清代与民国新疆汉人社会的研究多集中在东天山的巴里坤与天山北路奇台、玛纳斯、吉木萨尔一线，在描述汉人社会文化生活时多以城镇中的汉人为研究对象，对乡村汉人的研究很少。这可能是因为这些研究多以史为研究主题，而史料中的记录多与城镇相关。以晚清民国时期新疆的游记资料来看，多谈城镇、谈城镇中商业之繁盛，在谈到乡村时往往一带而过。④ 因此，要对乡村汉人进行研究，必须摆脱"史料"的束缚，而应扎根天山南北的乡村中，通过田野调查获得资料，以民族志的方式呈现乡村汉人的社会文化图景。

近年来，关于新疆乡村汉人社会的研究渐多，又以硕博士学位论

---

① 李洁：《民国时期新疆汉族移民探析》，《中国边疆史地研究》2009 年第 4 期。
② 周泓：《晚近新疆汉人社会的生成——以迪化为中心》，《学术月刊》2014 年第 5 期。
③ 周泓：《近代新疆汉人主体的社会生成》，《社会史研究》2018 年第 2 期。
④ 晚清民国新疆的游记文本颇多，主要有：（清）林则徐的《荷戈纪程》，（清）方希孟的《西征续录》，（清）裴景福的《河海昆仑录》，芬兰探险家马达汉的《马达汉西域考察日记（穿越亚洲——从里海到北京的旅行）1906—1908》，林竞的《西北考察日记》，谢晓钟的《新疆游记》等。

文居多。CNKI 中收录了"新疆乡村汉人"的硕博论文 40 余篇。较早的文献有张咏的《认同与发展——一个边疆汉人移民社区的文化研究》（2004 年），但绝大部分出现在近十来年，比如卫霞的《新疆莎车汉族移民文化适应研究》（2017 年）、刘丹的《新疆移民问题研究——一个汉族亲属群体的移民安居史》（2018 年）。从空间分布来看，东天山、天山北路等地区仍是最主要的关注区域，伊犁地区次之，南疆的文献呈增多趋势。一些颇有代表性的乡村汉人社会的人类学作品逐渐出版。王建基、许学诚运用口述史材料、文献资料和田野调查资料对巴里坤汉人的经济生活、婚姻家庭亲属制度、信仰与仪式和风俗习惯等做了较为系统地呈现和梳理，可以说为"老新疆汉人"画了一幅素描。① 李晓霞的《新疆南部乡村汉人》和李洁的《新疆南疆地区汉族移民及民族关系研究》则提供了南疆地区汉人社会文化的素描，涉及迁移原因、融入过程、经济生活、社会生活和族群关系各个层面。② 关于新疆汉人社会文化的文章就更多了，主题与上述提及的研究基本相同。李晓霞在《论新疆汉族地方文化的形成及其特征》一文中对新疆汉族地方文化特征的概括颇为准确，认为"新疆汉族地方文化主要表现在语言方言化、饮食地方化、礼俗简洁化、双重地区观念以及多面的性格特征等几个方面，具有多元性、变动性及非传统性三个显著特点"。③

还有一些文献涉及新疆汉人社会文化，多出现在新疆民族关系特别是维汉关系的研究中，汉人被作为族群关系中的一个主体而被关注。比如杨圣敏、王海霞的《新疆库车县民族关系调查与试分析》、李建新的《新疆维汉关系的调查研究》、靳薇的《新疆维汉关系的社会学研究》等。近年来，新疆草原地区汉人社会的研究也逐渐出现。笔者曾在《消逝的草原：一个草原社区的历史、社会与生态》一书中

---

① 王建基：《爬梳镇西：掀起新疆汉文化神秘盖头》，光明日报出版社 2003 年版。
② 李晓霞：《新疆南部的乡村汉人》，社会科学文献出版社 2015 年版。李洁：《新疆南疆地区汉族移民及民族关系研究》，民族出版社 2010 年版。
③ 李晓霞：《新疆汉族地方文化的形成及其特征》，《民族研究》1998 年第 3 期。

对阿勒泰地区富蕴县吐尔洪盆地的汉人做了深入的描述，在《生成与重塑：阿勒泰市红墩"老户儿家"汉人族群关系记忆研究》和《在嵌入中共生：新疆红墩族群关系的百年变迁》两篇论文中对红墩汉人的历史记忆、族群关系做了分析，在《牧区汉族社会的生成与变迁：红墩"老户儿家"的个案》一文中对汉人社会的生成机制做了探讨。在这些研究中，笔者提出国家在场、边地情境与人群抉择是认识边地汉人社会生成与变迁的三个基本维度。

当前，新疆汉人社会的研究正在经历两个重要转变。一是由"历史"的研究向"当代"的研究转变，试图呈现当代新疆汉人的社会文化图景，并对其形成发展过程和呈现出的特征进行解释；二是逐渐从族群关系、新疆地域文化、西域历史等研究领域中独立出来，成为新疆人类学研究的一个重要领域，旨在丰富认识新疆历史、社会与文化的研究维度。从新近趋势来看，东天山、天山北路、伊犁地区仍是研究最多的区域，南疆地区的研究呈现出方兴未艾之势，但嵌入草原深处的汉人社会研究尚少。

四　本书的主要内容

在构思本书内容时，我希望从三个层面呈现红墩汉人社会百年变迁的过程。首先，视红墩为一个汉人为主的民族互嵌型社区，从历时与共时两个维度对该社区的生态环境、人口构成、经济体系、社会联结、信仰与文化生活，社会控制和族群关系进行翔实的描述；其次，将红墩作为嵌入阿尔泰山草原深处和与周边游牧民有着广泛互动的汉人社会。简言之，红墩是地域社会的一部分，汉人在经济、社会、文化、政治等多个层面与游牧民交往交流交融，进而生成了区别于其他地区汉人社会的特性；最后，从大社会看红墩这个地方世界，汉人的迁入、扎根、发展和社会文化特性的生成都受到不同时期全国和区域时局、大事件和社会变革的影响，红墩汉人的命运本身又是国家与区域历史与社会进程的一部分。

本书所用的资料主要包括三类。一是 2016 年以来，笔者在红墩的田野调查资料，以及 2010 年以来在阿尔泰山草原另外 6 个汉人社区调查的资料；二是历史文献，主要是清末民国时期关于阿尔泰山草原的文章、新闻报道和游记；三是档案资料与民间文本，特别是搜集到的族谱和恽长普关于"老户儿家"汉人的两本书稿。

本书共有十章，从内容上看包括了六个部分。

绪论部分对研究的缘起、汉人社会人类学研究的脉络做了分析，第一章对田野点和研究人群做了详细的介绍。这两章为后文的分析提供了知识背景，可以说为本书关于红墩汉人历史记忆、社会结构与文化体系等的探讨提供了基础。在介绍研究人群时，我也对生活在红墩的哈萨克、蒙古、维吾尔和回等族群的情况做了较为详细的描述。与这些族群的关系在很大程度上塑造了红墩汉人的历史记忆、社会结构和文化体系，也对汉人在阿尔泰山草原深处扎根、生存和发展产生了深远影响。

第二章对红墩汉人的迁移与苦难记忆做了描述，重点分析了这些记忆如何凝聚了红墩汉人，使"老户儿家"凝结成一个情感共同体。在这一章中，我们对 20 世纪 60 年代后迁入的新移民之记忆也做了描述，尽管情感认同不如老户儿家那么强烈，但仍具有整合社会的功能。在接下来的一章中，我对红墩汉人的生产生活体系做了描述，既对老户儿家与新移民的差异性做了比较，又对彼此间的相似性做了分析，说明汉人移民如何在边地凝聚成为一个生产生活共同体。

第四章到第六章对红墩汉人的社会结构进行描述，实质是要回答汉人如何在边地有效组织起来的问题。从这一问题出发，我对老户儿家扯扯秧社会关系网络、新移民的社会关系网络、汉人家庭结构做了探讨。这些内容在多个层面回应了汉人社会研究中的发现，比如姻亲关系在移入初期对社会的整合功能较宗亲关系更为突出。再比如，邻里关系、老乡关系、同事关系乃至共同工作的经历都被不同程度地强调，彰显出了"变通性生存智慧"。我们对各种关系的"叠加"和社会关系网的内部结构进行了探讨，对人们如何调动社会关系网中的资源以解决日常生活中的各种难题做了分析。

第七章对红墩汉人的信仰与文化的在地化做了分析。大体来讲，文化的在地化与其他地区的研究特别是新疆汉人社会研究中所揭示的一些突出特征基本吻合。我们注意到了老户儿家与汉人新移民在地化程度的差异，这些差异并不完全由时间深度所决定，还与汉人迁入的时代与社会情境相关，关键在于是否存在为求生存和发展而必须适应迁入地自然与社会环境的强大迫力。红墩汉人在信仰层面上显著地与东天山和天山北路汉文化中心区别开来，我尝试对其信仰的不完整性和隐匿性提供解释。

第八章对红墩汉人与其他族群的关系做了描述和分析，发现"共生"是红墩族群关系的基本逻辑，而且有着很强的传承性。我曾在2016年、2017年和2018年分别写了三篇反映红墩族群关系的文章，分别是《生成与重塑：阿勒泰市红墩"老户儿家"汉人族群关系记忆研究》《在嵌入中共生：新疆红墩族群关系的百年变迁》和《牧区散居维吾尔人的社会文化适应：阿尔泰山草原红墩社区的个案》。本书在写作时，又新增了部分材料，增补了一些重要个案。另外，我在出版的专著《消逝的草原：一个草原社区的历史、社会与生态》一书中，对阿尔泰山吐尔洪盆地的汉人及其与哈萨克族、回族的关系做过分析。总的来看，"共生"是阿尔泰山草原族群关系的一种基本形态，红墩族群关系颇具代表性。

结论部分从尝试对红墩汉人在经济、社会、文化、政治与族群关系等多个层面表现出来的特征进行归纳和提炼。最近几年，我在阿尔泰山草原先后选择了7个汉人为主的社区进行调查，分别是富蕴县吐尔洪乡的塔斯托别村与喀拉奥依村、福海县别斯朱勒德孜村、福海渔场、哈巴河县却限村与胡玛村、阿勒泰市红墩的萨亚铁热克村。阿尔泰山草原的汉人村落/社区的共性较为明显，而红墩无疑最有代表性。因此，当我决定写一本关于阿尔泰山草原汉人社会的民族志时，红墩便成了首选。

第一章　克兰河畔的红墩

　　"红墩"是位于阿尔泰山中段西南麓克兰河中游东岸的一个以汉族、哈萨克族为主，兼有维吾尔族、蒙古族和回族的民族互嵌型社区，因克兰河西岸一处红色石头群而得名。① 克兰河是额尔齐斯河的支流，发源于现阿勒泰市东北部的乌尔莫盖提达坂，出山口后，经现红墩镇克孜尔加大拐弯，折向西流，在克兰奎汉处汇入额尔齐斯河。本书所指的"红墩"始于克孜尔加的大拐弯，自西北而东南绵延 10 余千米，范围大体与现阿勒泰市红墩镇的阔克萨孜、博肯布拉克、玛依阔勒特克、乌图布拉克和萨亚铁热克五个行政村相当。

　　18 世纪以前，克兰河谷的居民主体是乌梁海蒙古族人。明末清初，这里的乌梁海蒙古族人属准噶尔统辖，乾隆十九年（1754 年）至二十年（1755 年）相继归顺清王朝。清平定准噶尔后，哈萨克族回迁，逐渐成为阿尔泰山草原人口最多的族群。直到 18 世纪中叶，

---

　　① "红墩"的名称除了有红色石头群之意外，还有另一种带有传说性质的说法。据传，红墩一带原叫"吐鲁特"，蒙古语，是"红鱼"之意。相传很久以前，一支蒙古族人遇到灾荒，逃难路过这里，宿在河边。当时他们没吃的，饥饿难忍，一些老弱病残已是生命垂危。在这紧急关头，他们就在这段河里设法捕鱼充饥。真是天无绝人之路，他们果然捉到一条大红鱼，众人七手八脚把鱼抬上岸来，放在一块巨大的石墩上。部落头人用战刀把鱼砍开，一块分给大家吃，这条鱼可真大呀，众人饱餐一顿，分了半截。他们把剩下的半截倒回河里，这条鱼竟奇迹般地复活了。"神鱼！神鱼！"大家分外惊异。在砍鱼时，由于头人用力过猛，不仅把鱼砍开了，还把鱼下的巨石砍了一道道裂缝，至今人们还可以看到这块石头上纵横交错的缝隙。"神鱼"的血滴洒在石头上，把巨石都染红了。后来，蒙古族人为了感谢"神鱼"救命之恩，每年春天都要在这里举行祭活动，请喇嘛念经，杀牛宰羊，赛马摔跤，并把这个被神鱼鲜血染红的巨石之地命名为红墩。据老人讲，"吐鲁特"是从蒙古语"吐鲁"演变过来的。"吐鲁"就是红鱼。由于少数民族语言带有习惯性的尾音，久而久之，就叫成了"吐鲁特"。

新疆北部的汉人仍集中在天山北路、准噶尔盆地东南缘的木垒、奇台、吉木萨尔一带。1864 年新疆北部陷入战乱，一批汉人向西北方向进入阿尔泰山草原的布伦托海（现福海县），其中少量汉人在 1868 年布伦托海屯民暴动后迁入阿尔泰山西南麓克兰河谷定居务农。他们在河谷生存下来，逐渐繁衍壮大，成为阿尔泰山草原较早的汉人群体。清末民国，还有少量汉族、维吾尔族和回族居民因经商、谋生、逃难等原因流落到河谷定居务农。至此，在阿尔泰山草原深处，在游牧业的核心区，形成了一个沿着克兰河谷分布的、以农业为主要生计方式的、多民族共同生活的社区。20 世纪 60 年代后，一批汉族、回族和维吾尔族移民迁入红墩，巩固和发展了各民族相互嵌入的社区环境。

在此，笔者对红墩的生态环境、农牧业资源条件、多族群体系和主要调查点萨亚铁热克村做一番简略的描述，这是认识红墩汉人社会的基础。

第一节　克兰河畔的生态环境

流域内人烟稀少，地大物博，树林密布，杂草丛生，水源充足，生态平衡。冬季雪颇多，平原地区积雪大多在一米左右，而在深山老林积雪则达两米之厚。每到春季积雪融化，无数沟溪汇聚而成的山洪似脱缰的野马从山中奔腾而下，途经诸多弯道和平坦土层较厚地带时，经不断冲刷，遂使许多巨大的岩石在不断流动中演变成卵石（圆形），而土层厚的弯道处则形成凹形深槽。当地老户儿家习惯称之为"深水坑"、"黑水泉子"，并将形成深潭附近的农庄亦冠之其名，如"红石头深水坑"、"恽家深水坑"、"马家黑水泉子"、"沙特瓦尔的黑水泉子"等，这大多都是鱼类繁衍的地方。每年 5 月下旬至 6 月中旬，阿山的洪水期过后，自下逆水而上的成群结队的西伯利亚水系大红鱼便纷至沓来。①

---

①　恽长普：《阿山旧事》，新疆美术摄影出版社 2009 年版，第 43—44 页。

　　阿尔泰山史称"金山"，位于中国、俄罗斯、哈萨克斯坦、蒙古国交界处，按西北——东南走向横亘于亚欧大陆中部，绵延 2000 余千米。阿尔泰山自然生态和游牧生产方式之间天然的相适性使之成为游牧的重要发源地之一，曾滋养了斯基泰、匈奴、柔然、鲜卑、蒙古等享誉世界的游牧民族。然而，若说阿尔泰山草原人群的生计方式只是游牧业，则不尽然。1943 年，西北科学考察团的地质学家李承三对承化县（现阿勒泰市）农牧业情况曾有记录，写道"就阿尔泰之地势及气候而言，过于高寒，不适农耕，间有沟旁屋侧，播种燕麦青稞及菜蔬等，多属于游牧民之副业"。[①] 历史上，游牧民在阿尔泰山草原水土资源条件较好的河谷和盆地也从事小规模的粗放农业，克兰河谷便在其中。

　　克兰河是额尔齐斯河的支流，有奇喇、奇兰、齐兰等异译。《朔方备乘》释奇喇为山梁。疑指河中有岩石，汛期形成波浪似山梁。[②]克兰河全长 265 千米，流域面积 5460 平方米。流域地势东南高而西北部低，海拔高程 733—3914 米。河道迂回曲折，水系发育。上游流经山地，下游为草原，流域水草丰美。克兰河有三大支流，即汗德尕特河、切木尔切克河和阿拉哈克河流。[③] 克兰河年均径流量 6.27 亿立方米，主要来自高山融雪。与阿尔泰山其他河流一样，克兰河的水流量表现出季节性非平衡分布的特征，夏半年（5—10 月）占 87%，冬半年（11—4 月）占 13%。其中 6 月为最大月，月水量占全年的 31.9%。最小月是 2 月，占 1.2%。1917 年，谢晓钟途经此地，对克兰河及其支流曾描述如下：

　　　　上午九时，发扎布苏鲁胡图克。北偏西行，道右见大山脉，

---

　　① 李承三：《新疆北部边界考察报告（参阅新疆北部考察纪要附路线图）》，《地理》1944 年第 4 卷第 1/2 期。

　　② 参见冯志文等《西域地名词典》，新疆人民出版社 2002 年版，第 225 页。此处所提到的《朔方备乘》一书，作者是清代咸丰年间福建光泽的何秋涛。他将官私著述中有关北部边境的史料，进行分类、排比、考订汇成《北徼汇编》，后经人推荐进呈咸丰帝，咸丰帝览后龙颜大悦，赐名《朔方备乘》。

　　③ 朱道清：《中国水系大辞典》，青岛出版社 1993 年版，第 546 页。

询系罕达盖图山，其上多松树，道左数十里外，见扣克乌苏水，自东而西，岸树成行，哈幕相望，下流潜为哈喇富尔孙淖尔与扣克布孚淖尔，复溢出注于克仑河。过此熟地相望，遥见村庄，左见克仑河水，源出承化寺东北群山中，西折南流，经承化寺前出山峡，至红峒渠庄南，左受罕达盖图水，南偏西流，左受扣克布孚卓尔水，折西流，经巴里巴盖，曰巴里巴盖河；又西流，右受克木奇水，与土尔公水后，注入额尔齐斯河。二十里，红峒庄，庄民48家，皆汉人，少息复行，沿途风景，同于孚远近郊。①

额尔齐斯河流域（含克兰河流域）地处中纬度盛行的西风带内，是大西洋水汽进入北疆的重要通道，形成了与北疆平原荒漠有别的气候和水文地质条件，气候适宜，土壤肥沃，河谷地带常年平均气温4.1℃，尤其河湾地区显得较为暖和。同时，河谷相对湿度大，可达60—80%，形成了较为湿润的河谷小区气候环境。河谷漫滩宽阔，每年汛期洪水上溢漫灌以及地下水滋润，发育着草甸土、草甸森林和少量沼泽土，为河谷林草的生长繁育提供了优越的水源及生境条件。②

红墩兼有阿勒泰市南部丘陵区和山间冲积平原区两种地貌类型。南部丘陵区海拔高程700—1000米之间，属阿尔泰山向准噶尔盆地过渡的地貌类型，其地形起伏不大，比较平坦，切割很浅，偶有独立而平缓的山丘出现，显示干旱侵蚀荒漠景观。山间冲积平原区海拔高在476—700米之间，由克兰河、切木尔切克河、阿拉哈克河的冲积扇及额尔齐斯河谷地平原组成，一般属河谷改道而成，多为草甸沼泽区。当地下水水位下降时，则盐化为草甸地貌，局部为风蚀河丘地貌。草甸沼泽滋生着丰富的野生水生植物。沼泽边缘为草甸土，多生长着冰草、拂子茅、短芦苇、甘草、苦豆子等。沼泽内还有野猪、麝鼠、水獭、野兔、狐狸、野鸭等多种禽兽以及各种鱼类。

---

① 谢晓钟：《新疆游记》，中国国际广播出版社2016年版，第299页。
② 罗江呼：《额尔齐斯河流域开发对河谷生态的影响及保护》，《新疆环境保护》1992年第2期。

克兰河谷分布着优良的河谷次生林，阔叶乔木占55%。阔叶乔木中以杨树为主，其面积占河谷次生林40%，柳树及少量的白桦占15%。① 1956年《新疆综合考察报告》中描述了河谷次生林的情况，说"这些阔叶乔木都只生长在水边湿润地方，只在落叶林被破坏的迹地上或局部潮湿的林间空地上有白桦和山杨的小块纯林出现"，又说"除山杨外，阿尔泰区还有六种杨树，即苦杨、银白杨、钻天杨、胡杨、黑杨和一种还没有名称的杨，除胡杨只生于半荒漠的灰钙土上外，其余的杨树生长于前山的河流两旁及冲积滩上，形成带状或块状的森林，尤以东南向西北流的额尔齐斯河两岸和河中一些沙洲上的苦杨林最为茂密"②。

阿勒泰市位于阿尔泰山西南麓，有丰厚的草场资源，天然草场总面积有76.42万公顷，可利用的面积为64.8万公顷，主要分布在阿尔泰山中高山带、低山带阳坡盆地、丘陵的干旱荒原上和克兰河、额尔齐斯河河谷地带。游牧民将草场分为夏季牧场、冬季牧场和春秋牧场，四季轮牧。

夏季牧场主要分布在海拔1300—2900米之间的阿尔泰山高山带，草场属于山地草甸草场及高寒草甸草场。夏季牧场水源充足，植被生长旺盛，有27科89种牧草，植被覆盖度和高度较好，牧草可利用率达65%。夏季牧场利用分为三个阶段。6—7月中旬，牧民选择在海拔1300—2000米的中山带放牧，称中夏场（前夏场）。7月中旬—9月初，中山带气温升高，蚊蝇增多，牧民转场至海拔2200—2900米的高山带放牧，称深夏场（后夏场）。9月中旬以后，高山区开始降雪，气温下降，牧民又将牲畜转移至中夏场放牧。

春秋牧场主要分布在海拔800—1300米之间的阿尔泰山低山带阳坡以及山前丘陵地带，草场属于山地草原草场和平原荒漠草场，年降雨量300—500毫米。春秋草场有27科90种牧草，以小丛生禾草占

① 阿勒泰市党史地方志编纂委员会：《阿勒泰市志》，新疆人民出版社2001年版，第168页。

② 中国科学院新疆综合考察队：《新疆综合考察报告（1956年）》（内部资料），科学出版社1958年版，第237页。

优势，混生有一定数量藜科等多种极端耐旱的半灌木和灌木。春秋牧场每年利用两次。4月中旬，气候转暖，冬季放牧场冰雪消融，牧民将牲畜转至海拔800—1300米的阿尔泰山低山阳坡以及山前丘陵地带放牧，在此完成春季接羔的任务。6月中旬，牲畜转至夏季牧场。9月中旬，夏季牧场气温下降，开始降雪，牧民将牲畜转至气温较温暖的春秋牧场，完成配种工作。11月下旬，春秋牧场气温下降，牲畜转至冬季牧场。

冬季牧场主要分布在海拔400—800米之间的克兰河、额尔齐斯河河谷地带，草场属于荒漠平原化草场和低山草甸草场，年均降雨量仅为100—200米，植被覆盖度仅为8%—10%，牧草高度仅为15—20厘米，牧草利用率为30%。冬季牧场有32科100余种牧草，以藜科、莎草料和蒿类为主。冬季牧场利用时间长达135天，始于11月下旬，到次年4月中旬天气转暖、冰雪消融后才离开。

除了四季牧场外，在额尔齐斯河谷、克兰河谷的漫滩、近河地带以及洪积、冲积扇带还分布着一些天然打草场。沿河草场一般宽度为0.5—5千米，完全依靠汛期以及降水量大时两河上涨的大水漫灌。天然灌溉打草场海拔高度变化较大，一般在400—800米之间，属于低山草甸草场和沼泽草场。

游牧民以年度为周期，按照上述时间利用草场，进行转场。从游牧业的角度来讲，克兰河谷中游是冬季牧场之所在，周边丘陵地带则被用作春秋牧场。

1956年，《新疆综合考察报告》中的"土壤"部分指出克兰河谷的土壤属于山地棕色荒漠草原土中的草甸土，并明确可以作为优良的农业基地，适宜发展灌溉农业。① 报告中的"草原"部分对额尔齐斯河及其支流的河谷草原的植被类型进行了详细描述，说明克兰河谷不仅拥有发展畜牧业的天然优势，还是发展农业最为理想的区域。在

---

① 中国科学院新疆综合考察队：《新疆综合考察报告（1956年）》（内部资料），科学出版社1958年版，第28页。

此，摘录该报告中关于"芨芨草业"的描述：

> 草甸坡麓以下的根茎植物繁盛阶段以上的平坦地面，土质大
> 致为轻壤，表层干燥紧密，下层尚湿润。土壤盐类增加，表土30
> 厘米以下，有盐酸反应，向下有碳酸钙质淀积。繁生的植物根系
> 发达并能适应土壤盐基性反应的种类。土壤水分受地形的影响，
> 草原植物常有片状的发生，主要为芨芨草、苦豆子、甘草，其他
> 如羽茅、狐茅、雀麦草、苔草、灰蒿、苦苣、蓝刺头、紫苑、羊
> 辣辣、天香子、木本缪、优若藜、麻黄等主要组成。
>
> 在山间平原中芨芨草甸为片状发生，有时亦有上下的界限，
> 芨芨草在较高阶段，苦豆子等分布在较低湿地。芨芨草原中的牧
> 草，一般都可分别割制干草，富有营养价值，唯现时均未进行割
> 草，留在秋季放牧。阿尔泰县河谷旱农，大部是垦用芨芨草甸。①

事实上，谢晓钟在描述克兰河流域及其支流时，已对该区域农业
分布区域做了界定。大体来讲，克兰河谷在出承化寺东北群山，进入
"红峒庄南"后便进入了农业区——克兰河中下游。1965 年，新疆综
合考察丛书中的《新疆地下水》一书曾在多处对克兰河谷的水文地质
特征做过分析，也说明河谷地区应比较适于农耕。比如，在第 81 页
和 83 页说：

> 在山前丘陵地区，丘陵与其间凹地高差由 10—20 米到 30—
> 50 米，洼地面积一般为 1—2 至 3—5 平方千米，洼地底部常有小
> 片很薄的疏松坡积层分布，于此汇集临时径流，形成局部潜水
> 层，因此，这里常有小片沼泽或芨芨草滩分布，成为牧民春秋转
> 运牲畜的寄宿之所。②

---

① 中国科学院新疆综合考察队：《新疆综合考察报告（1956 年）》（内部资料），科学出版
社 1958 年版，第 152 页。

② 中国科学院新疆综合考察队等：《新疆地下水》，科学出版社 1965 年版，第 81 页。

克朗（兰）河下游，在巴里巴盖以下，有一巨大沼泽，西以布尔津冲积扇为界，北与阿拉尕克三角洲衔接，南面受着额尔齐斯河水位顶托，克朗河水宣泄不畅，形成了三角洲沉积环境。

三角洲沼泽的外围，潜水埋藏深度为 1—2.5 米，潜水面坡度极缓，故径流缓滞，排水条件不良。[1]

图 1 - 1　远眺红墩

据《阿勒泰市志》记载，明代以前杜尔伯特人曾在额尔齐斯河一带从事农耕[2]，清乾隆年间政府也曾在额尔齐斯河一带屯垦[3]，1905 年，

---

①　中国科学院新疆综合考察队等：《新疆地下水》，科学出版社 1965 年版，第 83 页。

②　关于额尔齐斯河流域早期农业生产的内容，还可参见王希隆教授关于"准噶尔时期天山北路农业"的相关研究。王希隆教授说"明末清初，天山北路为准噶尔部（卫拉特蒙古一部）所控制，农业有所发展。农业分布在伊犁河、额尔齐斯河流域，以及乌鲁木齐周边零星一些地方"。参见王希隆《准噶尔时期天山北路农业劳动者的来源和族属》，《民族研究》1993 年第 5 期。

③　乾隆二十年（1755）初，北路大军（平定准噶尔叛乱）进击伊犁，将军班弟奏准，派屯田兵丁携牛种器械，赴额尔齐斯屯田，"其耕种所得谷石，以备接济往来兵丁口粮"。屯田地名伊苏图、铿格尔。参见王希隆《清代西北屯田研究》，新疆人民出版社 2012 年版，第 34 页。

在红墩、克木齐、沙尔胡逊、库克布呼 4 处屯田。但是，农业规模一直很小，到 1949 年底承化县仅有耕地 2400 公顷。中华人民共和国成立以后，政府加快了耕地开垦的步伐，而垦区主要在克兰河流域。1959 年，阿勒泰市播种面积增至 1.81 万公顷，到 1966 年耕地面积达 3.98 万公顷，初步形成了六个农业分区。[①]

六个农业分区中，三个分布在克兰河流域，分别是克兰河下游小麦苜蓿区、山前盆地小麦油料区和克兰河上游果树蔬菜区。从农业分区的角度来讲，红墩主要属于山前盆地小麦油料区。[②] 该区域在阿勒泰市区中部山前盆地丘陵区，包括红墩、阿苇滩、切木尔切克等乡镇，占全市耕地面积的 54.3%，粮食产量占全市的 60% 以上，生产的油料则占全市的 75% 左右。该区域土地肥沃（黑壤土为主），地下水位较低，盐碱下潮地较少，土地集中连片，有一定坡度，但坡度不大，宜于机械耕作和自流灌溉。年平均气温 4.4℃，无霜期 152 天，种植小麦、油菜、油葵及豆科植物。由于地处克兰河灌区，一般年份用水可以保证。

克兰河谷中游"农牧皆宜"，既为游牧业的发展提供了理想的资源条件，又是阿尔泰山草原少有的适宜农耕之地。正因如此，游牧民与农耕民才在此相遇，在阿尔泰山草原深处共同构建了一个典型的民族互嵌型社区。

第二节　红墩的多族群社会体系

阿山种族复杂，汉、回、蒙、哈、缠民，相与聚处，各为礼俗，自成风气。汉商户民，计共一百一十余户（金夫除外），丁二千余口，多居承化寺及红峒渠庄；回民亦二千余人，多在金厂佣工，单身作苦，而有家室务农商者绝少；缠民八九十家，丁计

---

① 阿勒泰市党史地方志编纂委员会：《阿勒泰市志》，新疆人民出版社 2001 年版，第 128、132 页。

② 阿勒泰市党史地方志编纂委员会：《阿勒泰市志》，新疆人民出版社 2001 年版，第 131 页。

一千余人，多务农田，而经营商业者，亦在在而有。①

——《新疆游记》

　　1917 年，谢晓钟在新疆考察时对阿尔泰山的民族结构曾做过详细记录，他说"蒙古、哈萨克为土著，而哈民特多，汉缠回三客民皆最少数"。② 所谓"缠"，是"缠民"的简称，是当时对维吾尔人的称呼。1947 年，周东郊对"阿山区"族群做了记录。阿山区居民以哈萨克族占多数，其次为蒙古族。此外，尚有汉族、维吾尔族、回族、俄罗斯族。哈萨克族与蒙古族主要是牧民，汉族主要是挖金客、商人、公务人员。在阿山有不动产且常住的汉族农民，为数不太多，只承化县的红墩渠，巴里巴盖有汉人农庄，其他各处很少。③

一　蒙古族

　　阿勒泰市境内的蒙古族多为乌梁海人，在史书中曾被记录为"温娘改""无良合""无良哈""斡郎盖"等。"阿尔泰乌梁海"是清代和民国对居住在新疆阿尔泰地区的乌梁海人的称呼，新中国成立后，被认为是蒙古族的一支。明末清初，阿尔泰山草原的乌梁海人属准噶尔统辖，乾隆十九年（1754）至乾隆二十年（1755）相继归顺清王朝。原准噶尔所封乌梁海斋桑车根、库克新、赤伦、察达克等授予总管职，并命库克新率部于额尔齐斯河（萨尔胡松）屯田。乾隆二十二年（1757），又一部分乌梁海人因科布多一带"产貂无多"，亦迁至额尔齐斯河上游一带。一部分来到罕达盖图。乾隆二十七年（1762），清政府将阿尔泰乌梁海编为左右两翼共七个旗，左翼四旗，右翼三旗，并同意岁贡，每户进貂皮 1张。④ 汗德尕特、红墩、大桥和克木齐等地为左翼贝子旗的分布区。

① 谢晓钟：《新疆游记》，中国国际广播出版社 2016 年版，第 303 页。
② 谢晓钟：《新疆游记》，中国国际广播出版社 2016 年版，第 300 页。
③ 周东郊：《新疆阿山区概况》，《新疆论丛》1947 年创刊号。
④ 阿勒泰市党史地方志编纂委员会：《阿勒泰市志》，新疆人民出版社 2001 年版，第 456—457 页。

乾隆年间，阿尔泰乌梁海主要分布在"科布多之西，东额鲁特，东南扎哈沁及布勒罕河新土尔扈特、哈弼察克新和硕特，南与博克萨里旧土尔扈特，东北杜尔伯特，北阿尔泰淖尔乌梁海"。光绪九年（1883），中俄重勘科塔边界之后，科布多帮办大臣"额尔庆额又绕北山道大彦淖尔安插乌梁海两翼部落，以和里木图河、雅玛图、呦洛图、西里布拉克为夏季游牧，以罕达盖图河、塔里雅图、青格里河、乌龙古河为冬季游牧"。①

光绪年间，据科布多办事大臣清安、额尔庆奏称，乌梁海两翼"男妇老幼约七千余名"。何星亮根据《清实录》中乾隆十九年（1754）和乾隆二十年（1755）的数据统计，认为这一数值偏低，认为阿尔泰乌梁海蒙古族人在乾隆年间应有 2745 户左右，以每户 4 人计，约有 11000 人左右。民国时期，左翼贝子旗约有 1000 多户。② 1940 年，周东郊也曾对阿尔泰乌梁海的人口做过估计，他写到"在乾隆年间新土尔扈特与新和硕特二部的人口不过八千三百五十人，加上阿尔泰乌梁海部不过一万七八千人"。③ 以此推算，阿尔泰乌梁海人应有 9000 人左右。民国以降，阿尔泰山战事频发，乌梁海蒙古族人口日趋减少。俄国十月革命后，沙俄白匪四散溃逃，1921 年，1 万多白匪窜入阿尔泰。乌梁海人大受其害，走散不少。谢晓钟就此说"蒙民最初为土著，人数较多，原有二千一百户，喀匪扰后，密亲王所部，徙牧新疆，现只有一千余户，丁约五六千人"④。留下来的蒙古族人多数为外蒙掳去，到 1926 年仅有 2980 人。⑤ 1933 年马仲英叛乱，不久，乌斯曼又叛乱，导致乌梁海人大部分流落他方。民国三十三年（1944）人口统计，承化县还有乌梁海人 1206 人。⑥

---

① 何星亮：《阿尔泰乌梁海社会历史述略》，《中央民族学院学报》1988 年第 1 期。
② 何星亮：《阿尔泰乌梁海社会历史述略》，《中央民族学院学报》1988 年第 1 期。
③ 周东郊：《新疆阿山区概况》，《新疆论业》1940 年创刊号。
④ 谢晓钟：《新疆游记》，中国国际广播出版社 2016 年版，第 304 页。
⑤ 恽长普：《阿山旧事》，新疆美术摄影出版社 2009 年版，第 272 页。
⑥ 阿勒泰市党史地方志编纂委员会：《阿勒泰市志》，新疆人民出版社 2001 年版，第 457 页。

据 1982 年人口普查统计，阿尔泰乌梁海共有 4000 多人，其中阿勒泰县约有 1700 人。1983 年，何星亮做调查时，左翼贝子旗仅余 100 多户，其中 90 多户集中在阿勒泰县喇嘛公社（现汗德尕特乡）。① 1985 年，阿勒泰市蒙古族人口共 1778 人，主要聚居在汗德尕特，在拉斯特、红墩、切木尔切克、阿拉哈克、巴里巴盖也有分布。

二　哈萨克族

周东郊指出"民族移动是最近二百年阿山（阿尔泰山）最大的事件"。② 18 世纪，在沙俄向中亚殖民压力和清政府平定准噶尔叛乱后，靠近清政府边界的大玉兹和中玉兹的哈萨克部落逐渐回迁，进入伊犁河谷、塔尔巴哈台和阿尔泰山地区。清乾隆三十二年（1767），哈萨克阿布赍汗上表清廷，表示归顺内附，并请求回阿尔泰、塔尔巴哈台等故地定居。1770 年，哈萨克中玉兹中阿巴柯勒依（克烈）大部分、乃曼一部分由卡尔巴山、斋桑泊旁渡过额尔齐斯河到达中国阿尔泰山西段南麓，以后逐步向东散布到现在阿勒泰全地区。③

《阿勒泰市志》对克兰河一带哈萨克族的迁入做了记录，说 1770 年后"在阔肯带领下，一部分牧民来到克兰河一带游牧"。④ 直至民国时期，仍有哈萨克族越过边界进入阿尔泰山草原。由于阿尔泰山草原游牧条件较好，哈萨克族得以很快发展，成为境内人口最多的民族。民国三十三年（1944）统计，承化县总人口 24682 人，其中哈萨克族人口 16912 人，约占总人口的 60%。⑤ 周东郊对蒙古族与哈萨克族人口的变化曾有分析，他说：

---

① 何星亮：《阿尔泰乌梁海社会历史述略》，《中央民族学院学报》1988 年第 1 期。

② 周东郊：《新疆阿山区概况》，《新疆论业》1940 年创刊号。

③ 《新疆哈萨克族迁徙史》编写组：《新疆哈萨克族迁徙史》，新疆大学出版社 1993 年版，第 41 页。

④ 阿勒泰市党史地方志编纂委员会：《阿勒泰市志》，新疆人民出版社 2001 年版，第 439 页。

⑤ 阿勒泰市党史地方志编纂委员会：《阿勒泰市志》，新疆人民出版社 2001 年版，第 439 页。

　　三部蒙古人的丁口素来不繁，在乾隆年间新土尔扈特与新和硕特二部的人口不过八千三百五十人，加上阿尔泰乌梁海部不过一万七八千人，阿山地方广大，水草丰足，境外的哈萨克人乃不断内移。在最初清廷还加以限制，即冬季准其入阿尔泰境，夏季展放卡伦，他们还得迁出去。但经时一久，地方官吏迁就事实，到了光绪初年，阿尔泰东西山均有哈萨克人的踪迹，阿布赉的第六世艾琳君王亦移入当时还归塔尔巴哈台管辖的沙乌尔山地方。

　　入阿的哈萨克人均属柯勒依族计有十二大氏族部落，每一部落有台吉一名，他们最初移入时每年尚给蒙古人地租，久而久之，也就不履行这个义务，蒙哈两族争端日多……民初外蒙侵阿尔泰，新土尔扈特部多半移入迪化区，乌梁海部的居民自此以后，又多为外蒙掳去，因之阿山区的蒙民日减。……而哈民因生活条件优越，逐渐繁殖，加以欧战前后及俄国革命后逃入的哈民，到今天，阿尔泰地区又成了哈族人的天下。①

　　然而，在红墩与汉人杂居的哈萨克族人却并非 1770 年迁入哈萨克族之后裔，又具体分为两类。一类是 20 世纪 30—40 年代从苏联迁至红墩定居的哈萨克族人②的后裔，另一类是中华人民共和国成立后

---

　　① 周东郊：《新疆阿山区概况》，《新疆论业》1940 年创刊号。

　　② 这一批哈萨克族向中国阿勒泰地区的迁徙应与 20 世纪 20—30 年代苏联在现哈萨克斯坦草原过激地推进"集体化"是相关的。1927 年 12 月，联共（布）第十五次代表大会召开，即著名的"集体化大会"。根据大会决议，要在 1932 年春之前的短时间建立集体农庄，将哈萨克斯坦的个体小农经济联合为大集体经济。哈萨克斯坦农场的集体化率 1928 年仅为 2%，到 1930 年 4 月 1 日已达到 50.5%。推行集体化的同时，政府还实施了消灭富农和农场主阶层的政策。1928 年 8 月 27 日，哈萨克斯坦中央执行委员会和人民委员会通过《关于没收巴依财产和驱逐半封建主的法令》，规定凡在游牧区拥有超过 400 头牲畜和半游牧区拥有超过 300 头牲畜的农场主，应被没收财产并驱逐。1928—1929 年，共有 1027 个农场被没收，14.5 万头牲畜被充公，1034 名农场主遭到镇压。过激的集体化导致粮食产量急剧下降，畜牧业遭受灾难性破坏，最终导致了 1930—1932 年发生大饥荒悲剧。在此背景下，一些哈萨克族民众向邻近的中国阿勒泰地区逃亡。参见［哈］坎·格奥尔吉·瓦西利耶维奇《哈萨克斯坦简史》，中国社科学院丝绸之路研究院等译，中国社会科学出版社 2018 年版，第 237—240 页。

因工作、投亲、婚姻等关系迁入的哈萨克族人。2016 年 1 月 27 日，我在红墩镇的玛依阔勒特克村访谈了一位 87 岁的哈萨克族老人阿斯纳汉，他讲述了他们家迁入红墩的过程。

> 我的父亲是在现哈萨克斯坦斋桑湖名叫哈拉塔的地方出生，20 世纪 30 年代（具体时间不清）父亲带着一家人逃到了阿勒泰，那时我 1 岁（以此推算，逃亡时间应该是 1930 年前后，笔者加）。据我父亲说，我们家比较富裕，逃亡时牛羊都扔在那边了。第一站是哈巴河的阿勒哈布列孜特克，呆了 1 年。家里没有牲畜，在那里都待不住，辗转去了好几个地方，1948 年最后在红墩落脚。我们到红墩时，已经有几户哈萨克族人在红墩了，跟老户儿家汉人杂居在一起。他们是哪个部落的不清楚，但情况和我们一样，也比较糟糕，只有 5—6 只牲畜和一点点地。那时候阿勒泰一年 3—4 次战乱，土匪多得很。哈萨克族人就是帮富裕的人家干点活，主要是老户儿家汉族，他们有很多地。

2016 年 1 月 30 日，我们访谈的另一位哈萨克老人黑扎提（73 岁）也讲述了类似的家庭经历。他的父亲也是 1931 年从斋桑湖逃到阿勒泰，并在 20 世纪 40 年代辗转到红墩落脚。显然，中华人民共和国成立前在红墩定居务农，与老户儿家汉人杂居的哈萨克族人主要是无生产资料、生活无着落的穷苦牧民。据对老人们的访谈，这部分哈萨克族人应该有 10 来户。目前，他们后裔中的一部分还生活在红墩，还与汉人杂居在一起。

中华人民共和国成立以后，也有少量哈萨克族人因各种原因迁入红墩。比如，72 岁的阿克拜在 1963 年从富蕴县可可托海迁入红墩，投靠他的叔叔沃热斯拜。1940 年，沃热斯拜与卡里斯结婚，入赘到红墩。阿克拜迁入红墩后，他的父母、兄弟姊妹随后也迁了过来。再比如，54 岁的达乌列提祖籍福海县。1954 年，他的父母亲从福海县的喀拉玛盖迁入红墩，具体原因不明。50 岁的布拉塔祖籍福海县，他的父母1950年因在福海无生产生活资料而逃到红墩，并留居此地。

总之，红墩的哈萨克族人较少，来源各异，但都长期与老户儿家汉人杂居，并较早从事农业生产，与牧区其他哈萨克族人的生产生活方式存在显著差异。1958年，红墩人民公社成立后，大部分哈萨克族人选择了牧业队，从事游牧业生产。少量哈萨克族人选择了农业队，与其他民族成员杂居，从事农业。本书所指哈萨克族人主要是从事农业的这一部分人。

三 汉族

在红墩，汉族人口最多，分为两个部分。一部分是清末及民国时期迁入，并在此繁衍生息的汉人群体，自称和被称为"老户儿家"；另一部分是中华人民共和国成立以后迁入的汉人，主体是20世纪60年代疆外自发迁移到新疆的汉人及其后裔。为了行文方便，我们称他们为"汉人新移民"。

"户儿家"一词有多种解释。有学者认为，"户儿家"是对农村、农民的指代，是对清代"户屯"农民的称呼，以区别于军屯和犯屯。[1] 1928年3月1日与3月8日，中瑞西北科学考察团中方气象生刘衍淮在吐鲁番至乌鲁木齐途中名为"坑坑"和"芨芨槽"附近所写的日记中提到了"户儿家"，一处说"蒙兵——营长夫人随行者——抓户儿家之马"，另一处说"北稍西不远，渐有人居、树木。折东北，遇户儿家的住宅"。[2] 显然，"户儿家"有定居的农民之意。一些新疆当代诗人、作家在其作品中对北疆的"户儿家"做过描述。在赵光鸣的作品中，"户儿家"指那些经过200余年的世代延续，在边地已形成了自己盘根错节的家族关系和深厚血缘纽带，在乡土情感的归属上早已淡漠了和疆外的原始渊源关系，在心理上把自己认为名

---

① 王建基、许学诚：《爬梳镇西：掀起新疆汉文化神秘盖头》，光明日报出版社2003年版，第65页。

② 刘衍淮：《丝路风云》，徐玉娟等译，商务印书馆2021年版，第333、338页。

符其实的新疆老户——"本地人"。① 诗人周涛在甘肃、陕西、山西长城沿线景、人、事、情的考察中，也发现了"户儿家"。这些人生存在两个民族（游牧族群与农耕族群）的缓冲之地，在环境恶劣的废弃之地，寻求着自己的新生。② 从这些描述中可以看出，"户儿家"至少有三层含义。一是迁移到边地，且生活了较长时间，生计与生活方式发生了显著变化；二是主要是在农牧交错地带，并与游牧族群杂居或共居；三是已形成了亲缘和地缘关系，并在一定程度上建构了群体的共同体意识。

在红墩，人们认为"户儿家"是哈萨克族、蒙古族等游牧民对定居务农"庄民"之称呼，先是他称，后成自称。与游牧民不同，"庄民"安居在可耕土地上，营建永久性住房，聚居而少移动。显然，这种解释以游牧民与农耕民生产生活方式的差异为标准，将"户儿家"视为与游牧民相区别的一个文化共同体。在"户儿家"前面加上前缀"老"，是为了与汉人新移民进行区分。后文我将指出，"老"与"新"不仅是时间边界，更是社会文化边界。比如，老户儿家好喝奶茶、好吃牛羊肉，新移民养猪、吃猪肉、吃菜多等等。

老户儿家汉人迁入红墩的时间应该在 19 世纪 60—80 年代，主体是 1864 年奇台农民起义和 1868 年布伦托海屯民暴动队伍的后裔，更早之前他们生活在陕西、山西、甘肃等地。谢晓钟在《新疆游记》中写道"红峒渠庄，庄民四十八家，皆汉人"。③ 恽长普曾对 45 户老户儿家的祖源地做过记录，其中 20 户祖籍甘肃、11 户祖籍陕西、4 户祖籍山西、2 户祖籍天津、1 户祖籍四川、7 户祖籍地不详。④ "同姓不同宗"的现象很普遍，比如有 4 户李姓、3 户刘姓、3 户赵姓、3 户王姓、2 户杨姓、2 户高姓、2 户吴姓等。

---

① 王勇：《我读赵光明》，《小说评论》2001 年第 5 期。
② 谢燕红、李刚：《废墟中的生命之歌——读周涛〈游牧长城〉兼论 20 世纪 90 年代知识分子的一类话语转型》，《廊坊师范学院学报》2011 年第 2 期。
③ 谢晓钟：《新疆游记》，中国国际广播出版社 2016 年版，第 299 页。
④ 恽长普：《阿山往事与老户儿家的悲壮经历》（内部资料）。

迁入红墩后，老户儿家汉人与其他民族成员一道从克兰河上游开渠引水，修建了二道渠和三道渠，发展出完备的水利设施。人们在"水渠"附近地势较高之处建设庄子，以庄子为中心开垦耕地，发展农业。庄子因水渠连成一体。每个"庄子"由1个大户和3—4个小户组成，以大户姓氏命名。庄子与庄子相隔1—2千米不等，无明晰边界，以山坡、河流和自然草场为区分。事实上，人们谈论"红墩"时不指边界明晰的空间，而是指汉人庄民。2016年1月26日，我们在阿勒泰市找到了曹氏第四代长兄曹中贤，并请他绘制了20世纪30—40年代红墩老户儿家汉人的分布图（参见图1–2）。

清末民国，还有少量汉人因各种原因迁入。20世纪30年代末，祖籍甘肃武威的方如金与兄弟数人跟随驼队商人逃难到新疆。他们先是到了奇台，兄弟数人留居奇台，唯独方如金继续向西北迁移，并在阿尔泰山中帮人挖金子。几年后，方如今攒钱在红墩修建了院落，并和刘美兰成婚，育9子。方家自认为是老户儿家，但并不被其他老户儿家所认可。在方家后人看来，老户儿家并不具体指一部分人，而是"老新疆"之别称，方家已到红墩几十年，当然应是老户儿家。在曹氏、孙氏、章氏等老户儿家后人看来，他们来得晚，与自己不是同一拨人。

20世纪30年代后，因战乱等原因，部分家庭迁出红墩，比如陈氏、彭氏、巨氏、雷氏等。但是，直到中华人民共和国成立前，绝大部分老户儿家都生活在红墩，并以姓氏为中心形成庄子居住。中华人民共和国成立后，政府急需精通"哈—汉""蒙—汉"翻译，户儿家中有46人被抽调担任翻译。另外，还有一些人通过参军和工作等途径迁出红墩。

20世纪60—70年代，一批汉人新移民迁入红墩。新移民有三种类型。一是因生活艰苦，到新疆谋生的移民，以男性为主；二是支援边疆的复员军人。他们先是被安排公社、大队任职，或是进入公社的水电站、奶粉厂等社队企业。20世纪80年代中期后，社队企业解体，这部分汉人新移民被纳入了行政村中；三是链式迁移的移民，多是投亲靠友或结婚而来。迁入前，他们已经与红墩的汉人新移民取得联

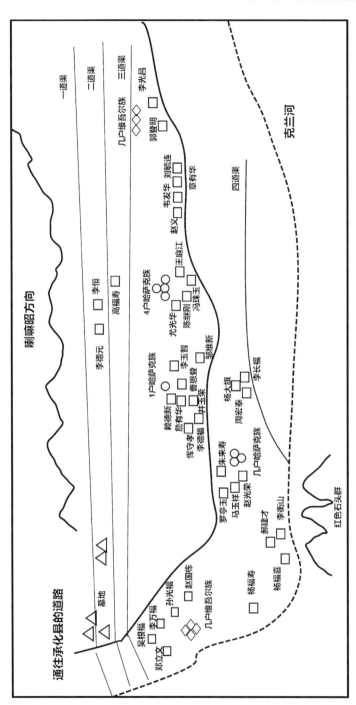

图 1-2　20 世纪 30—40 年代红墩老户儿家的分布

系，并对红墩的情况有所了解。我们对红墩萨亚铁热克村 56 户汉人新移民（以户主的籍贯为准）的调查表明新移民主要来自山东、四川、江苏和河南四省，也有一部分来自甘肃、陕西、安徽和青海。

从人口规模上讲，汉人新移民已经成为红墩汉人的主体。以我们重点调查的萨亚铁热克村来说，汉人新移民占全村总人口的比例达到了 50% 以上，超过了老户儿家的人口比重。

四　维吾尔族

中华人民共和国成立以前，红墩还生活着为数不多的维吾尔族。《阿勒泰市志》对晚清民国时期承化县（现阿勒泰市）维吾尔族的来源做过简单记录，说"清光绪十年（1871 年）承化寺建成后，围绕承化寺逐渐形成一个市镇。一批批维吾尔族商人从迪化、沙湾、奇台、伊犁、塔城等地用马、驴、骆驼将布匹、茶叶和日用百货运至承化一带出售，并从牧区收购活畜和皮毛等畜产品运往外地"。一部分商人在阿勒泰娶妻生子，或是将祖籍地家人接过来同住，在克兰河谷腹地购置田产并定居。纳尔斯阿浑是喀什人，1920 年与妻子一起到阿勒泰做皮毛生意。在与第二任妻子离婚后，定居红墩，并与第三任妻子育 1 子比力斯。也有一些在祖籍地生活贫苦的维吾尔族农民流落至阿勒泰，以"雇工"的形式寄居在维吾尔族商人或有田产者家中。

> 玉苏普汗生于喀什加尔肯。在喀什时，他家有 11 口人，15 亩地。但是，他们农具不全，租用他人农具种地。当时，政府的税多，他扔下妻子，跑出来给人做长工。他在博尔塔拉公路局干了 1 年，又与别人合伙种了 1 年地，赶了 3 年毛驴，仍无法维持生活。1934 年，他来到红墩，给维吾尔族阿不都拉当长工，在水磨上干活，干了 7 年。阿不都拉死，其妻嫁给牙生，他又继续给牙生干活。①

---

① 根据 20 世纪 60 年代阿勒泰市一份阶级划分档案材料整理获得的资料，档案具体时间不详。

还有一些投靠亲戚的维吾尔族人，先是寄居亲戚家，后辗转到红墩定居。事实上，受访的维吾尔族人对祖辈迁入红墩的具体过程所知甚少。萨亚铁热克村的艾买提和艾力两兄弟说"父亲叫纳斯尔阿浑。1920年，因阿图什缺水，为求生存，骑着毛驴到了红墩"。20世纪60年代，红墩公社一份关于"户籍"材料（后文简称"户籍"材料）① 中有18户维吾尔族人，其中仅4户的祖籍地有明确记录——2户喀什、2户吐鲁番。

　　至20世纪30年代，阿勒泰地区经商和务农定居的维吾尔族人逐渐增多。据民国33年（1944）统计，承化县维吾尔族人口2527人，占该县总人口的1/10，成为当地第四大族群。然而，民国33年（1944）至民国38年（1949）阿山战乱导致维吾尔族人外迁，到1949年仅余873人。② 外迁者以承化县城商人居多，定居务农者居少。中华人民共和国成立前，红墩维吾尔族人的确切数字没有记录。"户籍"材料记录，红墩有18户维吾尔族人。这一信息得到了访谈材料的验证，81岁高龄的曹忠贤明确说"有十五六户维吾尔族与我们汉人杂居"。中华人民共和国成立后，仍有维吾尔族人因工作、婚姻和其他原因迁入红墩，但数量很少。70多岁的贾合甫讲述了自己到红墩的经历。

　　　我的一位舅舅阿克拜在阿勒泰市做生意多年，算有钱人了。解放前，我同父异母的哥哥阿不力孜到阿勒泰投靠阿克拜，跟着学做生意。哥哥比我大30岁，他到阿勒泰的时间也比较长，第一任妻子就在这边娶的。解放后，哥哥在阿勒泰市开了个肉铺。1954年，他娶第二任妻子时，父亲来参加婚礼。阿不力孜年长无子，父亲在1961年把我给了他（抚养）。1963年，我通过政府安排到了红墩8队，负责养牛。

---

① 根据20世纪60年代阿勒泰市一份阶级划分档案材料整理获得的资料，档案具体时间不详。
② 阿勒泰市党史地方志编纂委员会：《阿勒泰市志》，新疆人民出版社2001年版，第465页。

目前，红墩仍生活着少量的维吾尔族人，部分是中华人民共和国成立前维吾尔族人的后裔，很少一部分是因工作和婚姻关系迁入的新移民。

五　回族

在红墩，还生活着一部分回族村民。《阿勒泰市志》中记录"民国 4 年（1915），随着金矿的开发和回族军队的派驻，甘肃、青海、陕西的回民陆续来到阿尔泰从事采金生产"，到民国 33 年（1944）承化县回族有 483 人。[①] 红墩有极少一部分的回族村民在民国时期迁入。80 岁的哈三祖籍甘肃临夏（现东乡县），在红墩出生。1910 年，他的父亲阿布热艾从老家逃难到红墩，寄居在曹氏偏房之中。阿布热艾娶哈萨克族人努尔巴拉为妻，育 5 子，哈三是老三。哈三及其兄弟都娶哈萨克族为妻，他们的孩子亦如此，其名皆为哈萨克族名字。

红墩回族的主体是 20 世纪 50 年代末到 60 年代中期从甘肃和宁夏迁入的新移民。这些新移民并不认同哈三的回族身份，认为他们与哈萨克族无异。哈三自己也不认同回族身份，认为在语言、生产生活习俗等方面与回族不同。这批回族新移民都是自发移民，因求生存而迁移。到红墩后，他们与汉族新移民一道被安排到了各个大队，主要从事农业生产。我们调查的萨亚铁热克村中有 20 户回族村民，共 76 人。目前，9 户回族仍生活在村中，马占全谈到了迁入红墩的经历。

"大炼钢铁"时期，父亲在老家当乡长。那时老百姓生活困难，不愿意干了，父亲逼着他们干，每家每户的铁器都要收掉，都吃大锅饭。1961 年，群众路线教育时，老百姓要求父亲登门道歉，做检查。父亲挨了打，受不了，跑到了新疆。父亲有一个叔叔在乌鲁木齐金属公司当工人，就去投奔。叔叔将父亲安排到所在公司工作，父亲被分到阿勒泰大喀拉苏分公司。干了一年，父

亲向公司提出能否带家属过来。公司拒绝了，父亲就不干了，就来到了红墩。父亲在红墩公社门口休息的时，遇见了刘英平书记。刘书记问父亲是否愿意携家带口到红墩镇定居。父亲答应了，刘书记就给他开了介绍信，一年后我们一家就来到了红墩。父亲到了红墩之后，在队上当了十几年会计。

这9户回族村民主要出自马氏和苏氏两个家族，两家有姻缘关系，马占全的母亲与苏宝山的父亲是亲兄妹。马占全迁到红墩后，苏宝山也投亲而来。萨亚铁热克村20户回族中16户来自马氏和苏氏家族，另有哈三兄弟两户，还有马占清和马海清两户。马占清与马海清都是在1958年迁入红墩的，但经历与马占全的经历却不尽相同。访谈时，马海清说：

> 1959年来到新疆的，当时屯里的杨家人（汉族）说要来新疆，我跟着来了。家里卖海棠果换了80块钱，作为路费。火车只通到盐湖（乌鲁木齐市郊），下了车以后，看见一个拉货的车。我就去问了人家：阿爸（叔叔）你是哪里的？他说是乌鲁木齐来拉货的。货车师傅带上我们到了乌鲁木齐。到了之后，认识了一位维吾尔族大哥。这位大哥让我们去他们家吃饭。出了他们家之后，看到一扇大铁门，很多人进出。我就问那是什么单位，维吾尔族大哥告诉是收容所。我们就进去，登记后，被送到了山上的一个窑洞。第二天甘肃工作组来人了，说甘肃人跑完了，要拉甘肃的人回去。我们好不容易跑出来，不想回去，就往西跑，搭上了一辆到哈巴河的汽车。到了哈巴河，我们被分到了红旗公社，待了两年。后来阿勒泰来招收单身汉，我们报了名，被录取了。第二天就到了红墩公社，分到了十一队。1966年分队，为了孩子上学，我主动要求分到四队（萨亚铁热克村），并盖了三间土房。

第五次人口普查数据显示，红墩镇总人口1.5万人，哈萨克族占

48%，汉族占41%，其他少数民族占11%。

第三节　田野点：萨亚铁热克村

我们主要的田野点是红墩镇的萨亚铁热克村，当地人俗称"四队"。该村位于红墩镇政府东南方向1.5千米处，克兰河东岸，沿着克兰河道"西北—东南"方向绵延1.5千米。"萨亚铁热克"是哈萨克语，有"杨树荫"之意，因这里原有杨树年久成荫而得名。调查时，杨树已经很少见，据当地居民讲，杨树毁于1958年。选择该村的原因有两个：一是萨亚铁热克村是老户儿家分布相对集中的区域，45户老户儿家中有19户原居于此，目前仍然有25户生活在该村；二是萨亚铁热克村也是一个各民族相互嵌入的社区，与红墩多族群结构一致。2015年，该村225户，1097人，其中汉族823人、哈萨克族114人、回族76人、维吾尔族50人、蒙古族34人。村落空间大体可分为生活空间和生产空间两个部分，其中生产空间又以穿村而过的道路（国道216线）为界，分为东西两个部分。

图1-3　红墩街景

生活空间以自西北而东南的主干道路为中心，此条道路是北屯市
到阿勒泰市道路之一部分，基本沿着克兰河的流向而修建。村民在道
路两侧修建院落，又多集中在道路东侧。道路西侧毗邻河谷，地势较
低，水位较高，少有适于修建住所的空间。这条道路就如同蜈蚣的躯
干，两侧延伸出若干小道，小道两侧便分布着村民的院落。院落朝向
没有明确要求，但院门都面朝道路。大部分院落之间少有空间区隔，
多以一面矮墙做区分，仅有一两个院落远离主干道，孤悬于东侧一千
米之外的田间之中。

图1－4　普通村民的院落

　　院落面积1—2亩不等，被区分为三到四个微型空间。院落的一
侧是三到四间住房，多为砖混结构。中间的住房多为客厅，是家人
团聚和接待客人之所。两侧则为卧室，左侧多为户主的房间，右侧
是子女的住房。一个院落多有一块0.5—1亩左右的菜地，菜地的左
侧或右侧修建一排暖圈。

　　红墩多族群结构在居住空间上亦有体现。不同族群的村民相邻
而居，形成了相互嵌入的居住格局，这有利于各民族日常生活中的

交往交流交融。如图1-5所示，哈萨克族村民相对集中，但大体上仍与其他民族杂居在一起。哈萨克族村民院落的位置多在东侧边缘，这与他们畜养牲畜较多，便于利用周边草场和避免影响其他村民有关。回族、蒙古族和维吾尔族村民则基本上散落在村落之中。

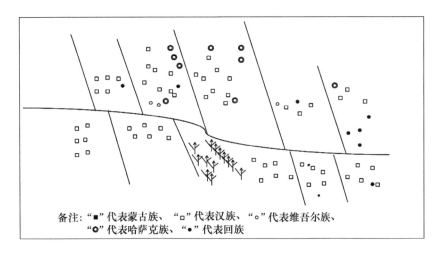

备注："■"代表蒙古族、"□"代表汉族、"。"代表维吾尔族、
"◎"代表哈萨克族、"●"代表回族

图1-5　各民族相互嵌入的居住格局

三个商店间隔数百米沿道路分布，提供烟酒和日常消费品，也是村民闲聊、休闲之处。在村落中，还有××渔业公司、水电站、砖厂和一个饮料批发中心。它们原本是社队企业，20世纪80年代中后期相继解体，目前只有渔业公司承包给私人后仍在运行。靠近红墩镇的一侧，还有一家奶粉厂。这家奶粉厂原来也是社队企业，改制后成为国内某知名奶企的奶粉加工厂，萨亚铁热克村有5人在此上班。村委会位于村落的东南尽头处，由原来的小学改建而成，是村民政治生活的中心。

生产空间分布在生活空间周围，具体以道路为中心分为东西两大区域，道路以东主要是农田，道路以西是可利用的河谷草场、湿地和一部分耕地。

红墩的农业生产主要集中在道路东侧，与居民生活区毗连。大体范围，自居民区向东北延伸5—10千米至与汗德尕特乡交界的低矮山坡。一道渠和二道渠（参见图1-6）将农田区分为三个片区，同时东西向有若干支渠将水源引入农田。因此，农田按"井"字形排列，较为有序。道路西侧亦有少量耕地分布，不连片，面积较小，且有林带或水沟相区隔。全村总耕地面积3100亩，主要农作物包括玉米、食葵、花芸豆、油葵等。1964年迁入红墩的徐允秀为我们详细描述了萨亚铁热克村的耕地分布，他说：

> 一道渠周围没有我们村的农田和草场。二道渠与穿村而过的道路北侧之有2300亩左右的耕地，属于二等地。地的等级以土质和产量为标准进行区分。二等地石子多、沙子多，土质不好，易板结，以山前丘陵地为主。道路南侧到克兰河谷有300亩左右的耕地，属于一等地。一等地土层厚，黑土，土质好，挖两三米也见不到石头。这些地水位较高（向下挖9米可见水），浇水容易。以亩均小麦产量计算，一等地比二等地的产量高100斤左右。20世纪90年代中期以前，二道渠以下的一些土坡和河谷地区，还分布着一些草场。最近一些年，特别是土地平整项目的实施，土坡都用铲车铲平了。人们用水泵从水渠中提水，浇灌这些坡地。村中的牲畜数量开始减少，有牲畜的家庭预留一部分耕地种植轻熟玉米，5亩地便可提供一个冬天所需饲草，效益更好。

牧业生产的中心是道路西侧与河谷之间0.5—1千米不等的"荒滩"。这些荒滩卵石和碎石较多，土层较薄，且经常被季节性洪水淹没，不适宜农业。然而，这里却是萨亚铁热克村保留较为完整的天然草场，适合放牧。20世纪90年代中期前，道路西侧的缓坡尚未平整，也通常作为放牧地。事实上，这些缓坡曾是村民的打草场。近年来，牲畜最高饲养量达到了1786头（只），主要是新疆褐牛。夏季，村民将牲畜交给牧业村的牧民代牧，带到夏季牧场放牧。其他季节，村民

图1-6　红墩的一道渠（左）与二道渠（右）

的牲畜散养在河谷"荒滩"，村里安排了一户哈萨克族村民负责照看。

村民的院落也构成了生产空间的重要一环，是副业生产之所在。院落中有菜地和暖圈。菜地是大部分村民从事副业生产的空间，一年分两季种植家庭所需的蔬菜，有黄瓜、南瓜、大白菜等等。一些村民在菜地周边种植葡萄，在菜地与住屋之间搭建棚架，解决水果的需求。暖圈有效地解决了牲畜圈养的问题，为农区畜牧业的发展创造了条件。还有一些村民在院落一侧或在院落外搭建鸡舍，从事养殖业，增加家庭收入。

以往的经验告诉我们，新疆北部农村最佳调查时间应选择冬季。冬季大雪覆盖，村民闲在家中，方便入户访谈。然而，萨亚铁热克村却让过往的经验失效了。冬季虽是农闲时节，但村中少有居民。50%左右家庭在红墩镇、阿勒泰市或北屯市购买了住房，还有一些村民常年随孩子在城镇中生活。村民解释说，冬季阿勒泰太过寒冷，城镇有暖气，无需自己架火炉，生活更便捷。夏天克兰河谷更凉爽，更宜居，可以回到村里经营土地。夏天，那些已经将土地流转出去的村民在院子里种些蔬菜瓜果，养些家禽，自足之外还可为在城镇生活的孩子提供绿色食品。他们还可利用夏季的三四个月时间，与邻居拉拉家常，走动走动，仍维持着较为亲密的关系。因为村落距离红墩镇、阿勒泰市、北屯市很近，在城乡之间流动并无不便。加之并非常年在村

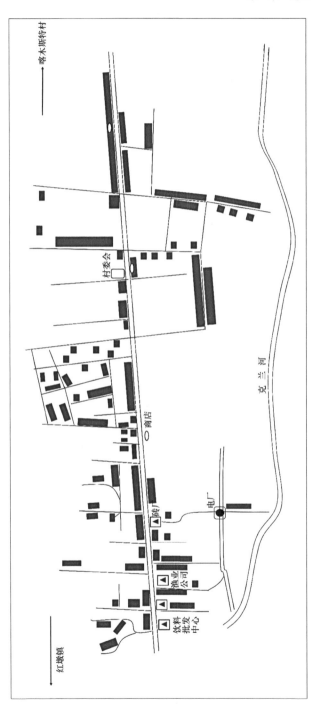

图 1 - 7　萨亚铁热克村村落布局图

中居住和生活，村里的院落和住房有时会显得比较破旧，室内陈设相对简单，给人以 20 世纪 90 年代的感觉。村民很重视城镇中住房的装修，室内陈设与城市居民的住房几乎没有差别，网络、电视、冰箱、洗衣机等现代生活用具一应俱全。在红墩镇购买住房的村民，多居住在两个相邻的小区中，彼此间的交往并未受到进入城镇生活的影响。从某种意义上讲，这些村民只是将冬季的居所搬入了城镇，但其社会交往与之前并未有大的变化。在阿勒泰市和北屯市购买住房的村民，冬季彼此间的走动少了很多，多通过电话联系，但在重要的节日中仍保持着往来。简言之，村民夏季过着乡村式的生活，冬季过着城镇化的生活。他们在城乡两种生活形态之间自如地切换，但尚未从根本上割裂与村落和其他村民之间的经济、社会和情感纽带。

第二章　迁移与苦难记忆

　　"历史记忆"或"根基历史"中最重要的一部分，便是此"历史"的起始部分，也就是群体的共同"起源历史"。"起源"的历史记忆，模仿或强化成员同出于一母体的同胞手足之情；这是一个民族或族群根基性情感产生的基础。它们以神话、传说或被视为学术的"历史"与"考古"论述等形式流传。①

——王明珂

　　在红墩多族群社会体系中，汉人作为一个族群与哈萨克、维吾尔等其他民族相区别，内部又进一步区分为"老户儿家"与"新移民"。当与其他民族进行区别时，通常强调体质特征、语言、宗教信仰等显性符号特征。当在内部进行区分时，除了迁入时间、语言能力（少数民族语言）等显性特征外，更多以彼此社会交往范围、行为方式和对红墩的情感等隐性文化特征为区分。换言之，在"外"与"内"的区分中，汉人存在两套边界体系，根据情境的变化进行选择。不管是"老户儿家"，还是"新移民"，都面临着在成员无血缘、地缘和姻缘关系的情况下如何在一个陌生的世界中构建群体认同的问题。有意思的是，在群体认同的构建过程中，他们都从"历史记忆"中寻找力量，并都以"迁移"和"苦难"为主题不断表述和强化内群感。

---

① 王明珂：《历史事实、历史记忆与历史心性》，《历史研究》2001 年第 5 期。

第一节　谁是"老户儿家"

在红墩的田野中，困扰我们的首要问题便是"谁是老户儿家"，实质是当地人如何区分"老户儿家"与"新移民"。新移民的答复是"先来后到"的问题，即老户儿家先来，并已在红墩繁衍数代。当我们将这个问题抛给老户儿家的后裔时，他们不仅强调自己"先来"，还强调先辈们从关内到关外、在红墩落脚与清末民国时期"三进三出"红墩的经历。简言之，当要搞清楚谁是或属于老户儿家，需要将视野聚焦到老户儿家先辈的迁移记忆上，建构该群体的共同"起源历史"。

一　关内到关外

"老户儿家"主体来自陕西和甘肃两省，迁移的原因也因此而不同。

祖籍陕西的老户儿家，多将迁移归结到清同治元年（1862）前后汉中周边的"农民起义"及由此引发的战乱，并在族谱中做了简略的概述。

> 曹氏家谱：大约在清同治元年（1862）左右，为了生存，参加了农民起义，后为了躲避清政府的追杀，伙同数千名难民迁徙新疆。
>
> 井氏家谱：大约在清同治元年（1862）前后在关内参加反抗当地封建统治阶级残酷压迫和剥削而举行的西北捻军起义，后惨遭清政府湘军的野蛮镇压，为了求生，躲避清湘军的追剿，伙同数千名被发配到西域遣屯兵丁和难民迁徙新疆。
>
> 郭氏家谱：郭氏家族祖籍陕西省汉中地区阳县，据说在当年郭氏兄弟七人背井离乡，随同他人结伴出走西口。

细加分析，可以发现曹氏家谱中仅说了"农民起义"，但在井氏家谱中则明确是"西北捻军起义"。对此，曹氏四世长孙忠贤认为"西北捻军起义"只是恽氏四世孙恽长普在《阿山旧事》和《阿山往事》中的说法，事实上，究竟是哪一场起义没有明确记载，祖辈们口传中也从未讲明。恽长普在《阿山往事》中关于汉人的文章中，以"西捻军"在1866年后由张宗禹率领经河南进入陕西作为依据，认为老户儿家中陕西籍的就是西北捻军后裔。① 这显然与陕西籍老户儿家家谱的记录和这批人在1864年奇台农民起义中的经历不相符。事实上，同治元年（1862），陕西汉中确有战事。

> 清同治元年（1862）五月，云南昭通李云和、蓝大顺农民起义军，在蓝率领下，由四川进入汉中境，先后攻占镇巴、西乡、洋县，在洋县布告安民，宣布废除清制，建立农民政权，推蓝大顺为"大汉显王"，刻玉玺，发政令，招募兵士。六月，攻城固、留坝境地；九月，攻占佛坪厅；十月，破褒城，袭南郑，攻宁陕，据镇安。次年，与太平天国西征军合力围攻汉中府，并攻占县城。同治三年春，退出汉中。
>
> 同治二年（1863）二月，太平天国扶王陈得才、端王蓝成春、遵王赖文光、启王梁成富、主将马融和率军由安康入汉中，包围汉中城，清廷调兵遣将，与之对抗。八月，义军攻占汉中府城。次年正月，义军主力东下，撤出汉中，回援天京。②

陈显远在《太平军西进克汉中》一文中对战事的波及范围做了描述，他写道"清同治二年（1863）二月，太平军西征军西进汉中，汉中府城及府属一州（宁羌）三厅（留坝、定远、佛坪）八县（南郑、城固、洋县、西乡、褒城、凤县、沔县、略阳）十二座城，除凤

---

① 恽长普：《阿山旧事》，新疆美术摄影出版社2009年版，第256页。
② 郭鹏、张西虎：《太平天国西征军暨李蓝义军——陕南战事史料汇编》，三秦出版社2015年版，第8—9页。

县城围而未破外，均被克复，并处死了四个州、县官"。① 因此，所谓"农民起义"可能是李蓝义军和太平军西进克汉中这一历史事件。② 另外，这些地方同期还有一些小规模的、零星的、自发的农民起义。③ 战争导致了人口锐减，并给人民带来了城中的苦难。以陕西省汉中市的城固县为例，民国《城固县乡土志·户口》中记载"道光、咸丰年间，农民多保暖，商裕货财，县境世家望族、闾里之名户口滋繁，称极盛焉。同治初，蜀粤大盗陷城，杀掠蹂躏。贼既退，户口凋残，凶荒水旱，伤疾未复"④ 因此，"老户儿家"先辈是否参加了"义军"，参加的是哪一支队伍并不能做出判断，但受战乱影响而迁移应该不假。访谈中，曹忠贤提到了祖辈的一种说法。

> 我们是1862年前后到的新疆，是从陕西、山西而来。在祖籍地时，人们的生活穷困，备受压迫，苛捐杂税很多，农民不得已而起义。但是，农民没有武器，只有铁锹和棍子，很快被镇压，投降了。投降后，大家认为在当地肯定是待不下去了，要受迫害，因此要找一个没有迫害的自由之地。这些人集合起来，无目的地向西走。

---

① 郭鹏、张西虎：《太平天国西征军暨李蓝义军——陕南战事史料汇编》，三秦出版社2015年版，第1页。

② 咸丰九年（1859），李短鞑（李永和）、蓝朝顺（蓝大顺）及其弟蓝朝鼎（蓝二顺）在云南昭通府大关厅牛皮寨起义，反抗清朝暴政。咸丰十一年（1861年）十月后，起义军队挺进川东。同治元年（1862），李蓝起义军余部进入陕西。同治元年（1862）三月十八日，太平军扶王陈得才带军进入陕西商洛地区。三月十九、二十日，围攻商南县城，又分兵进攻商州及孝义厅（今柞水县），先后攻克山阳、镇安、孝义厅。四月十四日到达长安县尹家卫，直逼西安。太平军和李蓝义军入陕，推动了陕西革命形势的高涨。起义军进逼省城西安和汉中府城，攻克和占领渭南、华洲、洋县等州县城，摧毁清地方封建政权，惩办官吏和地主豪绅，消灭大批清军和地主团练武装，沉重打击了封建势力，动摇了清朝在陕西的封建统治。参见韩敏《清代同治年间陕西回民起义史》，陕西人民出版社2006年版，第33—36页。

③ 张生旺：《太平军在陕西的抗清斗争》，《历史教学》1963年第1期。

④ 转引自曹树基《中国人口史·第五卷·清时期》，复旦大学出版社2001年版，第584页。

这段描述中提到了"山西",而老户儿家中有 4 户祖籍山西,分别是刘氏(延青)、雷氏、朱氏与 1 户姓氏不详的家庭。我们查阅了这 4 户的家谱,无迁移原因和过程的具体描述,只是提到"清同治元年前后离开家园,历经千辛万苦长途跋涉,辗转来到此地"。

老户儿家中,祖籍甘肃的达 20 户之多。与祖籍陕西的相比,迁移的时间和原因更加复杂多元(详见表 2-1)。

表 2-1　　　祖籍甘肃的"老户儿家"迁移时间和迁移原因

迁移类型	姓氏	迁移时间	迁移原因
解赴	李氏	清同治年间(具体时间不明)	随同大批避难百姓和被发解赴西域的西北捻军附营。
	恽氏	清咸丰十年(1860)到同治元年(1862)	被清政府解赴西域
生存	高氏(智林)、罗氏、胡氏	同治元年(1862)前后	生活所迫,携带家眷取道西域
	章氏	光绪六年(1881)	民不聊生,加之凉州一带连年遭灾,求生无望,千里迢迢闯关西
原因不明	杨氏	咸丰九年(1860)	不明
	刘氏(少岚)、孙氏、吴氏、李氏(德福)、李氏(有福)、巨氏、高氏(正清)、赵氏(赵仁)、顾氏、王氏(大毛)、邹氏、李氏(德元)、赫氏		

从迁移类型来讲,老户儿家中甘肃籍汉人移民大体有两种类型,一是被解赴新疆,二是自发流入新疆。迁移时间跨度较大,持续了 20 余年的时间。应该注意的是,相当多的姓氏对具体的迁入时间和迁移原因并不知情或是已无法说清,这可能是因为移民中绝大部分为未接受教育或不懂文字的自发移民所致。然而,向新疆的迁移无疑受到了同治年间西北战事和灾害的影响。杨志娟对战争前后甘肃省人口变化做了分析,1861 年甘肃省人口达 1547.6 万人,1877 年降至 466.6 万人,下降率高达 69.8%。另外,西北地区是自然灾害尤其是旱灾的多

发地区。自然灾害频发，导致大面积的饥荒。在同治年间这次长达数十年的起义中，战争和天灾相伴始终，互相加重，成为导致西北人口历史性下降的最主要原因。① 路伟东指出，同治年间西北战争时人口外迁遵循就近原则，呈现出自东往西的潮汐式特征，而河西走廊的小民多迁往内蒙古和新疆等省区。②

关内到关外之路绝非坦途，族谱中通常用"人烟稀少、野草丛生、极其荒凉"来形容。由于材料稀少，我们很难还原迁移过程的艰险，但曹忠贤从祖辈那里听到的相关描述还是为我们提供了颇有价值的信息。

"出了嘉峪关，两眼泪汪汪"（一眼望不到边的戈壁），能否活下来都不知道，没有目的糊里糊涂地走，走到哪里就算哪里。后来就到了奇台，一些人又从奇台去了迪化、玛纳斯、呼图壁和沙湾等地。刚来这个地方时，气候也不了解。已经是十月份了，都穿着布鞋，鞋底也磨破了，四周都是白茫茫的雪，什么地方也不知道。人们先要找住的地方，看到了苇湖，倒了的苇湖特别厚，跟沙发床一样。人们认为能住，就住在苇湖上。吃的东西也没有，看到了水，就想找找水里有没有鱼。然而，人们没有鞋子穿。几个人穿一对鞋，带上工具把冰块凿开，从冰下捞出鱼来，以鱼救命。开春后，人们见此地有水，也就不打算到别的地方去了。由于鞋子坏掉了，脚冻伤了，红得发紫，少数民族都叫我们"红脚片""赤脚"。

这一描述是家族口传的历史记忆，但在老户儿家中应该具有普遍性。这意味着，不管是从陕西到新疆，还是从甘肃到新疆，移民都必然经历自然风险的考验。在多份家谱中还有"兵荒马乱、豺狼当道、

---

① 杨志娟：《清同治年间陕甘人口骤减原因探析》，《民族研究》2003 年第 2 期。
② 路伟东：《守土与离乡：同治西北战争期间战区人口的外迁》，《复旦学报（社会科学版）》2019 年第 2 期。

朝不保夕"的描述,这意味着还要克服战乱引发的社会动荡。综上所述,老户儿家的先民不过是清末陕甘诸省向新疆移民洪流中的沧海一粟,他们的苦难是大历史在小群体身上的投射,不同姓氏也因此共享了相似的历史记忆。

二 到克兰河畔

"老户儿家"先民经河西走廊,出嘉峪关,后经哈密,到巴里坤,再翻越天山到达准噶尔盆地东南缘的吉木萨尔、古城子、奇台一线,并短暂地在此生活。这条迁徙线路是清代入疆的常规路线,即自甘肃河西走廊经星星峡进入新疆,常被称为"甘新道"。

老户儿家对这段记忆相当模糊,比如杨氏(福寿)族谱中记载"杨氏家族大约在清同治年间居住吉木萨尔、阿山两地",曹氏族谱中记载"经古城子等地辗转新疆阿山"等等。尽管如此,老户儿家先祖在奇台、吉木萨尔一线短暂生活应无争议。乾隆二十年(1755),清出兵平定准噶尔。为经营西北,乾隆帝以"武定功成,农政宜举"为思路确定了"屯垦为先"的策略,正所谓"辟新地实边防,尤宜以移民为继"。① 曾问吾指出"山北之迪化、镇西各属,山南之吐鲁番大兴户屯,广事招徕,内地之汉人及汉回负载出关,辟草莱,长子孙则不下数十万人"。② 乾隆三十年(1765),巴里坤、乌鲁木齐两地户屯数达到 17121 户,72058 人。③ 乾隆三十六年(1771)商民数量为三千三百多户,一万五千余人。此外,还有数量不等遣屯、兵屯、旗屯等屯民。④ 以奇台为例,乾隆三十七年至四十年(1772—1775)就

---

① 曾问吾:《中国经营西域史》(内部资料),新疆维吾尔自治区地方志总编室 1986 年版,第 306 页。

② 曾问吾:《中国经营西域史》(内部资料),新疆维吾尔自治区地方志总编室 1986 年版,第 301 页。

③ 阚耀平:《清代天山北路人口迁移与区域开发研究》,博士学位论文,复旦大学,2003 年,第 23 页。

④ 阚耀平:《清代天山北路人口迁移与区域开发研究》,博士学位论文,复旦大学,2003 年,第 25 页。

招募安插垦民 1994 户，6824 人，垦地 73495 亩。还有屯兵 1200 名，垦地 25400 亩。① 道光二十二年（1842），林则徐途径木垒，说"四十里木垒河，商贾云集，田亩甚多，民户约 500 家"，经奇台说"田畴弥望"，经古城到阜康时说"沿途田亩连塍，村落连接"。② 赵予征在《新疆屯垦》一书中对乾隆朝巴里坤屯垦区的屯田情况做了梳理，其中在多处提到了吉木萨尔、古城子和奇台。

就在这一年（1755），"自塔勒纳沁、黄墩营兵、哈密卡伦兵各 200 试垦，成效初显。自是北疆则自辟展、而五堡、而昌吉……而玛纳斯、而蔡巴什湖、而塔尔巴哈台、而木垒、奇台、而吉木萨尔……而古城凡十七区"。

乾隆三十一年（1756），垦区向西发展，先是在木垒的东济尔玛台（今木垒西吉尔乡一带）进行屯田……次年，西进到奇台（老奇台）西海尔玛台，屯兵增至 500 人，种地 10 000 亩，种植小麦和青稞。

同年（1766），清政府制定了《木垒安户章程》规定："新安户口，编立里甲。三千户编为十里，酌定里名，选立里长，以分界限"，户授地 30 亩。此后，关内户民接踵而至，纷纷迁来。1768 年"巴里坤所属奇台、东吉尔玛等地民屯报垦 9120 亩"。③

孙志斌在《奇台屯田史话》一文中对乾隆朝时期奇台屯田的规模做了梳理，并对该地之富庶做了描述。

清乾隆三十七年至四十年（1772—1775）本境召募安插垦民 1994 户，6824 人，垦地 73495 亩。同时，此间还有屯兵 1200 名，垦

---

① 孙志斌：《奇台屯田史话》，《奇台文史·合编本（2）》（内部资料）2015 年，第 18 页。

② （清）林则徐：《荷戈纪程》，载方希孟等《西征续录》，中国国际广播出版社 2016 年版，第 46、47 页。

③ 赵予征：《新疆屯垦》，新疆人民出版社 1991 年版，第 85—88 页。

地 15400 亩。乾隆四十一年（1776）置奇台县后，本境屯田事业更加迅猛发展，使广大农村沟渠交错，田地辟治，间阎相望、比户可封、阡陌纵横、余粮栖亩，是最富庶之区。如此延续了八十个春秋，各族人民得以安居乐业，繁衍生息，故称其为太平盛世。①

《新疆屯垦》一书中的多处记载说明，屯民主要来自甘肃。比如，自乾隆三十一年至三十四年（1766—1769），从甘肃张掖应拨户民 500 余户，男妇大小共 2189 口，分赴木垒、吉尔玛泰和奇台等处。1770 年，清政府从甘肃招募 250 户，分三起尾随赴屯，分别置木垒、奇台、东格根等处。1772—1774 年，又从安西等地招募无地贫民，安插到奇台垦种。② 屯垦深刻改变了天山北路东段地区的人口与民族结构，重塑了该区域的人文生态。仅以乾隆年间天山北路的甘肃籍移民来看，多出自肃州、安西、高台、敦煌、张掖、甘州、武威等河西走廊地区，以汉族移民为主。③ 资料显示，嘉庆十一年（1806）奇台已有 31075 人。④ 移民中还有回族和满族居民，以及经商的维吾尔族人。⑤

天山北路一线屯田事业的发展和对屯民的需求为老户儿家先祖迁移并在新疆开辟新生活创造了条件。同时，乾隆朝后甘肃籍移民的大量迁入则可能为老户儿家先辈提供了重要的历史记忆，为这些"难民"的迁移提供了方向。然而，这些"难民"的后裔对先辈在吉木萨尔、奇台一线的屯垦生活的记忆是极为模糊的，只能以"艰苦"、"生活艰难"等词概述。

对老户儿家而言，1864 年奇台农民起义是一个重要的历史节点，

---

① 孙志斌：《奇台屯田史话》，载《奇台文史（第 3 辑）》（内部资料），1994 年，第 20 页。

② 董红玲：《清代奇台地区屯垦事业的发展及影响》，《伊犁师范学院学报》2015 年第 3 期。

③ 阚耀平：《清代天山北路人口迁移与区域开发研究》，博士学位论文，复旦大学，2003 年，第 23 页。

④ 孙志斌：《奇台古今人口拾零》，载《奇台文史·合编本（1）》（内部资料）2015 年版，第 251 页。

⑤ 周海山：《奇台县几个主要民族人口来源及变迁》，载《奇台文史·合编本（1）》（内部资料）2015 年版，第 245—246 页。

他们因此再次向西迁移至布伦托海。奇台农民起义是 1864 年新疆农民起义的一部分。纪大椿对 1864 年新疆农民起义的评价是"其规模之大、范围之广、影响之深远，都是新疆地区近代历史上所罕见的"。[①] 19 世纪 50 年代末，太平天国革命斗争的消息传到新疆，给新疆各族人民带来巨大的鼓舞。1859 年，太平天国的告示赫然出现在塔城的城墙上。太平天国革命和陕、甘回民起义推动了新疆农民起义高潮的到来。然而，起义农民没有能够巩固住自己的斗争成果，起义的领导权很快就被新疆的封建贵族和宗教上层头目篡夺。[②] 1862 年，陕西回民起义后，有人"潜赴伊犁煽惑"。甘肃河州（临夏）阿訇妥得璘出关至乌鲁木齐，玉门回民杨春赴库车活动。1864 年七月上旬，奇台（奇台县的老奇台）汉民结团抗粮抗赋，县令恒颐挑拨回汉械斗半月之久。回民失败后联络附近回民进攻古城。七月下旬，乌鲁木齐、昌吉、玛纳斯、库尔喀拉乌苏（乌苏）等地回民起义。绿营署理中军提标参将索焕章，在妥得璘的协助下诱杀绿营提督业布冲额。两股回民武装东西夹击，清朝官兵全部被歼。曾毓瑜在《征西纪略》中记录如下：

> 同治三年，春。乌城都统某（指平瑞）借防饷为名，勒民摊捐。……州役马全、驮户马八，皆回教无赖，倚势横敛，敲比无虚日。奇台汉民怨愤，结团自保。马全亦结回民抗之。四月，哄于旗（奇）台市，马全败，遁入南山。时南路库车回叛，乌城提督聂布冲遣兵往剿之。其回部，皆索焕章党也，遁归谋反。戍卒朱某以状白布冲，布冲惑索焕章言，以造谣惑众诛之。自是无敢以贼情告者。六月，索焕章反，杀布冲及家属，陷汉城，推妥明为清真王。[③]

---

① 纪大椿：《试论一八六四年新疆农民起义》，《民族研究》1979 年第 2 期。
② 华立：《清代新疆农业开发史》，黑龙江人民出版社 1995 年版，第 194 页。
③ 新疆社会科学院历史研究所：《新疆地方历史资料选辑》，人民出版社 1987 年版，第457 页。

妥得璘又名妥明，经名达吾提。原是陕西的一名伊斯兰教阿訇，后来曾在甘肃传教。妥得璘参加了陕西回民起义，同治元年（1862）入疆进行联络。同治三年（1864）六月，他领导了乌鲁木齐的回民起义，七月在乌鲁木齐建立了政教合一的割据政权——"清真国"，被拥为"清真王"。① 妥得璘以圣战为号召，掀起民族仇杀。同治四年二月九日（1865 年 3 月 6 日），被围困八十多天的古城满城被攻陷，死者七千余人。② 光绪三十四年（1908），杨方炽编的《奇台乡土志》中对奇台陷落前后人口户数变化的情况曾有记录，说"谨考本境汉民户口，在道光、咸丰间，已过七千余户，乡约共一百余名。迨至同治三年，兵燹以后，户众逃亡殆尽"③。据估计，同治战乱中新疆（主要是北疆）人口损失了 34 万，占战前北疆人口的 72.6%。④ 曾问吾在《中国经营西域史》中对这场战乱做了记录，并提到了汉族义勇军在战乱中的作用。他写道"回人蜂起暴动，肆意屠劫，清军无力镇压，于是汉人为求生存计亦纷纷练义勇军，协助官兵与回人相周旋……邓玉生、张和、张兴、张著、马进福起于奇台，各团练数百人或数千人，汉人往依者甚众。汉人之不尽死亡者，诸义勇军之力也"⑤。在这场战争中，天山北路一线的各族屯民四处逃亡，其中一部分向西逃到了布伦托海，老户儿家的先民便是其中的一部分。自此，老户儿家的先辈迁入阿尔泰山草原，其历史记载逐渐增多，而老户儿家后人的历史记忆也逐渐清晰。

---

① 政协昌吉回族自治州委员会文史资料委员会：《昌吉文史资料选辑（第 7 辑）·昌吉回族与伊斯兰教》（内部资料）1988 年版，第 213 页。

② 周海山：《奇台县几个主要民族人口来源及变迁》，载《奇台文史 第 1 辑》（内部资料）1991 年，第 244 页。

③ 马大正、黄国政、苏凤兰整理：《新疆乡土志稿》，新疆人民出版社 2010 年版，第 37 页。

④ 转引自曹树基《中国人口史·第五卷·清时期》，复旦大学出版社 2001 年版，第 646 页。

⑤ 曾问吾：《中国经营西域史》（内部资料），新疆维吾尔自治区地方志总编室 1986 年版，第 356 页。

　　同期，伊犁、塔城等地回民亦开始了反清斗争。1864 年 10 月 13
日，宁远回民焚毁固尔扎著化寺，攻打该城东门守军。起义军以宁远
为中心，建立了地方封建格局的苏丹政权。同治四年（1865）正月，
起义军攻入惠宁（今巴彦岱），次年正月二十二日惠远城破。同治四
年（1865）春节，塔尔巴哈台的回族和部分哈萨克族人民爆发起义，
攻打塔城，以谈判为名，诱杀了参赞大臣锡霖等人。在塔尔巴哈台地
区带领额鲁特蒙古僧众诵经礼佛的甘肃洮州喇嘛棍噶扎勒参组织僧
众、额敏河流域十苏木军民和汉民前往塔城援助清军，清军扭转败
局，在塔城驻守一年。棍噶扎勒参在同年 11 月 19 日被同治帝封为
"呼图克图"，当地蒙古族人称其为"察罕格根"，意为"白佛"。次
年 4 月，起义军攻陷塔城，溃散满营并额鲁特十苏木 7000 余逃亡科
布多境内，4000 多汉民亦跟随逃亡。①

　　时任乌里雅苏台将军麟兴认为"噶札勒巴什淖尔西北、斋桑淖尔
东南、额尔济斯河一带"水草丰美，宜耕宜牧，遂将厄鲁特游牧安置
此地。麟兴将厄鲁特十苏木人赐给棍噶扎勒参作为徒众。棍噶扎勒参
带领强壮男丁先行，其眷口随后起行，同治六年（1867）八月间陆续
由青格里河西移至噶札尔巴什淖尔一带，即布伦托海一带。此时，布
伦托海集聚了相当数量的蒙古、汉、索伦、达斡尔难民。同治六年
（1867）初，塔城参赞大臣李云麟奏请仿效西宁之例在布伦托海设办
事大臣。麟兴等"函至棍噶扎勒参将厄鲁特众人酌留此地，以开耕牧
之基，余众仍遣赴山北额尔济斯河一带安置"②。老户儿家先辈与其
他汉人遂留居布伦托海，并在此开垦耕地。同治六年（1867）十一
月，李云麟出任布伦托海办事大臣（加副都统衔），兼理塔尔巴哈台
事务。他追求政绩心切，强征男丁充当兵勇，又令妇孺老弱开荒种
地。这被认为是激起屯民暴动的重要原因，《清实录》中有如下记录：

　　① 吐娜：《近现代新疆蒙古族社会史》，新疆美术摄影出版社 2015 年版，第 57 页。
　　② 郭美兰：《明清档案与史地探微》，辽宁民族出版社 2012 年版，第 307 页。

李云麒因帮办新疆军务，辄行招集古城一带民勇至科布多地方听调，不能斟酌情形慎之于始，旋因人数众多，大半遣回，该民勇等远道跋涉，身受饥寒，不知体恤，大失众心，迫经任布伦托海办事大臣，平日毫无防范，致前项民勇在该处造言煽惑，滋生事端，又不能弹压地方，设法解散，种种贻误，咎实难辞。①

1868 年 4 月 26 日夜，屯田守备李俊率领屯民起事，响应者越来越多。李俊牺牲后，屯民张敖、张恩（hong）被推为首领。《清实录》中对起义队伍的规模有明确记录，说"现在悍贼虽止三百余人，胁从不过七八百人"②。在之后一年多的时间中，义军转战于乌伦古河一带，与这里的蒙古族、哈萨克族牧民多次发生冲突，并在 1869 年 6 月袭击了沙俄非法在中国斋桑地区设立的哨所。③ 1869 年 8 月 8 日，同治皇帝在一则给军机大臣的谕令中提及此事，说"据称叛民进蹑哈萨克游牧，与俄罗斯守卡之兵接仗，伤有一二十人"④。他担心因此事引发沙俄强烈反应，因此多次指示要尽快镇压起义，对起义领袖严惩，而对参与起义者进行招抚。1869 年 6 月到 8 月，棍噶扎勒参率领蒙古、哈萨克武装及索伦营、厄鲁特营武装镇压了起义。⑤ 8 月 31 日，棍噶扎勒向同治皇帝上奏折，说"进剿叛民获胜……土尔扈特君王巴图捐助马匹，随同剿贼出力，已谕令理藩院议给奖叙"。⑥ 同治皇帝嘉奖棍噶扎勒参，特许他"借地"阿勒泰修建千佛庙宇，以安插厄鲁特蒙古僧众和随同逃往的七八十户汉人。魏光焘在《勘定新疆记》中对这一事件做了记载。

① 新疆社会科学院历史研究所编：《〈清实录〉新疆资料辑录·同治朝卷》，新疆大学出版社 2007 年版，第 335 页。
② 新疆社会科学院历史研究所编：《〈清实录〉新疆资料辑录·同治朝卷》，新疆大学出版社 2007 年版，第 345 页。
③ 纪大椿：《试论一八六四年新疆农民起义》，《民族研究》1979 年第 2 期。
④ 新疆社会科学院历史研究所编：《〈清实录〉新疆资料辑录·同治朝卷》，新疆大学出版社 2007 年版，第 362 页。
⑤ 阿勒泰市党史地方志编纂委员会：《阿勒泰市志》，新疆人民出版社 2001 年版，第 370 页。
⑥ 吐娜：《近现代新疆蒙古族社会史》，新疆美术摄影出版社 2015 年版，第 58 页。

同治五年（一八六六年）二月，棍噶扎拉（勒）参军大疫，自南湖退驻头台。武隆额派兵夜送公文，为贼获，尽知我虚实。戊申，贼攻破南湖营，棍噶扎拉参退至青格尔河。戊午，贼陷绥靖城（塔城）。武隆额率存兵白余巷战，手刃数贼，力竭死之。……额鲁特蒙众陆续逃入布隆托海，棍噶扎拉参领至阿勒泰山，借科属乌梁海地方安插游牧，约万余人。汉民逃往者，亦七、八十户。①

1870 年春，棍噶扎勒参率众伐木烧砖、运土凿石、奠基动土。两年后，千佛寺落成，有大小僧房 680 余间。光绪元年（1875）七月，光绪帝加恩赐庙名为承化寺。老户儿家先辈中的一部分应是魏光焘所记汉民的后裔。承化寺落成后，大量僧侣与信众接踵而至，给养顿时紧张。据载，承化寺有喇嘛庙 40 间、菩萨庙 31 间、曼巴庙 13 间、萨车庙 13 间、讲经堂 3 间，僧侣住房 580 间，共计大小房屋 680 间，号称"千佛寺"。全寺分为三个库伦，每个库伦设大喇嘛 1 名，共有各级僧侣 1014 名。在这里诵经奉佛的僧人有千余人之多。② 棍噶扎勒参带领的僧众，在战争平息后多应返回了原地（伊犁、塔尔巴哈台等地），留在阿尔泰山的不多。光绪四十年（1888），新疆巡抚刘锦堂在一份奏折中提到"该寺（承化寺）僧众有招之近地者，有来自远方者。其招之近地者，现存约 300 人；其来自远方者，自棍噶扎勒参去日多已从行，其后又或游化十方，所存不过数十人而已"。③ 修建承化寺的民众遂就近转为屯民，沿克兰河阶地开渠——克兰河大渠、洛海头大渠和红墩大渠——引水，垦田种粮。

① 新疆社会科学院历史研究所：《新疆地方历史资料选辑》，人民出版社 1987 年版，第459 页。
② 李德新：《"龙首龟背"上的承化寺》，《新疆地方志》2012 年第 1 期；张文学：《西北名刹承化寺》，《新疆地方志》2007 年第 2 期。
③（清）王树枏编纂：《新疆图志》，朱玉麒整理，上海古籍出版社 2015 年版，第 1915页。

清末王树枬先生编修的《新疆图志》①中有一幅名为"阿尔泰山图"的地图。图中标明了承化寺所在位置,在该寺东南、克林河(即克兰河)中段有一处名为"汉民庄"的地方。该图中还标明了另外7处村庄,但都没有"汉民"二字。在"汉民庄"与"布伦托海"边上的驿站"穆呼尔岱"之间有一条"骑径",另在两地之间还有另一个名为"沙拉呼逊"的驿站。以"汉民庄"的位置及其与"克林河"、"布伦托海"的空间关系来看,是"红墩"无疑。

如前所述,老户儿家后裔对其先辈在布伦托海之前的历史记忆相当模糊,但却保留了布伦托海屯民暴动与迁居红墩的历史记忆。有意思的是,他们的记忆与文献中的诸多记录并不完全一致。曹忠贤讲述了老户儿家先辈参与布伦托海屯民暴动和迁居红墩的过程。

1868年左右,这一帮人的头头叫张愨。他听到消息说沙皇占了我们的地方,在斋桑修了工事和堡垒。张愨是有爱国心的,就召集了二三百人去打沙俄。他们从哪个地方过,现在也说不清。我们后来分析他们从福海出来,到吉木乃,再到斋桑打沙皇驻军,沙皇就逃了。他们回来的时候没有原路返回,他们从和布克赛尔通过。但是,当地的蒙古族不让过,双方就进行协商,未果,双方打起来了。蒙古族人比较多,部队被打散了,各自逃了。和布克赛尔的活佛就给科布多参赞大臣写信说张愨扰民,要把肇事者抓起来。参赞大臣觉得比较难办,就把张愨他们迁移到

① 《新疆图志》是清末由新疆通志局修纂的一部较完备的通志,始于宣统元年(1909)三月,成于宣统三年(1911)十二月。新疆1884年建行省,1906年成立编制局,聘请当时的名流、逸士编纂,王树枬是总纂之一。《新疆图志》全书除卷首外,共116卷,约200万余字,分建置、国界、天章、藩部、职官、实业、赋税、食货、祀典、学校、民政、礼俗、军制、忠节、人物、兵事等志。志中原有《新疆全省舆地图》,因受新疆印刷条件的限制未印地图,后《新疆全省舆地图》附入《新疆乡土志稿》,作为《中国边疆史地资料丛刊》新疆卷,1988年由全国图书文献缩微复制中心出版,有总图4幅,道、厅、州、县图、伊犁将军辖境图,附阿尔泰山图,共58幅。本书中所指的地图便是志中所附的《阿尔泰山图》,取自朱玉麒整理的,由上海古籍出版社2015年出版的《新疆图志》。参见〔清〕王树枬编纂《新疆图志》,朱玉麒整理,上海古籍出版社2015年版。

了现阿勒泰市的塘巴湖一带。当地的蒙古族人不同意，说这里是他们的牧场。双方又开始协商，掌权者也不出面。协商未果，蒙古族人和张愸又打了起来，张愸的弟弟张敖叛变，出卖了他。张愸送到了科布多，并被枭首示众。手下的人群龙无首，都各自逃散了，有的外逃玛纳斯、奇台、沙湾一带，没有逃的就留在沟里。

在此，袭击沙俄哨所后与蒙古族人的冲突应该就是棍噶扎勒参带领武装镇压屯民暴动的事件，而和布克赛尔活佛便是棍噶扎勒参无疑。老户儿家与蒙古族人的矛盾只是暂时的，不久彼此便建立了和谐共生的族群关系（详见本书第九章）。从族谱资料来看，迁入克兰河谷周边的老户儿家先辈刚开始居住相当分散，数年后才在红墩聚集，并发展成为了谢晓钟记录的"红峒渠庄"。曹忠贤下面的这段叙述反映了老户儿家初期与蒙古族人之间矛盾化解的过程。

张愸被蒙古族人打散后，水沟里留下了一部分人。蒙古族人不同意他们在塘巴湖一带居住，因为这里是他们的冬窝子和春秋牧场。几个月后，蒙古族人发现留在塘巴湖的这些人比较老实，不是坏人，是好人，就允许这些人到红墩去了。也没有人划地，地比较多，能开荒开多少就开多少，房子想建在哪个地方都可以。听到消息的一些人也就陆续来到了红墩。

综上所述，老户儿家先辈自关内迁入新疆后，又先后经历了三次迁移，受到近代新疆乃至西北近代历史上数次战争的影响，并深深地嵌入于地方与国家的大历史之中。在这个过程中，老户儿家汉人试图通过向西迁移逃避战乱，但又总是被卷入近代以来历次大事件之中，历经磨难，终于在19世纪70年代初在阿尔泰山草原深处的克兰河谷找到了一块安生之地。

三 "三进三出"红墩

1917 年，谢晓钟途径承化县，对当地的"户租"情况做了记录，反映了这一时期红墩及周边地区汉人的户籍情况。他写道"其纳户地方，一为克木奇，计一百二十户，二为红峒渠，计二十户……红峒渠户数，实四十有八"。①此时已距老户儿家在红墩安家已有四十多年，红墩俨然发展成为承化县人口稠密、良田连片的农耕社区。然而，阿尔泰山也非"净土"，20 世纪前半叶经历了数次战乱。战乱多次引发老户儿家向准噶尔盆地东南缘迁移，后又数次返回红墩。老户儿家用"三进三出"来形容战乱对他们生活所产生的影响。

20 世纪前半叶，阿尔泰山兵事颇多，其中有三场导致了老户儿家向乌苏、沙湾等地的迁移。这三场战事的具体情况如下：

1920 年初，白俄匪军在苏俄红军的打击下，败退新疆。次年初，7000 余白匪败逃到了承化，7 月白俄匪军进占承化。9 月 6 日，苏联红军攻承化县城，白匪逃散。

1932 年，甘青军阀马仲英派马如龙到阿山煽动民族宗教情绪，次年 2 月在布伦托海暴乱。3 月马如龙纠集乱众攻打承化，被阿山警备司令魏镇国在阿苇滩击败。4 月 12 日，省城迪化发生政变，魏镇国率部赴省城，承化落入马如龙之手。

1944 年，阿山区暴动队伍组成游击队，7 月开始向承化驻军进攻。9 月 1 日达列力汗率游击队先后袭击了克木奇、可可苏、红墩……，动员群众脱离国民党统治。次年 5 月，达列力汗、乌斯曼率阿山游击队 1000 余人分 3 路进攻承化，先后在红墩渠等地与国民党驻军交战，后失利。乌斯曼投降国民党，叛变三区革命后，于 1947 年 9 月 17 日，乌斯曼部众 1000 余人进入承化县

---

① 谢晓钟：《新疆游记》，中国国际广播出版社 2016 年版，第 312 页。

城，大肆抢掠。①

红墩因靠近承化县城，每次战事都受波及。老户儿家以迁移应对战乱，战乱平息后又再次返回。恽长普所著《阿山旧事》②中搜集了45户老户儿家的家族谱系，其中提到了多个姓氏因战乱迁出，去向不明。书中明确提到有6户因战乱迁出，包括陈氏（姓名不详）、彭氏、巨氏、顾氏、雷氏和吴氏（姓名不详）。人们已经很难说清这些姓氏究竟因哪一场战乱而迁出。仅说"陈氏早先因战乱出走山外"，又说"彭氏在阿山匪乱时迁往沙湾"，再或是说"巨氏在阿山局势不稳的年代出逃"等等；第三，有5户不知去向，迁出原因和时间皆不明，包括李氏（李德山）、杨氏（杨麻子）、邹氏、李氏（李德元）和赫氏；最后，还有3户姓氏不可考，皆在1933年战乱中逃亡，去向不明。谱系中还对各家族在历次战乱中丧生和因战乱迁移的情况做了记录，摘录如下（详见表2-2，表2-3）。

表2-2 历次战乱中丧生者的情况（摘录）

姓名	族谱记录
赵生兰	祖籍甘肃省武威，大约在民国元年后到阿山定居，后被"贼娃子"杀害。
孙继宪	1944年被盛世才军队抓去当向导和翻译，后据说在青河县被土匪杀害。
朱来寿	1945年被前来抢劫财物的贼匪而枪杀，年仅38岁。
赵光荣之妻	1945年逃难时被土匪劫持杀害。
冯老三	1933年被土匪打死。
曹光贵	1921年6月13日，在抗击白俄巴奇赤窜至阿山的溃军中不幸阵亡。
詹氏家族	据说詹家家境不太好，人们知道有两个男孩，大约在阿山局势动乱时，兄弟俩相继去世，无子女。

---

① 阿勒泰市党史地方志编纂委员会：《阿勒泰市志》，新疆人民出版社2001年版，第370—372页。

② 恽长普：《阿山旧事》，新疆美术摄影出版社2009年版。

表2-3   族谱记录的逃难情况（摘录）

家族	族谱记录
孙氏	孙秀英：1945年阿山贼匪叛乱时离家出逃在外，后定居迪化。解放后在乌鲁木齐缝纫店当职工。
	孙光寿：在阿山动乱年代（具体时间不详）出逃在外，在塔城额敏一带落脚谋生，后杳无音讯，不知去向。据说，在塔城额敏和一位回族姑娘成婚，婚后生有二男二女。
赵氏（天禄）	赵国才，1946年阿山匪贼叛乱时出逃，定居沙湾县。
赵氏（光富）	赵学慧，幼年在阿山红墩读书，1943年被阿山伪警察局抓去当兵两年。1945年9月初在逃难途中与家人分离后流落到迪化，1949年新疆和平解放后参加革命，先后在迪化专属、昌吉县州工作。
恽氏	恽守忠，1908年生，1937年，被盛世才部队抓壮丁，后逃出兵营，流落在焉耆蒙古同胞中，漂泊为生。1946年与焉耆当地蒙和硕特部顾念察罕结婚，1954年返回红墩。
尤氏	尤光华之妻索斯尔（蒙古族），民国二十二年（1933）逃难时，在今沙湾县病故。
陈氏	陈氏，早先因战乱出走山外，到异地他乡谋生，其家族情况均无法考证。
彭氏	据说在当年阿山兵匪混战时，出走山外，在沙湾一带居住，后来返阿。其家族具体情况无人知晓。

　　人们对1933年马仲英部窜扰阿山的情况说得最为详细。在此，还是以曹忠贤的访谈来呈现战乱的影响。

　　　马仲英从奇台打过来的，部下马赫英到阿勒泰以后，当时的都统叫魏什么（**魏镇国，笔者加**），撤退了。他一撤退，红墩四十户人也跟着走了。出去以后，到布尔津、到和丰（现和布克赛尔蒙古自治县，笔者加）、到额敏县、再拐回来到乌苏。当时，我们不撤不行，都听说了马仲英的恶名。我们从乌苏到了沙湾，到沙湾我们就不走了。我们在沙湾有认识的人，这个地方也保险，再往迪化（现乌鲁木齐）就乱得很（战争）。我们的刘乡约

（刘毓连）、冯乡约（冯柱玉）说这样待下不行，还是要活下去。我们就开始挖水渠，在芳草湖（<u>沙湾县境内，笔者加</u>）挖了十几千米的大水渠，准备来年春耕。

对此，《天山日报》的报道说"兑木齐可苏、巴里巴盖、红墩渠及各处村庄民舍，尽成焦土"，又说"真成遍地荆棘"。① 逃难到乌苏、沙湾一带后，准备在这些地方定居，但人们始终割舍不下在红墩的产业，并想有机会便返回红墩。1933 年 4 月 12 日，盛世才在"四一二"政变中上台，取代金树仁接任都督。盛世才上台，沙里福汗·精思汗表示拥护，随后被任命为阿山行政长官，这为老户儿家重返红墩创造了条件。曹忠贤在访谈说：

> 有一天盛世才掌权的消息传来，而且任命沙里福汗当阿山行政长官。我们想跟沙里福汗谈一下，但派谁去？路线如何走？我们就跟乡约商量一下，从沙湾出来直接到福海，这一条路比较近。大家推举了章有华，他的哈萨克族朋友多，让他去打听"若是我们想回去，沙里福汗接收不接收"。他拉了一匹马，带上吃的，走了三天多的路，穿过沙漠到达了额尔齐斯河，找到了哈萨克族朋友科史泰，并讲明了来意。科史泰让章有华先吃饭、睡觉，第三天带他去见了沙里福汗。章有华见到沙里福汗后，表明了意图，问是否愿意接受？沙里福汗表示愿意，说"地还是我们的，房子也还是我们的，不变"。
>
> 沙里福汗让牧民们把牛、马、骆驼带上，去把红墩的人接回来。章有华也非常高兴，吃完饭回到科史泰的牧场。牧民们说"消息我们已经知道了，马、骆驼都已经准备好了，今天晚上走都没有问题"。次日，牧民们到了沙湾，大家看见马、骆驼已经来了，高兴得不得了。我的爷爷就把东西捆好，不睡觉，等着第

---

① 转引自吴蔼宸《边城蒙难记》，新疆人民出版社 2013 年版，第 98 页。

二天就走。沙里福汗这个人还是很好的，他来看我们，给粮食、籽种、耕牛、犁，鼓励我们多种地。我们回来的时候是四月，刚好是播种的时候。八月，他又来了，问候我们。

这段描述并未明确老户儿家返回红墩的具体时间，这通常是口述历史的一大特征。《阿勒泰市志》中做了这样的记录"民国24年（1935）2月，因逃避战乱流落在迪化、奇台、沙湾、绥来等地的汉族农民，响应沙里福汗的号召，先后返回承化，政府又重新划给土地，发放耕牛、籽种"。[①] 恽长普在《阿山旧事》中就战乱对老户儿家生产生活的影响做了描述，他写道：

　　民国二十三年（1934）底，相继踏上归途，回到满目疮痍、面目全非的故乡。出逃前积攒大半生所置的家业几乎荡然无存，而在出逃中的几年，每个家庭都历经磨难，更有甚者妻离子散，家破人亡，惨遭灭顶之灾。凡是亲身经历过当年出逃在外艰难谋生的老人家们，每每言及这段悲惨往事，无不心如刀割泣不成声，久久不能平静。这些经历足以令他们一生刻骨铭心。

　　民国二十四年（1935）春，兵祸之乱的第一个春天，阿山各地又爆发了伤寒瘟疫。刚刚从死亡线上挣扎返回阿山的汉族老户儿家跟各族百姓，又面临着瘟疫和饥饿的严重威胁，不少人因此命丧黄泉。[②]

总之，直至中华人民共和国成立前，"迁移"始终是老户儿家历史的主线，"苦难"始终是群体和个体生命的烙印。人们常说"老户儿家生死相依熬过了漫长的艰苦岁月，建立了亲如一家的深厚感情"。这成为老户儿家共享的历史记忆，也是共同体最重要的情感纽带。因

① 阿勒泰市党史地方志编纂委员会：《阿勒泰市志》，新疆人民出版社2001年版，第15页。

② 恽长普：《阿山旧事》，新疆美术摄影出版社2009年版，第264页。

此，老户儿家是一个情感共同体，成员强烈的归属认同源自共享的迁移与苦难记忆。

第二节　新时代的迁移故事

20世纪60年代以来，随着疆外汉族、回族、东乡族等移民的进入，阿尔泰山的族群结构再次发生了显著变化，汉族和回族的比例明显上升。我们在萨亚铁热克村调查了81户汉人新移民，20世纪70年代是移入的高峰期，达到了40户。20世纪60年代迁入16户、20世纪80年代后迁入了25户。汉人新移民迁入后，分散嵌入于老户儿家汉人院落之间，打破了老户儿家以庄子为中心的居住格局，形成了绵延近2千米的居住区。汉人新移民的迁移尽管没有那么跌宕曲折，也没有那么多的苦难，但还是共享了在边地"开拓新生"之艰辛的记忆。

从迁移类型来讲，20世纪60年代的新移民主要属于生存型移民，20世纪80年代后的移民属于发展型移民。葛剑雄指出，中国历史上的移民有各种类型，有其不同的特点，但就性质而言，却基本只有两种——生存型和发展型。所谓生存型的移民，就是为维持自身的生存而不得不迁入其他地区定居的人口，或者说是以改变居住地点为维持生存的手段的迁移行为。移民的主要原因是迁出地的推力，如自然灾害、战争动乱、土地矛盾、人口压力等，而不是迁入地区的拉力或吸引力，如更好的生活环境、生产条件、发展机会等。对这些移民而言，迁入地的选择余地很小，实际上往往只能确定要迁移的方向或地区。① 在访谈中，20世纪60年代的移民更多谈到老家"生活太苦"、"活不下来"，而在红墩可以吃上"白面馍馍"，可以吃饱肚子。20世纪80年代的移民则更多说"老家发展的机会太少，这边好挣钱"。

然而，"生存型"与"发展型"的二元分类可能并不适用于20

---

① 葛剑雄等：《简明中国移民史》，福建人民出版社1993年版，第504页。

世纪 70 年代的移民。以我们的调查来看，这一时期的移民往往兼有"生存"和"发展"两种移民类型的特征。他们一方面强调新疆特别是阿尔泰山草原"人少地多"、有机会进入"社队企业"或是成为"干部"，另一方面强调老家"人多地少"、家里"兄弟姊妹多"或是挣工分太少。移民通常在红墩及周边公社已有亲戚朋友，对红墩的情况比较熟悉，或是因为结婚而迁入。换言之，这一时期移民的迁移行为是典型的链式迁移。

与老户儿家共享相同或相似的迁移记忆不同，汉人新移民的迁移记忆呈现出较强的异质性，并具有显著的时代特征。

20 世纪 60 年代初，中国经历了"三年困难时期"，同时新疆的现代化事业开始起步，在"推拉"因素的作用下，疆外移民大量进入新疆，主体是汉人。他们的进入，不仅成为新疆农业发展的主力军，还推动了新疆经济、社会和文化的发展以及与疆外的交流。在阿尔泰山草原，人们习惯采用带有"污名化"色彩的标签"盲流"称呼他们。这些汉人新移民也经常开玩笑称自己为"盲流"。撇开标签不谈，"盲流"事实上在一定程度上反映了这些移民对迁移和迁入后生产生活艰难的记忆。齐孝顺祖籍山东，1966 年到新疆，他向我们描述了迁移的过程和迁入初期在红墩的生活。

　　　　当时生活困难，在山东光吃野菜、树叶子、树皮，生活没有办法了，就过来了。到乌鲁木齐后，叫我们到煤矿上去，到兵团、连队上去，口里来的都没有去，知道那里的生活太苦了。阿勒泰也在"收人"，在乌鲁木齐安了个桌子，地委、县上各有一个杨秘书，还有一个胡会计。他们说"谁愿意到阿勒泰，阿勒泰吃穿不要钱，常年有细粮"。我们一听，这个事情太好了，在口里吃树叶子、树皮，到这里来吃细粮，还不要钱。为了生活，我们就报名了，然后他们就把我们拉过来了，后来分到了红墩公社。
　　　　我们是单身汉嘛，到了这里休息了一天，就被分到了机建队。三户带家属的，就分到三大队了。那时候比较老实、忠诚，到基建队后就叫我们打土块，一天350个土块，三个工分。我在基建队待了6年，后来又到了基建班。在基建班就是修房子，土木结构的房子，墙都是土块垒起来的，下面用石垒地基。干了两年，又到了二矿，还是盖房子。20世纪80年代，包产到户后基建队因为没有土地，解决不了生活问题，就自己要求分到了四队。

总的来讲，齐孝顺的迁移经历和在红墩早期的生活在20世纪60年代这一批移民中具有典型性。这一时期的移民，大都是单身男性，已婚者很少。这些单身汉通常需要工作三到五年，积累一定资本，后返回老家寻找配偶。

我（齐孝顺）是1971年回的家，1972年把家属带过来，在这里结的婚。回家带了700块钱，除去路上的车费、生活费、住宿费，到家就剩500多块钱。我在乌鲁木齐买了一点礼物（茶叶、糖）做彩礼，定亲时给了300块钱。我们结婚，酒席也没办，就举行了一个婚礼，唱了一个东方红。婚后住在基建队的宿舍。当时，我在基建班，妻子在食品加工厂，两个人加起来一个月挣23个工分，一个工分一毛二。根本谈不上什么生活水平，也就是混生活了。

20世纪70年代的移民在迁移时不再"盲目"，多在红墩或周边有亲属朋友，对红墩的情况已有所了解。在我们访谈的40户中，以男性居多，大部分人都提到了修"塘巴湖"水库①，而且多曾在一起"奋战"过。任永贵祖籍重庆，1976年到疆，他谈到了到红墩的过

① 塘巴湖水库位于阿勒泰市南32千米，是一座源于克兰河春汛洪水的淡水湖，形状呈带状，长约7千米，宽约2—3千米。该水库在克兰河以南，距离红墩仅10来千米。

程，以及参与塘巴湖水库修建的经历。

  我来之前，哥哥已经在这边了。修塘巴湖时，阿勒泰地委开会，动员各个企业（有色矿务局、云母矿）的职工做宣传，让老家的弟弟妹妹、亲戚朋友都过来。修好水库后，成立农场，给安排工作。哥哥就写信发电报，说"一个月45块钱工资，补贴24公斤的口粮"。阿勒泰的车就在乌鲁木齐，专门拉人。那个年代，年轻人都喜欢往外走。听了哥哥的动员，我也就过来了。到了阿勒泰后，哥哥的单位还要开介绍信，说明情况，进行登记，否则就是"盲流"。登记好后就分到连队，然后分到班，就开始工作。一个连都有一个管事的，负责发粮票，每个月发工资。主要的工作是挖大渠，修水库。我在塘巴湖待了一年半，因为工资未能按照承诺兑现。我就分到了四队，从事农业生产。

  尽管20世纪60年代和70年代移民的迁移动力和过程不同，但他们在红墩开辟"新天地"的经历却又高度相似。在访谈中，一方面他们富有激情地将在"新天地"开拓新生的经历娓娓道来，另一方面又反复提到初期生活是如何简单、如何艰辛。毋庸讳言，激情与艰辛成为这两个时期移民共享历史记忆的关键词。王方乾祖籍山东，1978年迁入红墩，谈到了他和妻子盖房的经历。

  我1978年到红墩，1980年11月24日与妻子高月梅结婚。妻子家是老户儿家。那时候，我还是个年轻小伙子，特别能干、勤快，被岳父看中，让我住在家里。他说我们把闺女也给你，就这样被招为女婿。年轻的时候我能干得很，在队上编筐、拉肥料、打墙、抱石头，啥活都干，力气也大。结婚两年后，我和妻子盖了两间土打墙。住了两年，我又盖了几间土块房子，慢慢地形成了现在的院子。我们这一代人，基本上都是这样，过来辛苦工作几年，成家，然后自己盖房子，慢慢添置家当，生活条件也就逐渐好了起来。

20 世纪 80 年代后迁入的移民多是发展型移民，以寻求更好的发展机遇为目标。与前两个时期的移民不同，他们并未直接迁入或落户红墩，而是在此打工或经商数年。选择落户红墩的原因各异，但主要还是为了孩子能就近上学。为此，他们需要支付一笔不菲的落户费，还要在村里购买宅基地或其他村民的住房。苏明胜祖籍四川，1985 年到红墩，1992 年落户。

> 我老家是四川南充，1985 年来到红墩。来时，我是一个人。我在这边有一个叔叔，他七几年跟着老乡到的红墩。因此，我是投奔叔叔而来。那时，我没有地，就是打工，工钱 4.5 元一天。基本上是"哪里需要，就往哪里去"。1988 年，我回老家待了四年。但是，还是觉得这边好挣钱一些，所以 1992 年又回来了。我把妻子和孩子都带过来了，并在红墩落户。我买了一个土房子，原来是陈新民的，花了 2500 元。落户后，村上分了四亩口粮地。我不想让两个孩子再当农民，他们成绩也不错，所以拼命挣钱供孩子读书。第二次来到这边后，就开始种高粱和养猪。自己的地太少，就包别人的地种。种地主要是为了给猪提供饲料，现在包了 20 多亩地，养了几十头猪。

还有一部分 20 世纪 80 年代后的移民涉足商业领域，但与落户的村及村民的联系相对较弱。魏广发和妻子刘妹伏都祖籍河南，2002 年到新疆。魏广发祖辈皆从医，自己曾在河南省一个卫校学医。到新疆时，两口子在昌吉州吉木萨尔县开了一家药店，一年后他们迁到了红墩。迁到红墩的主要原因是可以落户，解决孩子上学难的问题。

> 我们有亲戚在阿勒泰，亲戚告诉我们"红墩可以落户"。因为娃娃要上学，我们就得把户口落在这边。刚到这边，认识的人

不多，人缘比较少。四队的人经常来这里买药，我们就问一下落户的情况。慢慢熟了后，队上的领导就说只要有营业执照，就可以落户，但是没有地、没有草场，只是户口在四队。我们答应了，没有就没有，反正自己开店。

综上所述，中华人民共和国成立以来的汉人新移民的迁移过程、迁入后的生活状态呈现出较为明显的异质性。但是，20 世纪 60 年代和 70 年代的移民共享了在边地"开拓新生"的记忆，彼此间还是存在着一定的"情感认同"。尽管汉人新移民的"情感认同"不如老户儿家那么强烈，但还是有助于在这些祖籍地相异、社会文化上有地域之别的成员之间建立联系，进而发挥着整合社会的功能。20 世纪 80 年代后的移民较少共享相似的迁移和在迁入地开辟新生的记忆，在情感认同上游离于村落生活之外，但在生活上与村落和村民有着若干联系。

第三节　历史记忆与边地汉人认同之建构

在汉人社会的人类学研究中，汉人社会的生成机制始终是一项核心命题 20 世纪 30—40 年代吴文藻、费孝通和林耀华等人建构了村落社区的研究范式，试图在村落社区中寻找整合村落社会的机制。这套机制既可能是土地制度、经济体系，也可能是宗族。总之，村落被视为一个自在的实体，内部会自发地生长出组织和整合社会的机制。同期的日本经验汉学视村落为共同体，试图寻找整合村落社会的集体意识。20 世纪 70 年代，台湾汉人社会研究中发现祭祀圈发挥着整合社会的功能。对红墩的汉人移民来讲，社会整合的机制首先是共享的历史记忆，记忆将祖籍地、文化背景各异的成员整合为一个具有情感认同的共同体。

20 世纪 90 年代后，在红墩掀起了一场老户儿家历史的重构运动，通过群体口述历史编纂、修谱、召开老户儿家代表座谈会和建立"老

户儿家"民俗文化展馆等形式再现共享的历史记忆，以强化群体
认同。

　　群体口述历史的编撰主要由老户儿家群体中的"文化人"所发
起，主要包括 20 世纪 50 年代后走出红墩，参加工作的老同志组成，
代表人物是恽氏第四世孙恽长普。恽长普生于 1949 年，是恽氏第三
代次子恽守孝的次子。其兄恽长明在中华人民共和国成立后被抽调到
阿勒泰县委当翻译（哈萨克语—汉语），1970 年因工作原因调往北京
中央人民广播电视台工作。当地政府得知恽长普亦精通哈萨克语，经
过考核，恽长普被抽调到县委当秘书。随后，他又被抽调到部队当翻
译，并在此期间参与了《阿勒泰市志·军事志》的编撰工作。十多年
后，转业地方，做过乡长，后调到阿勒泰市工商局当局长。恽长普立
志编写一部反映老户儿家经历和生活的著作，在 2000 年前后撰写了
《阿山往事与老户儿家的悲壮经历》。然而，此书因文字错误较多、叙
事冗长、未对部分史实进行考证等原因未能出版。2009 年，他重新
搜集和整理相关文献、资料和老户儿家老人的口述资料，出版了《阿
山旧事》一书。在这本书中，恽长普记录了写书的原委。

　　　几经沉寂，内心终是难平，总有言犹未尽、难以释怀的骚
　　动。我意识到这是潜入心扉、透彻骨间的阿山情结在极欲突破自
　　欺欺人的篱笆。加之禁不住来自于亲朋好友的怂恿，似乎也使我
　　又找到了自圆其说的缘由，于是近花甲的身影又触摸在阿山的山
　　城小巷、农村牧区，置身于浩淼如烟的史料中，沉湎于往事的记
　　忆里……握着久已生疏的笔，颇为艰难地涂抹爬行。

　　阿勒泰雄踞祖国西北边陲，阿尔泰山绵延千里，境内的额尔
齐斯河、克兰河、乌伦古河滋养着阿山草原的万物生灵。历史上
这里是蒙古族、哈萨克族为主的各民族聚居地，千百年来沧海桑
田，几番沉浮，历经变迁。这块土地，这里的边民经历了太多太
多血与火的洗礼，承受了太多太多的生与死的磨砺，沉积了太多
太多的历史和文化。故而这里也就形成了丰厚而独特的民俗风情

和人文历史环境，以至于演绎了一幕幕喜怒哀乐的剧目。①

这两段文字充分表露了作者对祖辈苦难的深刻记忆，以及老户儿家后裔对记录这段历史的期待。因此，在两本著作中，恽长普并不拘泥于恽氏家族，而是尝试对老户儿家群体的百年历程进行记录和还原，还在写作中描述了他们与其他民族的关系。《阿山往事》一书的重点是"四十户"老户儿家的谱系及其历史描述，《阿山旧事》一书的重点是老户儿家的日常生活和典型人物、典型事迹的刻画。在写作前，恽长普应对"四十户"老户儿家做过访谈，基本厘清了不同姓氏的来源和谱系，这在一定程度上推动了这些姓氏的"修谱"活动。到我们调查时为止，曹氏、杨氏（福寿）、章氏、恽氏、孙氏、赵氏等皆已完成修谱工作。族谱无一例外地都是由老户儿家中的"文化人"——退休职工——所完成。族谱不仅重构了家族的谱系，描述了先辈的苦难，还对老户儿家群体内和他们与周边其他民族的交往做了描述。修谱之目的是要让后裔不忘祖辈之苦难，不忘老户儿家"生死相依"的情谊。曹忠贤在《曹氏族谱》开篇中的两段话开宗明义地讲明了修谱之意义。

曹氏家族从迁至阿山至今已有一个半世纪的历史了，对于家族的发展兴衰都是由长辈们以故事的形式流传下来的，从未有过文字记载。随着岁月的流逝，子孙后代们对前辈们的情况已经到了一无所知或一知半解的地步；对亲戚关系了解也很少，甚至有些疏远；照此下去，将会不相往来。由于历史条件的限制、历史上红墩四十多户汉族农民基本上都有亲戚关系，后来人们称红墩人的关系是"扯扯秧"（牵牛花）似的关系，千丝万缕。

鉴于上述情况，使我产生了一种紧迫感，因为，老一辈们相继过世，再不给后代留下曹家的家史记载，这对我来说，是一件

---

① 恽长普：《阿山旧事》，新疆美术摄影出版社 2009 年版。

很大的遗憾，如我们这一代再不做一个文字记载将对不起后代们。当了解本家族情况的老人们还有少数人在世时，我抓紧时间向他们了解了一些情况和老前辈们的传说回忆，同时还向其他高龄的亲朋好友了解核实了一些情况，按照粗中有细，细中有粗的方法编写了这本曹氏家史留给后代们作为记载，互相了解、团结友爱，发扬一方有难，四方相助的精神。

图 2-1 老户儿家民俗文化展馆内景

座谈会也是老户儿家再现历史记忆，强化群体情感认同的重要形式。2014 年 8 月，阿勒泰市红墩镇举办了"老户儿家"座谈会，有二百多位老户儿家的后裔参加，共同畅谈"老户儿家"的发展历史。老人们在一起回忆了祖辈迁移，在红墩开辟新生和儿时一起耕地、放羊的兄弟情谊。与此同时，曹氏四世孙曹忠伟的妻子李红秀建立的"户儿家"民俗展馆乔迁到红墩镇政府新建的办公楼下，向外开放。访谈时，李红秀谈到了建民俗展馆的初衷，她说要记录"我们'户儿家'从原来到现在，经历了过去艰难的岁月，再到现在的幸福生活"。与李红秀多次接触后，逐渐弄清了她搜集物件，开设展馆的过程。我在田野笔记中，对展馆创办的过程做过记录，摘录如下：

李红秀多次提到自己已故的婆婆，说年轻时候经常听婆婆讲祖辈的故事。有意思的是，她的老公对这些陈年旧事全然不感兴趣，还多次"教育"她不要"封建迷信"。但李红秀感兴趣，而且不止和婆婆聊，也与其他老户儿家的老人聊。当然，丈夫的兄弟们在一起时时不时也经常提到祖辈生活如何艰难。20世纪80年代，李红秀曾多次经商，承包过乡里的小企业，生意做得风风火火。她还对石头感兴趣，自己捡石头（当地俗称"戈壁玉"），也收购奇石。1980年，6岁的儿子想卖掉铜制马镫，被她制止了。她觉得这些物件很有意思，可以反映祖辈的生活。之后十几年，她开始搜集各种的老物件、老照片和老户儿家后裔获得的各种荣誉奖状。

2010年，她将这些物件摆放到自己的奇石店里，吸引了周边众多群众来参观。有人建议她，建一个展馆。2012年，她收回了一间33平方米的店面，开了家展厅。展厅的布置相当简单，摆放了三个一米五长的展柜，三个三层铁架。她采用了恽长普《阿山往事》中的叙述主线，喷绘了一幅介绍老户儿家历史的"前言"。前来参观的群众很多，展厅狭小，只能等屋子里人出去了再进人。

2014年，政府新的办公大楼建成。红墩镇政府非常重视老户儿家展馆，认为这是民族团结阿勒泰现象的实例，专门在负一楼提供了一间200平方米左右的展厅，并配备了电脑等设施。从空间上看，新展厅被区分为了6个空间（详见图2－2），分别介绍老户儿家群体、老户儿家后裔获得的各种荣誉、老的物件、主要家族的谱系和照片、搜集的相关文史资料和当前红墩经济社会发展的面貌。目前，展馆共搜集了300多种老物件，有出行的马鞍、马镫，有农业生产的土犁，有老衣服等等，大体可以再现老户儿家祖辈的日常生活。

2017 年，李红秀又在自己居住的院子中加盖了一间一百多平米的彩钢结构房，开始建设户儿家文化大院。大体来讲，"大院"与"展馆"的空间安排没有太大差异，但在房屋一角增加了"灶台"和"土炕"，并将一些家庭生活用具摆放出来，还原了先辈家庭生活的空间。

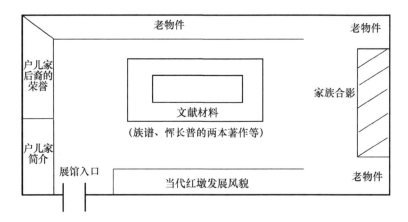

图 2-2 红墩老户儿家民俗文化展馆布局

李红秀开设展馆，在老户儿家中引起了不小的震动，也引发了老户儿家中的不同声音。比如，展馆"前言"中以恽长普的叙事为主线，曹家大哥曹忠贤就很不高兴，认为恽长普的记载与史实不符。再比如，一些姓氏认为展馆所呈现的主要是曹氏家族，其他家族被忽略了。还有人认为，李红秀只不过是曹家的儿媳妇，没有权力将其展馆命名为"户儿家"。但是，不管怎样，展馆和文化大院还是为老户儿家历史和祖辈生活的再现提供了一个新的平台，也逐渐让政府重视老户儿家历史中所蕴含的民族团结的内容。李红秀的老公老曹也逐渐认可了妻子的行为，退休后安心在家提供"后勤保障"。

对老户儿家来说，口述历史编撰、族谱、座谈会和展馆究竟意味着什么？显然，并不仅仅是再现历史那么简单，正如王汉生和刘亚秋所指出的"我们总是在一个与过去的事件和事务有因果关系的脉络中体验‘现在’的世界"。^① 通过重新调整哪些是"过去的重要人物和事件"或赋予历史人物与事件新的价值，来应对外在社会环境的变迁。如此，个人生活在社会所给予的记忆以及相关的族群认同中；在另一方面，个人也在社会中与他人共同遗忘、追寻或创造过去。^② 当然，记忆需要"外在唤起"。保罗·康纳顿明确指出："有关过去的意向和有关过去的记忆知识，是通过（或多或少是仪式性的）操演来传达和维持的"。^③ 编撰口述历史、修谱、召开座谈会和建设展馆都是唤起老户儿家历史记忆的形式，也是在新的历史时期建构和强化共同体认同的重要机制。

---

① 王汉生、刘亚秋：《社会记忆及其建构：一项知青集体记忆的研究》，《社会》2016年第3期。

② 王明珂：《华夏边缘：历史记忆与族群认同》，社会科学文献出版社2006年版，第32页。

③ ［美］保罗·康纳顿：《社会如何记忆》，纳日碧力戈译，上海人民出版社2000年版，第40页。

第三章　汉人的混合经济

> 沿着面对蒙古平原的边疆，有一个逐渐的，在许多地方又是不确定的变化地带，变化首先是出现一种有利于混合经济，但又融有较多的汉族特征的过渡地区。……在这个地带的外面，还有另一种过渡地带，这里也有利于混合经济，但融有较多的游牧特征。……这两类地区本身，又可以被分成更小的地区，根据不同的土壤特征可以分成不同的地区。土壤的性质在同等情况下又取决于雨量、植被及其他气候条件。[①]
>
> ——［美］拉铁摩尔

这段话描述了汉人在草原的边缘地位，即经济上在农耕与游牧两极之间摇摆，以求在中原与草原力量消长中获得生存。"混合"成为一种重要的生存策略，不仅有经济的混合，还有文化的混合和身体的混合。费孝通先生指出"移入民族地区的汉人很多就和当地民族通婚，并且为了适应当地社会生活和自然环境，也会在生活方式、风俗习惯等方面发生改变，过若干代后，就融合于当地民族了"。[②] 比如，公元399年在吐鲁番盆地及邻近地区建立的麴氏高昌国原是一个以汉人为主体建立的国家。这些汉人是汉魏屯田士兵和晋代逃亡到这地区

[①] ［美］拉铁摩尔：《中国的亚洲内陆边疆》，唐晓峰译，江苏人民出版社2010年版，第340页。

[②] 费孝通：《中华民族多元一体格局（修订本）》，中央民族大学出版社1999年版，第22页。

的人的后裔。麹氏高昌存在了 141 年，曾先后臣属于北方游牧民族柔然、高车和突厥。公元 640 年为唐朝所征服，设立西州。公元 866 年回鹘占领西州，从此长期受回鹘统治，当地汉人的后裔就融合于维吾尔族了。①

移入边疆的汉人也可能出现"融而未化"的情况，即在生活方式和风俗习惯等方面发生了变化，经历了显著的在地化进程，但又保持着汉人社会的诸多特征，与周边族群的边界依然清晰。1943 年，陶云逵先生在《边政公论》上发表了题为《论边地汉人及其与边疆建设之关系》一文，说"边地的汉人是值得专门的精密的大量研究一番"，又说"我们应该不要忘记在各边地居住着或往来着的汉人"。②云南南部边地汉人大体有行为细节上"土化"、子孙多半是"汉土"混血儿、能在多种语言间转换翻译（扮演着"接嘴"的角色），同时在语言文字、祖先崇拜、伦常观念等汉文化主要特质上仍能好好保存着的诸多特征。③ 拉铁摩尔注意到，天山中段巴里坤与奇台之间有山居新人群，他们是汉族与蒙古族通婚所生的混血儿。这些人能像蒙古族牧民一样管理牲畜，在冬季的低地草场拥有房屋，夏季又随蒙古族牧民一起进山搭建夏季毡包。他们还购买商队垮掉的骆驼，使其在自己的草场休养生息后，又转手卖给新的商队。④

红墩的汉人也经历了显著的在地化过程，并在经济生产模式、生活方式、行为模式、语言使用和宗教信仰等多个层面表现出来。汉人根据所处生态环境和社会历史情境的变化，积极对自身社会文化体系进行调整，建构了具有地域特色的社会文化体系，成功地在游牧民人口占多数的地方世界中生存和发展。本章重点对边地汉人的混合生计

---

① 费孝通：《中华民族多元一体格局（修订本）》，中央民族大学出版社 1999 年版，第 22 页。

② 陶云逵：《陶云逵民族研究文集》，民族出版社 2012 年版，第 621 页。

③ 陶云逵：《陶云逵民族研究文集》，民族出版社 2012 年版，第 623 页。

④ 拉铁摩尔关于天山中段巴里坤和奇台之间山居人群的描述出自他在 1930 年出版的著作《鞑靼高地》（*High Tartary*，Boston：Little，Brown & Co.，1930）。文中引用的内容出自杨晔的硕士论文。参见杨晔《试评拉铁摩尔的中国边疆史研究》，硕士学位论文，复旦大学，2008 年，第 31 页。

和经济情况进行描述，分析生计与经济活动的选择如何成为适应自然生态环境、社会环境和市场经济及其变化的一种有效策略。

第一节　老户儿家的混合经济

本质上讲，所有人类社会的生计结构都是"混合"的，都必然是多种生计方式的组合。以"狩猎采集"民来讲，不仅有狩猎，有采集，还有和其他族群之间各种各样的交换。以"游牧民"来讲，"游牧"是对移动性的专业化牧业生产和生活之描述。同时，游牧民又必然兼营农业或通过与农耕族群的交换获得谷物。因此，埃文斯·普理查德明确说"努尔人在特定的生态学关系之中必须具有一种混合经济，因为哪一种食物来源来维持他们的生活都不够充裕，并且，每个季节占主导地位的食物生产活动都是由生态周期所决定的"[①]。"自给自足"常被用于形容小农经济，这也意味着小农必然发展出多种生计方式。绝大部分前现代社会的生产都是马歇尔·萨林斯所说的"为了使用价值而进行"[②] 的生产，这意味着家户需求之多元化导致了混合生计模式的必然性。

一　老户儿家的混合生计模式

调查中，我们有幸访谈了杨氏（杨福喜，当地俗称"二杨氏"）

---

① ［英］埃文斯·普理查德：《努尔人——对尼罗河畔一个人群的生活方式和政治制度的描述》，褚建芳等译，华夏出版社 2003 年版，第 96 页。

② 美国著名人类学家马歇尔·萨林斯从生产的目的角度区分了"家户模式的生产"与"资本主义的生产"。前者乃是为了生计的需要，追求的是生活的路径，而不是抽象的财富，他们追求的是使用价值的生产。在资本主义的生产过程中，资本家不仅要生产使用价值，还要生产商品，不仅要生产使用价值，还要生产剩余价值，是为了交换价值而进行的生产。因此，资本主义的生产伴随的是剩余价值的生产。这意味着，家户生产之目的在于安全，通过多样化的生计满足家庭之需求，并总是表现为低度的生产——即经济运行低于实际生产力。资本主义的生产因为追求剩余价值和利润，就可能转向单一作物的集约化与规模化生产，并总是表现为高度的生产——与低度生产相对应的概念。参见 ［美］马歇尔·萨林斯《石器时代经济学》，张经纬、郑少雄等译，生活·读书·新知三联书店 2009 年版，第 95—97、48 页。

四世孙杨自治，获得了其祖父杨福喜家庭 20 世纪 30—40 年代的院落布局图（见图 3-1）。此图在老户儿家中很有代表性，反映了晚清民国时期老户儿家的混合生计模式。

　　杨福喜的院子毗邻克兰河东岸，院落整体呈方形，分为内外两个空间，并在北侧和东侧开了两扇院门。其中，内部空间又可具体区分为生产空间和生活空间两个部分。生活空间主要是客厅、卧室和库房，共有 2 间客厅、5 间卧室和 1 间库房，生产空间则包括了 2 间羊圈、2 间马圈、1 间马棚和 1 间鸡圈。外部空间也包括两个部分，一是与院落相邻或相接的草垛、菜园和水池，二是在院落的东南方向分布着若干谷堆（应是小麦、燕麦和青稞等）。院落周边分布着河谷草场，其间散布着一些低矮的灌木，局部夹杂着少量柳树。

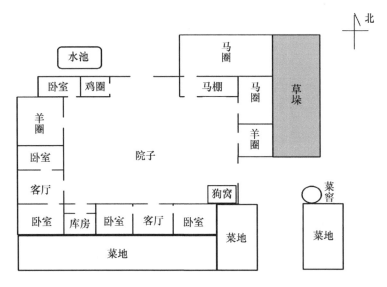

图 3-1　20 世纪 30—40 年代老户儿家院落布局（杨福喜）

　　透过院落布局，我们可以杨家的生计由农业、牧业和副业三部分构成。对杨家人来说，农业是其命脉，也是他们的生产优势之所在。田地并不在院落周边，因为周边毗邻克兰河谷，水位高，灌木多，开垦和清理的难度较大。耕地主要分布在一道渠和二道渠之间，但在院

落的周围分布着三个粮仓。牲畜以绵羊和马为主，白天散放在河谷草
场，晚上被赶回院落中的圈舍。以羊圈和马圈的数量和空间来看，杨
家的牲畜数量应该不少。据杨自治的回忆，中华人民共和国成立前杨
家有十几头牛、20 只羊、7 匹马和 2 头驴。北侧院门一侧的"马棚"
并非圈养马匹所用，而是半日骑乘用马或客人来访用马的拴马处。从
功能上讲，牛主要是做开地、犁地的畜力和提供乳制品，羊提供所需
的肉类和制衣、制毯的原料，马是出行的交通工具，而毛驴则用于拉
磨。院落中，还有鸡圈，说明饲养家禽。院落外围分布着多处菜地，
人们通常在五月种下快熟的、可存放的蔬菜——大白菜、卷心菜、洋
芋等等，秋季收获后存入菜窖之中。

　　20 世纪 60 年代，红墩公社若干份阶级成分划分的资料为我们提
供了老户儿家 10 余户家庭生计构成的数据。在此，仅摘录三家富裕
户的生产情况。

　　　　曹光有，73 岁，有地 2 斛，马 10 匹，牛 30 多头，羊 100
　　只。曹光有与一个俄罗斯族人一起修建了一盘水磨，为人加工一
　　石粮收一斗粮，还要扣下麸子，水磨每年收入达 30—50 石（以
　　粮食为单位）。
　　　　刘毓连，70 岁，以前有 2 斛多地，1 斛多草场，牛 30 多头，
　　羊约 30 只，……（字迹无法辨认，笔者加）每斛收取 2—3 斗，
　　4 年榨取 2000 多斗粮食。
　　　　高平平，现年 37 岁。1945 年以前有 150 亩地，有 8 头耕牛，
　　5 头奶牛。1945 年阿山战乱时，全家人弃家产外逃，其母改嫁他
　　人。这一年高平平只有 19 岁，没有跟母随嫁，只好去学打铁，
　　帮人家打大锤。1947 年在阿尔泰街上帮人家打铁维持生活，
　　1947—1954 年在哈拉（金属公司）当铁工。

　　在一份名《二队农村阶级关系说明》的文件中，提到恽氏、马
氏、罗氏、朱氏借由 1 斛地到 2 斛地以上。这些数据说明，老户儿家

中的一些姓氏经济条件较好，而且发展出了农牧并重的生计格局。这种生计格局在老户儿家中是否具有普遍性呢？我们获得了1965年前后红墩公社对8户老户儿家在中华人民共和国成立前后的经济调查数据，详见表3－1。

表3－1　　　　　1949—1951年老户儿家生产资料占有情况　　　　单位：石

姓名	劳动力			土地		牲畜（折标准）
	人口	自有	实际参加	自有	租入	
李子完	2	1	1	—	—	8
赵齐智	6	3	3	10	15	5
孙吉汗	2	2	1	25	—	8
王三德	3	1	1	—	20	9
马玉堂	10	3	3	25	—	12
恽守孝	22	5	5	40	20	28
马玉祥	3	1	1	—	50	11.5
李衡山	3	—	—	—	75	21

8户中有4户没有耕地，靠租地耕种为生，但皆有牲畜。从牲畜折合标准（石）来看，越是没有耕地，折合数值越高，反映出牧业对贫困家庭的重要性。上述信息说明，"农牧并重"的生计格局在老户儿家中比较普遍。对老户儿家而言，农业仍是主业，既源于其"屯民"的身份，也源于农业乃是其生计特长之所在。牧业的发展可以视为对阿尔泰山草原生态环境适应，以及理性选择的计算。首先，克兰河谷分布着大量河谷草场，在靠近汗德尕特的丘陵地带还有若干荒漠草场，因此发展牧业有得天独厚的条件；其次，农业为牧业的发展也创造了条件。与哈萨克族和蒙古族的游牧不同，老户儿家的牧业基本上是半舍饲的。春夏两季牲畜被放到河谷草场或荒漠草场，秋季被放到田间利用麦子收割后的麦茬，冬季利用作物秸秆。因而，老户儿家的院落中总是留出多间土房用作羊圈、马圈或牛圈；最后，在阿尔泰山这类寒冷地区，饲养绵羊、牛和马是最为经济的选择，依靠牲畜的

再生产可以快速积累财富。因此，无论是富裕户，还是贫困户，都必然选择农业和牧业为主的混合生计模式。

2011—2013 年，我在阿勒泰地区富蕴县的吐尔洪盆地对当地汉人普遍参与牧业的现象做过调查。其间，塔斯托别村一位牧业大户黄向晨的解释颇有说服力，也同样适用于红墩老户儿家的情况。

> 塔斯托别村 53 岁的黄向晨也养牲畜，而且据说是当地养得最多、最好的汉族移民。1998 年，他已有 5 头牛、5 匹马和 70 来只羊。另外，他每年还养 2—3 头猪……他认为，盆地并不适合养猪，有两个原因：首先粮食产量有限，养猪需要大量粮食，成本太高；其次，冬季太冷，猪的肉膘大都被用于抵抗严寒，很难育肥。与养猪不同，牛、羊具有先天优势。冬季可以依靠秸秆饲养。夏季，除了供应畜奶的牲畜，移民所有的牲畜都可交给哈萨克族村民赶到山中放牧。[1]

红墩和塔斯托别村汉人在牧业上的选择，让我想到了马文·哈里斯关于"爱猪者与憎猪者"的经典论述。世界上热爱猪类的地区，集中在新几内亚和南太平洋美拉尼西亚诸岛。在该地区，那些以村庄为单位，靠种植为生的部落，把猪视为圣物，专门用作祭奉祖先，或把猪视为重大日子如婚礼、葬礼的美味佳肴（事实上，汉族也如此）。与之相反，基督教和伊斯兰教都憎恶猪肉，甚至禁食猪肉。这与其诞生地的生态特征相关。西内盖夫（在现以色列境内）曾是游牧民族的生活地区，这里是没有森林的平原和山地，干旱缺雨、土地不易灌溉。这样的生态环境适宜以草、树叶为食的反刍动物（牛、羊），而非以坚果、果实、块茎植物和粮食为食的猪。在粮食极为珍贵的草原地区，养猪无异于与人夺"食"，加之需要圈养，这会破坏动物、植

---

① 罗意：《消逝的草原：一个草原社区的历史、社会与生态》，中国社会科学出版社 2017 年版，第 287 页。

物与人类在一个自然与文化生存空间中和睦相处的关系。因此，禁食猪肉的教规无疑成为一个合乎情理的对付生态环境的战略。①

　　如表3–1所示，在家户层次，不同家庭农业和牧业的比重并不一致，这主要受到了家户人口规模的影响。家户人口越多，就越有可能在农业和牧业上同时发力。曹氏、刘氏、马氏（玉堂）和恽氏，皆是大户，子孙兴旺，因此农牧两旺。家庭人口越少，就越是愿意在牧业生产上投入劳动力，牧业在家户生计中的重要性就越是突出。李子完、王三德、马玉祥和李衡山便是其中的典型代表，因为他们可以依靠天然草场，并通过牲畜的再生产维持生活。处于两者之间的家户，往往选择以农业为主，除了耕种自家土地外，还通常租入土地。罗氏、朱氏、孙吉汗和马玉堂比较典型。但是，他们也不可能真正放弃牧业，还必然兼营牧业，因为牲畜为家庭提供肉乳类食物。简言之，每一个家户都根据人口和劳动力的多寡，选择农业和牧业不同的组合方式。从这个角度上讲，他们都是理性的"小农"，都是以家户的生计安全为第一目标合理地安排生计。本章下一部分，我还将对人口与经济的关系进行分析。

　　在老户儿家的"混合生计"中，以蔬菜和禽类饲养为主的副业也扮演着重要角色。尽管老户儿家的院子大小有别，但从布局来看则与杨福喜的院子基本一致，在院落周边总是开辟出若干块菜地，在院落内总是饲养鸡、鸭、鹅等家禽。在红墩，家禽难过冬，因此人们总是在入冬前宰杀大部分家禽并储存起来。一方面，副业为人们提供了蔬菜和禽蛋，丰富了人们的食物；另一方面，蔬菜和禽蛋通常成为与周边游牧民交换的"珍品"。事实上，那些家户人口少的老户儿家，未完全转向牧业，坚持农业的一个重要原因便是农产品可与游牧民进行交换。对单个家庭来说，交换的目的是为了获得所需的畜产品（包括肉乳、毛绒），或是让牧民在夏季时将自家牲畜带到夏季牧场放牧。

---

　　① ［美］马文·哈里斯：《母牛·猪·战争·妖巫——人类文化之谜》，王艺、李红雨译，上海文艺出版社1990年版。

对群体而言，这种交换具有更为重要的社会意义。对游牧民而言，要么自己兼营农业，要么到周边市场与农耕群体交换，以便获得生存所必需的谷物。老户儿家扎根克兰河谷，为游牧民就近获得谷物创造了条件。因此，老户儿家与周边游牧民在生计方面具有很强的互补性。

因此，混合生计是他们调适与周边游牧民关系的利器，也是他们在哈萨克族和蒙古族牧民占主导的地方世界中生存下来，并实现发展很重要的一个原因。简言之，老户儿家的"混合生计"绝不仅仅是对阿尔泰山草原之适应那么简单，它还是适应周边社会环境的利器。对老户儿家与周边族群的关系，我将在"族群关系"一章中详加分析，在此仅引用杨自治所谈到的一个个案来说明混合生计在族群关系中的价值。

> 我爷爷有一个哈萨克族朋友叫阿汗，福海人。他每年秋天骑着紫红色的马，带着两峰骆驼来我家，我爷爷把他当贵客。两个人有说有笑，让他上炕，我们给他喂马。阿汗骑马去集市买茶叶、盐和日用品，他的骆驼就在我家放着，晚上回来我们给他的马饮水。吃完喝完，爷爷和阿汗就一块睡下了。第二天走的时候，从我家拖走一些洋芋、莲花白。他来的时候，通常带一些肉、酥油什么的。

上述材料还说明，一些家庭还可能兼营其他生计，比如经营水磨或手工业。以"水磨"为例，前文已提到曹氏有一个水磨。但是，根据对曹氏后人的访谈，水磨应建于1953年前后，并很快在公私合营中被有偿征收。老户儿家中朱氏原拥有一座水磨，建于1943年。1945年阿山战乱时，朱氏与老户儿家一道逃亡，水磨遂为维吾尔族人阿布都热依木占用，后又转到了维吾尔族人牙生名下。以曹氏的水磨而论，收益颇佳，年均可达30—50石粮食。手工业从业者多非专职，而是兼营。访谈中，老人们尽管不能说明"谁做什么职业"，但多提到老户儿家中有铁匠、木匠和鞋匠，而且他们的服务对象也通常是周边牧民。

综上所述，老户儿家发展出了混合生计，并在家户层次根据需求进行组合。混合生计形成的动力，大体来自四个方面。首先，汉人的生计传统，包括农业、副业和手工业；其次，对阿尔泰山草原生态环境的适应，以及根据家户人口、劳动力的实际情况而做出了理性抉择；第三，对阿尔泰山草原社会环境的适应，主要是通过"物"的交换与哈萨克族和蒙古族牧民建立共生互补的关系。最后，混合生计有满足家户各种需求之功能。

二　老户儿家的经济情况

迁入红墩时，老户儿家家中各姓氏都是一无所有的穷苦屯民。他们一起修建水渠，各自举全家之力开垦耕地，兴建院落（庄子）。两三代人后，不同姓氏间经济上开始分化。20 世纪 60 年代，红墩公社一份名为《二队农村阶级关系说明》的档案描述了中华人民共和国成立前老户儿家的经济分化现象。

解放前后，二队的大户无，有几户地富，就其掌握的土地、草场、耕、牲畜等，不是很突出的。因此，生产资料的占有不足很集中的。初定成分地主一户，富农三户，占总户牧的 9.4%（其中一户家 58 年从外地迁来，且与三队跨队）。其中地主一户占有二等地（一道渠）75 亩，常年雇工 1 人，牲畜够合 40 个标准羊，无其他经济收入。两户富农中有一户经营水磨，收入较大，生活水平亦高。

50% 以上的贫苦劳动人民仅有土地 5%，他们主要以出卖劳动力，驮运等来维持生活，生活水平低下。

5 户上中农占总户牧的 15%，人口占 30%，而土地在 50% 以上，牲畜 30% 左右，生活水平较高。这些均是三区前(三区革命，笔者加)较大的户，破产后又逐渐回升。他们的生产资料较齐全，据初步计算，尚不够富农地主条件。

这段材料透露了三点重要信息。一是已经出现了经济分化现象，但并不突出；二是存在一部分出卖劳动力的穷苦家庭。三是 20 世纪 40 年代"阿山战乱"对老户儿家的经济产生了重要影响，否则"上中农"的条件会更好。一份名为《三区革命后原老户土地变化情况》（1965 年 1 月 7 日）的登记表中记录了 7 户大部分耕地被一些土匪霸占的情况，详见表 3－2。这些事实说明，20 世纪 40 年代前老户儿家中经济分化现象较中华人民共和国成立前后更弱。

表 3－2　　　　　　　　老户儿家三区革命前后耕地占有情况

姓名	人口	三区革命前	三区革命时被霸占	自留	备注
马玉贵	10	80	70	10	
赵齐智	7	60	55	5	赵光云的儿子
李梅兰	4	50	40	10	李衡山的女儿
运（恽）守孝	13	80	80	10	
对偏	6	500	—	—	
段友成	—	—	25		
孙家	—	—	150		

注：亩做的单位是"老亩"，每一"老亩"合现在的约 2 亩。

在老人们的记忆中，绝大部分家庭在经济上可自足。那些没有耕地或耕地较少的家庭，可以承租其他家庭的耕地。对于耕地多的家庭而言，并没有足够多的劳动力进行生产，因此有大量闲置耕地。老人们说"也没有明确收租不收租的，租用别人耕地只是象征性地给一点粮食，更多时候是帮出租土地的家庭干一些活"。一份名为《各阶层生产资料占有比较表（49—51）》对 30 户家庭进行了阶级成分的认定，其中有各阶级的户数、人口数、土地（自有、租入和实际耕种）、牲畜和草场的情况。这份"表"中的一条"说明"颇有意思，说"租入地栏，绝大部分不系借入地。个别交租者，租子亦一般"，详见

表3－3。

表3－3　　　　　　　1949—1951年红墩各阶级生产资料占有情况

类别	户人		人口		土地			牲畜 （折合标准羊，只）	草场 （捆）
					自有地	租入地	实耕地		
	户数	%	人口	%	亩数	亩数	亩数		
合计	30	100	127	100	510	200	530	419.5	7000
富农	1	3.3	5	3.9	75	—	75	41.5	2000
中牧	7	23.3	53	41.7	205	165	310	150	5000
贫苦牧民	22	73.4	69	54.4	230	35	145	228	—

对表4－3做进一步分析，发现富农、中牧、贫苦牧民在家户人口数上差别较大。以中牧和贫苦牧民来看，前者户均人口7.6人，后者户均人口3.1人。简言之，户均人口与家庭经济情况之间存在着正相关。户均人口越多，经济情况越好。中牧户均实际耕种土地44.3亩，户均拥有牲畜21.4只标准羊。反观贫苦牧民，户均实际耕种土地6.6亩，拥有牲畜10.4只标准羊。在同期一份名为《按户、人口平均收入比较表》中对三户中农的家庭收入情况做了统计，大体上也反映了户均人口与家庭经济情况的正相关的关系（详见表3－4）。

表3－4　　　　　三户中农家庭收入的比较（1949—1951）

姓名	家庭 人口	农业 收入	牧业 收入	水磨/ 放贷	支出 （雇工、地租）	总收入 （纯收入）	家庭人口 平均收入
李衡山	3	15	1.3	—	6.5	9.8	3.3
马玉祥	4	12	0.7	债利3	1	14.7	3.7
恽守孝	22	26	1.5	—	—	27.5	1.3

显然，劳动力的多寡直接决定着家庭的经济水平。对于劳动力多的家庭，便有条件开垦更多耕地以发展农业，同时抽出劳动力发展畜

牧业，还可能兼营其他生计。老人们总说"那时候，到处都是荒地，只要你有能力，随便开"。不仅如此，家庭人口多，还可以减少雇工等方面的支出，进而增加生产利润。劳动力少的家庭无力扩大耕地，甚至无法自己开垦耕地，唯有租用他人耕地以发展农业。他们可能将劳动力更多投入牧业之中，但劳动力不足终究还是会限制牧业发展的空间。因此，当我让老人们回忆老户儿家中不同姓氏的经济条件时，他们总是提到曹氏、恽氏、杨氏、章氏、孙氏、刘氏等等，而这些姓氏无一例外都是人口较多的家庭。

老人们所说的"干一些活"，既指帮助出租土地家庭进行农业生产，也指帮助其家庭完成打扫卫生、照顾孩子或洗衣服一类的家务工作。谢晓钟提到了汉人的"庄子"，但庄子并不等同于户。事实上，在红墩并没有四十多个庄子，因为一些无地、少地的贫苦农民可能寄居在某户中。因此，庄子往往以土地、牲畜较多和经济条件较好的姓氏命名，比如曹家庄、孙家庄、杨家庄、李家庄等等。不仅如此，一个庄子中也绝非都是汉人，还可能有破产的哈萨克族牧民和无法维持生产生活的回族家庭。80岁的哈三（回）出生在红墩，祖籍甘肃，父亲阿布艾热（回）1910年前后在红墩定居。中华人民共和国成立前，哈三家无住房，寄居在曹家，他向我们描述了当年曹家庄的住户情况。

据父亲说"家里穷，没有吃的，没有穿的"。我们一家在曹光有（外号"忙事子"）家干活，夏天帮着种地，冬天帮着放牧。我的母亲努尔巴拉，也在曹家干活，主要是做家务和挤奶。当时，曹家经济条件很好，在曹家打工的有二三十人，都是民族人（哈萨克族，笔者加）。中华人民共和国成立前，我们没有自己的住房，住在曹家院子的一间偏房中。干活时，曹家会宰一只羊给大家吃，剩下的会给我们这些小孩。1953年，我父亲自己盖了土房，我们一家才从曹家院子中分出来，位置就在我现在的院子。

因此，"庄子"实际上是以曹氏、恽氏、杨氏、章氏、孙氏、刘氏等大户为中心，包括若干人口少、经济条件不好的小户组成的微型共同体。小户人丁单薄，少男丁，无法开垦耕地，环绕大户而居，参与大户的农牧业生产并获得酬劳。大户为扩大农牧业生产，调用小户劳动力为补充。事实上，生产所获也是在共同体中进行分配。仅仅以阶级关系、剥削关系来看这些微型共同体是不充分的，还应该重视共同体内大户和小户的互助关系，最好将"庄子"视为一个生产生活的共同体。当然，共同生产生活的家庭也可能发展出更亲密的关系，比如认干亲和结拜等等，还通常共度春节、端午、中秋等重大节日。

第二节　汉人新移民的混合经济

毋庸讳言，在克兰河谷这种宜农宜牧的地方，加之周边哈萨克族、蒙古族的经济体系以游牧经济为主，汉人选择以农业为主的混合经济便成为一种重要的适应策略。这一点在 20 世纪 60 年代后迁入的新移民群体身上也是相同的，不同的是因为时代与社会情境的变化，生计的组合发生了一些调整。另外，当前"老户儿家"与新移民的经济情况大体一致，在这一部分的分析中不做区分。

一　新移民的混合生计模式

20 世纪 60 年代后，大量汉人新移民迁入红墩，并成为当前红墩汉人的主体。与老户儿家相比，汉人新移民迁入时间晚了将近一百年，迁移背景、过程和时代与社会情境也有很大差别，但他们也选择了"混合生计"。如前所述，汉人新移民有三种类型，不同类型移民生计的构成各不相同。

49 岁的侯洪站在萨亚铁热克村是出了名的能人，经历丰富，家境富裕。在此，我们用稍长的篇幅，详细道来他们家混合生计的情况。

我们家祖籍河南，1964 年父亲侯新年是支边青年到的新疆。他在 101 地质勘察队干体力活，1967 年勘察队调到哈密。父亲没有跟随去哈密，选择到红墩工作，做开荒造田、修水渠等活。我是 1967 年出生的，刚开始我们家在 5 队，1972 年搬到 4 队。

包产到户时，家里 6 口人，分了 30 亩地和 10 多亩草场。这些地分为三块，15 亩的麦子、10 亩油葵和 4—5 亩高粱。麦子除了自己吃外，还要交公粮。油葵主要是榨油，一年不买油，还可以卖一些，油渣可以喂牛、马、猪。高粱主要做饲料，但杆子可以扎扫帚卖钱。分地后的几年中，我们养了 2 头母猪，每年可以有 30—40 头小猪仔，养两个月后卖掉。我们也养牛羊，由十几只羊和一两头牛逐渐发展到十来头牛、三十几只羊。还养马，主要是为了拉东西。那些年，我还做过货郎，骑着马走街串巷卖衣服（红墩和汗德尕特的集市）。

我们家的经济条件比较好，但主要来自"跑运输"。1996 年，我通过卖牛、卖羊，加上自己的一点积蓄，花了 2.6 万元买了一辆农用车。开车到周边的集市卖粮油、蔬菜，也帮人拉牛羊。两年就回本了，开了 3 年将车卖掉。2000 年花了 1.2 万元买了一辆二手小货车，帮着周边的人拉家具、搬家或是拉货，一年就回本。2006 年，我又花 1 万元买了辆二手的翻斗车，在工地干活，一年可以挣 3—4 万元，4 年后卖掉。2012 年买了一辆全新的翻斗车，11 万，工地多，一年就回本了，已经开了 4 年，每年挣 10 多万。

侯的个案在汉人新移民中颇为典型，尤其是在包产到户分得相当数量承包地的新移民中相当普遍。显然，侯洪站的家庭之生计模式是"农业＋牧业＋运输业"的混合，农业和牧业是家庭生计的基础，运输业是家庭现金收入的主要来源。对这类拥有承包地的移民来说，土地是家庭生计的安全阀，因此不可能舍弃农业。农业产出首先用于解决家庭食物之需，剩余或残余部分用于养殖业。

大体来讲，"农业＋牧业"是这类家庭生计中最为稳定的部分。一些汉人新移民坚守农业，通过承包更多耕地，种植经济作物致富。58 岁的杨廷福，祖籍四川泸州，早年在沈阳当兵，转业支援边疆，于 1978 年到红墩。1983 年，土地承包时分得 28 亩地。杨廷福近年来承包了多户哈萨克、汉族村民的地，扩大农业规模，同时兼营牧业。

> 　　我在 5 年前承包了六队、三队几户哈萨克族村民的 40 亩耕地，每亩地 100 元，签了 5 年合同。今年又承包了靳义茂的 8 亩地和徐文斌的 7 亩地，300 元/亩。我们还在自己承包地周边开垦了十几亩的荒地，加起来种了将近 100 亩。我从九几年开始养猪至今，3 头母猪每年下崽 19 只，去年卖了 1.1 万元。我们还养了 1 头奶牛，每天挤奶 14 公斤卖给奶粉厂，一年有 9000 元的收入。地里除了种小麦外，大部分种食葵（经济作物），30 亩地种高粱。一亩地的高粱可以扎 150 把扫帚，每把卖 10 元。大体算来，我和老伴每年有将近 12 万元的收入，还是不错的，再干两年，就不干了。

　　相当部分的新移民选择兼营副业，其中又以蔬菜种植居多。65 岁的万全江祖籍河南，1974 年到红墩投靠早前已嫁到红墩的二姐。包产到户时，万家分到了 38 亩承包地，在将周边荒滩、草地开垦后，拥有 50 余亩耕地。除了种小麦等粮食作物和养殖牛羊外，他们将其中 10 亩地开辟为菜园。1987 年，他将小舅子接过来，一起种菜，让岳母在红墩集市上卖菜。74 岁的伍建功祖籍陕西，1967 年到红墩。包产到户后，农业和养殖业是主业，但他们也开辟了一块菜园，种大白菜、青萝卜、土豆等。蔬菜一是自食，多的也不到市场上卖。周边邻居，主要是哈萨克族村民，隔三岔五来买一些，一年可获一两千元的收入。

　　对那些进入社队企业（奶粉厂、基建队、水电站、云母矿等）的汉人新移民而言，随着 20 世纪 80 年代中后期社队企业的破产，他们的处境相当困难。一方面，他们没有承包地，只有为数极少的口粮地，农业不足以维持生计；另一方面，他们过去居住在企业的"公寓"中，现在往往需要自己建房，院子很小不足以支持副业的发展。因此，这部分汉人新移民发展出了"非农牧业为主，农牧业为辅"的混合生计模式。在此，首先以李高喜的个案为例，呈现这部分汉人新移民的生计抉择。

　　我是陕西的，今年 62 岁，1978 年 3 月到红墩。当时我们家的条件不好，表哥表姐都在阿勒泰，所以就过来投靠他们。我在电站（电力公司）上了十几年班，在克兰河谷有 10 亩口粮地。这 10 亩口粮地在七八年前就被洪水冲掉了，后来镇上让我以每亩地 240 元承包 10 亩地。这些地除了种点粮食，就是种一些蔬菜，主要是自己吃的黄瓜、豆角、甘蓝、西红柿和白菜。

　　因为没有地，我老伴就长期给别人打短工，比如 6 月份帮人除草、锄地，一年也就干十几天，挣点小钱。老伴在家里养一些鸡、鸭和猪。2002 年时养得最多，有 30—50 只鸡、7—8 头猪。每年入冬后，将所有公鸡宰掉，冻起来，像哈萨克族人冬宰一样。11 月中旬，将所有猪卖掉，留小部分自己吃。

　　电力公司是在 1990 年后解体的，之前我每个月有 500 元左右的工资。在电力公司上班时，我认识了很多人，这些人对我今后找工作帮助很大。比如，电力公司解体后我就到了附近一个矿的变电所上班，一个月也是 500 元左右。这是我一个朋友介绍过去的，因为我懂得电工技术。这个矿在 2002 年破产了，我就到了供电所、电业局打零工，平时也帮助人垒墙、打土块，收入比以前高了，但很不稳定。2007 年后，我通过认识的人，在镇上当环卫工人，刚开始也是 500 元，到 2014 年退休时每个月工资涨到了 2100 元。

　　对我来说，在电站上班和后来当环卫工人的阶段都比较好，打零工那几年家里最艰难。一方面自己的地被冲掉了，包的 10

亩地去掉承包费后几乎没有收入，粮食都要买；另一方面，两个孩子上大学。

李的经历在这部分汉人新移民中是很典型的，其家庭生计模式是"务工＋农业＋副业（包括养殖业）"。这部分移民很少在牧业上投入精力，原因可能来自两个方面。首先，发展牧业需要农业的支持，而缺地或少地恰恰是这部分汉人移民面临的困境；其次，当家庭中有 1 位长期务工，就注定不可能有劳动力投入牧业的发展中。在这些家庭中，性别分工是明显的。男性更多从事家庭之外的工作，比如打工、搞建筑或其他，女性更多以家庭为中心发展副业。当然，不同家庭在生计的组合或不同生计的比重上不尽一致。刘陆文祖籍江苏，1981 年到红墩，在塘巴湖修水库若干年，未在土地承包中获得土地。与李高喜家的生计类型相同，但他们将主业放在了副业（养殖业）上。

　　1987 年，我们回老家待了几年，1999 年回到红墩时错过了第二轮土地承包，因此没有地。我是个泥瓦匠，每年 5 月—10 月就在阿勒泰市打零工，每天挣 100 来元，一个月 3000—4000 元。好的年份，有可能挣到 20000 元。

　　我们家在红墩是养鸡的大户，但刚开始并不知道用副业养家，只是因为没有地才尝试养鸡。刚开始不敢多养，也就 300—400 只，积累经验后逐渐增至于 700—800 只。今年，我们一口气养了 3000 只。鸡苗来自昌吉，每只 5—6 元，光这一项成本就在1.5—1.8 万元。一般情况下，养 65 天就卖掉。饲料也是从昌吉提供鸡苗的公司拿，1000 只鸡到养大大概要 7 吨饲料。折合下来，每只鸡要消耗 7 公斤的料，加上打疫苗和其他成本，一只鸡的成本在 30 元左右，我们可以赚 10—15 元。养鸡对我们家来说极为重要，每年可以带来 3—4.5 万元的收入。另外，鸡粪也可以卖给种地的，做农家肥。

也有一部分汉人新移民因耕地过少而选择了商业的发展道路。改革开放以来，原本为"社员"提供服务的供销社在市场经济的洪流中寿终正寝。同时，经济的快速发展极大地改善了村民的生产生活水平，也拉动了农民的消费需求。一方面原来提供各种服务的渠道消解，另一方面农民的需求难以满足，这为一些汉人新移民涉足商业创造了机遇。62 岁的陈春海，祖籍陕西，1977 年投靠姐姐到红墩。在基建队干了八年，后分得 8 亩耕地和 7 亩草场。陈说"当年自己很年轻，存不住钱，种地根本就不能挣钱"，所以他将自己的地所幸承包给了好友刘建成。之后，便开始了他的创业之路。

1985 年到 1987 年，我开始跟人一起到阿尔泰山中挖金子，两年下来挣了 7 万元。这算是给了我开店的第一桶金，我选择了开商店。一来比较自由，二来红墩当时没有商店，没有竞争。那个年代，物资匮乏，利润可达 50%，即投入 100 元挣 150 元。投入越多，赚得越多。我也算是赶上了改革开放的春天。在好的几年，我一年的毛收入是 12 万元左右，纯利润可达 7 万元。2000 年前后，生意最好，我有一间 80 多平方米的店面，还有一间 80 多平方米的库房。商店的生意有淡季和旺季之分，旺季从 8 月持续到春节前后。2000 年以后，生意就不那么好做了，商店开始增多，近三年竞争尤为激烈。现在投入 100 元，可以挣十几元钱。我现在就是守着商店，有点事情做，每年还有一点收入。我并不在意商店究竟能挣多少钱，我的两个孩子都毕业工作了，在阿勒泰买了三套房产，儿女和我各有一套，生活不愁。

商业是很多 20 世纪 80 年代后迁入红墩，没有获得承包地的汉人新移民的选择。从迁移类型上讲，这类移民多是发展型移民，通常有一技之长，可以摆脱农牧业的束缚。魏广发就是典型的案例，自己学医，为了孩子上学而落户红墩，但在经济上与红墩的关系较弱。他和妻子刘妹伏在红墩镇开了一家药店，名为天颐药店。访谈中，刘妹伏谈到了药店经营的情况。

> 我们拥有一个药店，我既是药店的售货员，又是出纳。丈夫负责看病，另外还请了一位医生和一位护士。医生的工资就是底薪加提成，底薪 2000 元，加上提成可以拿上 3000 元。护士一个月的工资一千多，她就负责打针。自家开的店，很少去精确计算收支，反正钱都是从我这里进出。平均下来，一年的收入大概十几万。这边竞争不大，生意也好做。选择开药店，因为老公祖辈都是做这一行的，我自己学的也是妇产科，懂技术就好办。2003 年前，我们租的是负一楼，正好上面这家店铺要出售。急着做生意，找房子，我们就花了近 5 万元买了下来。在乡村，我们也没有装修，地面都是原来，就是把墙刷了刷，买一些放药的架子和柜子就开张了。

与老户儿家迁入早期相比，汉人新移民的生计模式的多元性更强，内部表现出了较强的异质性，大体来讲形成了三种模式。对拥有承包地的人来说，农牧业是基础，然后向副业或其他生计延伸。一些移民，甚至会有意识地扩大农业生产规模，以充分发挥擅长农业的特性。对从公社体质庇护下走出来的人来说，他们没有获得足够多的耕地，因此，农牧业在家庭中的重要性下降。人们必须根据家庭实际情况，抓住改革开放以来经济社会发展带来的机遇，发展非农牧业。在这类移民中，非农牧业是家庭收入的主要来源，农牧业反倒成为一种辅助的生计形式。对无承包地或较早脱离耕地的人来说，商业在家庭生计中往往占有绝对地位。而且，他们往往选择的是当地急需，但当地发展不充分的领域，借此与其他各族村民的生计模式间形成一定的互补关系。

从群体的角度来看，"混合生计"是汉人新移民在红墩立足、生存和发展的重要策略，而更多是对时代与社会情境适应的结果。从家庭的角度看，多种生计的组合是家庭经济发展的策略，更多是基于家庭实际情况做出的理性抉择。

二 当前红墩汉人的经济情况

对老户儿家与汉人新移民的生计模式进行比较，可以发现两者间的相似性大于两者间的差异，说明迁入阿尔泰山草原的汉人移民在经济层面上的在地化进程基本上是相同的，表现出了较强的连续性。

这种连续性在院落布局中也有所体现。图3－2是调查中某户汉人新移民的院落，菜园、鸡舍和雁鹅圈说明副业是家庭经济的重要组成部分，硕大的羊圈和青贮窖（玉米）说明该户牧业的比重较大。从调查的情况来看，这一户是以农业为主的家庭，工具房中存放着各种犁地、播种和收割的工具。在羊圈与青贮窖之间的大片空地，摆放着一台收割机和一辆摩托车。在我们访谈时，户主正在空地上用高粱扎扫帚。将图3－2与图3－1进行比较，总体上是一致的，唯独少了马棚和马圈。很明显，这是马作为交通工具的实用功能丧失在院落布局上的反映，人们以摩托取代了马在生活中的功能，用各种农业机械取代了马在生产中的功能。

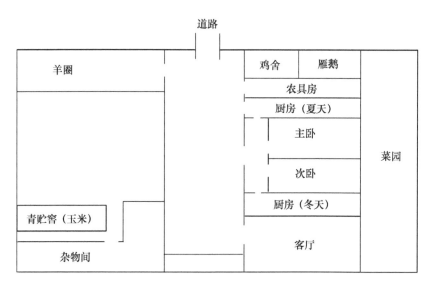

图3－2 汉人新移民的院落布局

从调查情况来看，已经很难在老户儿家的院子和汉人新移民的院子之间进行区分了，这反映了当前汉人移民经济生活的一致性。在萨亚铁热克村，我们调查了40户汉人新移民和11户老户儿家的经济情况，详见表3-5和表3-6。

表3-5 汉人新移民的经济情况（2016年）

序号	耕地（亩）		牲畜	
	自有耕地	承包/出租耕地	羊（只）	牛（头）
1	8	−8	—	—
2	30	−22	30	8−9
3	5−6	—	—	—
4	10	−10	—	—
5	18	—	20	—
6	50		—	—
7	20	−20	—	—
8	—		—	—
9	20.7	−20.7	—	—
10	28	55+	—	1
11	9	—	—	—
12	17	−17	—	—
13	22	10+	—	1
14	20		—	—
15	5		—	—
16	14		—	—
17	8	—	—	—
18	20	—	—	—
19	20	−20	—	—
20	20	—	20	—
21	5		—	—
22	—	—	—	5
23	16	—	—	—

续表

序号	耕地（亩）		牲畜	
	自有耕地	承包/出租耕地	羊（只）	牛（头）
24	16	—	—	4
25	20	—	—	1
26	15	—	—	—
27	57	—	—	20
28	11	—	—	—
29	—	16 +	—	—
30	2	—	—	—
31	5	—	—	—
32	35	− 35	—	—
33	50	—	—	—
34	4	20 +	—	—
35	17. 6	− 17. 6	—	—
36	5	—	—	—
37	20	10 +	—	1
38	17	83 +	—	4
39	9	− 9	—	—
40	20	− 20	20	—

注：在"承包/出租耕地"一栏中"－"表示出租土地，"＋"表示租入土地；"—"表示此项没有。

对表 3 – 5 进行分析可以发现，当前汉人新移民在经济上有以下几个方面的典型特征。一是牧业的比重显著降低，仅有 12 户从事牧业生产，占抽样户数的 30％。12 户中，仅有 4 户仍在养羊，4 户仅养 1 头牛。养 1 头牛的，多是为了满足家庭对奶制品的需求。养牛较多的 5 户是萨亚铁热克村重要的养殖户，为奶粉厂提供牛奶，并将之作为一项重要的经济来源；二是一些新移民已经完全脱离农牧业，约占抽样户数的 25％。具体又分为两种情况。第一种情况是，已经将经济重心转向了非农牧业，比如经商、务工或跑运输；第二种情况是，自已年龄偏大，而子女又已在非农产业就业，因此选择将土地承包出去，收取承包费。这种情况是村落空心化的表现，我将在后文中进行分析；三是48%的人耕种自家的承包地，仍以农业为中心，但兼营副业或周期性地外出务工；四是12.5%的人除了自己的承包地外，承包其他村民的土地耕种，以农业为主要的经济来源。这些数据表明，在经济生活上，汉人新移民内部已经开始分化，形成了多种路径。

表 3 - 6 老户儿家的经济情况（2016 年）

序号	耕地（亩）		牲畜	
	自有耕地	承包/出租耕地	羊（只）	牛（头）
1	9	- 9	10	—
2	22	20 +	—	3
3	8	30 +	30	—
4	67	- 80	—	—
5	50	- 3	—	—
6	100	—	—	—
7	20	—	20	2
8	5	—	5	—
9	10	- 10	—	—
10	12	—	20	2
11	30	—	—	—

注：在"承包/出租耕地"一栏中"-"表示出租土地，"+"表示租入土地；"—"表示此项没有。

表 3 - 6 是 11 户老户儿家的 2016 年的经济数据。大体来讲，趋势与汉人新移民一致。但是，老户儿家从事牧业生产的比例明显高于新移民，达到了 54.5%，而且以绵羊为主。为什么会存在这样的差异？原因可能来自三个方面：一是绝大部分留居红墩的老户儿家在包产到户时都分得了承包地，这为农牧并重的生计格局创造了条件；二是老户儿家与村内和周边村的哈萨克族村民关系更为亲密，可以找到比较

可靠和稳定的代牧人；三是因扎根阿尔泰山草原一百五十余年，已形成了以牛羊肉和乳制品为食物的饮食结构，生活中离不开牛羊。因此，即便是已经脱离农业生产（选择将地承包出去），但还是要适当兼营牧业。事实上，我们在经济数据调查时，对汉人新移民养猪的情况未做统计。但是，以我们的观察来看，养猪的家庭不少，而其饮食结构与祖籍地尚未形成明显的区分。

改革开放以来，生活在乡村的汉人移民的经济生活也发生了显著的变化，并在农业种植结构上表现得特别充分，是汉人移民适应市场经济及其变化的结果。在此，我们以老户儿家高氏四世孙高伟林的个案，来展现人们应对市场经济的策略。高伟林年少便从事农业，几十年来积累了丰富的农耕经验，可算是红墩的"农业专家"。不仅如此，他完整地经历了包产到户后历次红墩种植业结构的调整，并总是走在众人前面。下面，我们用较长的篇幅完整呈现种植业结构调整的进程。

1983 年土地承包时，我们家分了 40 亩地。1998 年，第二轮土地承包时退了四个人的地，父亲在 1990 年去世，妹妹出嫁，两个孩子上学。在 20 世纪 90 年代前，因为要给国家交粮食，绝大部分地都种麦子。1989 年后，我们家开始种油菜和高粱，既解决所需食用油，又可以到市场上销售获得一些收入。

1992 年，我到街上（阿勒泰市）卖清油，遇见一位外贸局的管理员。他问我种啥，我说种油菜。他说"油菜价格太低了，现在花芸豆的效益高，你敢不敢种"。我说"敢种"，他给了我种子。第一年我种了 15 亩，当年价格是 1.2 元/公斤，第二年就涨到了 2.5 元/公斤。花芸豆全部卖给了外贸局，经济效益比小麦好很多，成本也低。用这笔钱，我一次买了 20 多只羊，我们家的生活也开始好转。

花芸豆大概种到 1997 年，原因是太耗地力，不能连着种。我就开始倒茬，种些麦子、油菜、大葵，同一种作物的不同品种也需要在年度之间进行倒茬。比如麦子和玉米种 2 年，第三年就种油葵和花芸豆。当然，选择什么作物，主要还是经济因素，什么效益好就多种一些。我现在种了 40 多亩地，除了自己的 20 来亩外，承包了 3 队一位哈萨克族村民的地。我一次包了 10 年，一次性付完了 1.6 万元。

图 3-3 高伟林种植业结构的调整（1983—2016 年）

我们有了闲钱就慢慢添置一些牛、羊，因为自己有草、秸秆和葵花头，不需要买很多饲草。1983 年时，我们只有 2 头牛，5 只羊，到 1994 年就有了十几头牛和 50 多只羊。我将羊承包给牧业队的牧民，按照每年"四六分账"，即 50 只羊是不变的，下的羊羔按照"四六"分。去年，我一次卖掉了 20 多只羊，一只 800 多元，牛也卖了。但是，前段时间邻居家要处理 1 头牛，我又给买过来了。我们现在年纪大了，不太想干，牧业上尽可能少做一些。

1988 年时，我老婆开始养鸡，主要是自己吃。现在家里还有 70 来只鸡，每只鸡可以卖 100 来元。我们在后院中还种了蔬菜，全是大白菜，自己吃一部分，给周边邻居送一部分，再卖一部分。

显然，"混合经济"是高伟林一家的经济策略。与前面个案不同的是，这个个案揭示出了红墩汉人在进入市场经济后的主体性特征，即根据市场的变化调整种植结构。个案也说明，种植业结构的调整还基于人们对"作物——土壤"关系的认知，必要时通过倒茬来改善地力。因此，我们看到的是"理性的小农"，既注重市场效益，又避免对土地的过度利用。当然，高伟林是红墩汉人农民中的佼佼者，他精确地计算作物的效益和支出（详见表3-7），并为我们详细罗列了红墩不同作物的农事安排（详见表3-8）。

表3-7　　　　　红墩每亩农作物生产收支情况（2016年）

开支种类 作物种类	种子	化肥	人工	浇水	农药	纯收入
麦子	126元	70元	—	5个水，120元	14元	800元
油葵	60元	70元	150元	4个水，150元	13元	—
食葵	150元	100元	—	3个水，230元	13元	1200元
青贮玉米	100元	80—90元	—	4个水，300元	16元	600元

表3-8　　　　　　　红墩农民农事周期表（2016年）

时间	作物	小麦	油葵	花芸豆	食葵	青贮玉米	苞米	高粱
四月份	1—10天	翻地、播种	翻地、播种	—	—	—	—	—
	11—20天	打农药	打农药	翻地	翻地	翻地	翻地 底肥	翻地
	21—30天	浇一水	浇一水	播种 化肥	播种	播种	播种	播种
五月份	1—10天	浇二水	浇二水 化肥	打农药	打农药	打农药	打农药	打农药
	11—20天	浇三水	浇三水	—	—	—	—	—
	21—30天	浇四水、	浇四水	—	—	—	—	—
六月份	1—10天	浇五水	—	浇一水 化肥	—	—	—	—
	11—20天	—	—	浇二水	—	—	—	—
	21—30天	—	—	浇三水	—	—	化肥	—

续表

时间 \ 作物		小麦	油葵	花芸豆	食葵	青贮玉米	苞米	高粱
七月份	1—10天	—	—	浇四水	浇一水化肥	浇一水、追加肥	浇一水	浇一水
	11—20天	—	—		浇二水	浇二水	浇二水	浇二水
	21—30天	—	—		浇三水化肥	浇三水	浇三水	浇三水
八月份	1—10天	—	—	—	—	—	—	—
	11—20天	成熟收割	—	—	—	—	—	—
	21—30天	—	成熟收割	—	—	成熟收割	成熟收割	成熟收割
九月份	1—10天	—	—	成熟　收割	—	成熟收割	成熟收割	成熟收割
	11—20天	—	—	—	成熟收割	—	—	—
	21—30天	—	—	—	—	—	—	—
十月份		基本收割完成，可以往家里拉草料了，准备牲畜的冬草						
十一月份		上山的牛羊都回来了，可以准备将牛羊圈起来养了						

　　我们进一步对另外 14 户汉人移民的种植结构做了调查，发现绝大部分人选择种经济效益较高的食葵和油葵，但也多兼种一些打瓜、高粱、花芸豆和青贮（主要是苜蓿，用作饲草），详见表 3-9。

表 3-9　　　　　　　**红墩农民的种植结构（2016 年）**　　　　　　单位：亩

序号	耕种土地	葵花	油葵	玉米	打瓜	高粱	花芸豆	苜蓿	青贮
1	40+	20	—	10+	—	—	—	—	—

续表

序号	耕种土地	葵花	油葵	玉米	打瓜	高粱	花芸豆	苜蓿	青贮
2	50 +	20	30	—	—	—	—	—	—
3	18	—	18	—	—	—	—	—	—
4	104	40	—	—	—	—	—	—	—
5	50	—	—	—	47	—	—	—	—
6	93 +	81 +	—	—	—	12	—	—	—
7	30 +	20	—	—	—	—	10	—	—
8	20	17	3	—	—	—	—	—	—
9	5	—	—	—	—	5	—	—	—
10	16	—	—	—	—	16	—	—	—
11	20	—	20	—	—	—	—	—	—
12	16	—	16	—	—	—	—	—	—
13	24	—	—	—	—	20	—	—	—
14	40	20 +	—	—	—	9	10	—	—
15	100	60 +	—	—	—	23—24	—	—	5—6

注：数字后面加"＋"表明种地的规模略多于数字，"—"表示没有。

第三节　作为生存策略的"混合经济"

老户儿家与汉人新移民在很多方面都有差异，比如迁入时间、迁入过程、语言、社会关系和行为方式等等，但都选择了"混合经济"。对两者的混合经济进行比较便会发现，农牧并重是绝大部分家庭的选择，再与副业、手工业、商业或运输业进行组合。不同时期、不同群体在组合方式上各有特色，但"混合"始终是其最显著的特征，也是汉人适应边地生态环境、多族群社会体系和市场经济体系的重要策略。

克兰河谷提供了农业发展的基础，河谷草原、丘陵地带的荒漠草原提供了牧业发展的基础。这种宜农宜牧的资源条件在很大程度上形塑了汉人移民农牧并重的生计方式，也决定了在相当长一段时间内农牧业是汉人移民经济收入的主要来源。当然，在迁入克兰河谷之前，汉人移民的生计也是混合的，更多是农业和养殖业的组合。在迁入克兰河谷后，牧业的重要性很明显上升了，农业因受制于气候条件更多扮演着解决食物需求和为牧业提供支撑的角色。如本章所示，不管是老户儿家，还是汉人新移民，经济条件较好的家庭往往选择农业和牧业共同发展，相互补充，相互支持。与迁出地相比，在农作物和饲养牲畜的选择上会出现显著变化，比如猪更多为牛羊所取代，更多选择种植耐寒作物等等。

　　"混合经济"也是适应多族群体系的策略。老户儿家能够在克兰河谷生存下来，汉人新移民能够为阿勒泰地区所接纳，很重要的原因是当地急需发展农业以解决粮食供应问题。显然，农业与哈萨克族、蒙古族游牧民的生计之间有很好的互补性。事实上，汉人移民没有融入游牧民中，或选择以游牧为主要的生计方式，也是因为农业可以发挥他们的优势，并利于生存和发展。汉人新移民的生计方式更为多样，但不管是公社化时期，还是改革开放以后，他们进入的领域往往也是哈萨克族与蒙古族牧民不擅长且有需求的领域。简言之，汉人移民的生计非但未与哈萨克族和蒙古族牧民的生计形成竞争，反倒是为这些牧民提供了必要的补充和支持，并为地区经济的发展做出了重要贡献。

　　"混合经济"绝非一成不变，它总是根据家庭的需求、体制和市场的变化、家庭的实际情况而变化。在市场体系不成熟时，或是在一些生产生活必需品无法通过交换而获得时，"安全第一"是生计组成的首要原则。因此，人们在农业上总是粮食作物、油料作物和饲料作物的组合，在牧业上总是以家庭对肉、乳、出行、畜力的需求为中心进行安排。一旦市场体系发育成熟，他们便将精力转向高收益的经济作物、副业、商业或运输业上。即便如此，人们还是尽可能避免通过交换获得所有生产生活所需，在家庭经济中为农业和牧业保留了一定空间。因此，这些进入边地的汉人移民是理性的"小农"，策略性地选择生计模式，以家庭为中心构建混合经济，以在变动的世界中求得生存和发展。

　　汉人社会传统的生计模式和策略也是形成混合经济重要因素。随着人群的迁移，农作技术、副业、手工业、商业和务工等汉人社会经济体系中的重要组成部分也被带到了阿尔泰山草原，并成为汉人移民在阿尔泰山草原重组生计模式和发展经济的资本。

第四章　老户儿家的婚姻与社会关系网

　　与宗亲组织相对弱小的角色成对照，村民把姻亲纽带看得很重。在诸如婚事、寿诞及房建等的重要庆典中，姻亲被当作贵宾看待。而且在这些场合中，对姻亲的颂扬往往遮蔽了对宗亲的热情（应该指出，葬礼是由宗亲观念主导的）。日常生活中的相互扶助、农业生产或买卖中的长期合作以及政治联盟，更经常是基于姻亲而非宗亲。①

——阎云翔

　　在边地汉人社会的研究中，台湾是一个重要的关注区域。台湾汉人社会的研究表明，宗族的出现是汉人社会第二阶段之特征，而在台湾早期开发的阶段是以地缘关系为主来整合社会。② 李亦园先生明确指出"早期的移民都是零星渡台，很少有举族而迁的，所以他们无法利用固有的宗族或氏族以达成目的，只好借同乡同村的关系作为组织的根据，而原来同一方言或同一地域所共同供奉的神就很自然地被用作团结整合的象征"。③ 黄树民对大甲地区汉人社会的研究表明，早期移民社会的整合机制还有其他可能，或者是多种关系在边地情境中

---

　　① ［美］阎云翔：《礼物的流动：一个中国村庄中的互惠原则与社会网络》，李放春、刘瑜译，上海人民出版社 2017 年版，第 46—48 页。
　　② 庄英章：《台湾宗族组织的形成及其特性》，载李亦园、杨国枢、文崇一编《现代化与中国化论集》，桂冠图书股份有限公司 1985 年版，第 36 页。
　　③ 李亦园：《李亦园自选集》，上海教育出版社 2002 年版，第 201 页。

交织的结果。他说"社会团体的组成，并非建立于血缘关系之上，而是基于其他的各种关系，包括对祖籍的认同、住居社区的组合、宗教仪式的参与，及对共同目标或利益之追求"①。

台湾汉人社会进入第二阶段后，十分重要的宗族组织在内蒙古和东北的汉人移民社会中却不常见。闫天灵在近代内蒙古汉人移民社会的研究中发现，塞外汉人移民多是灾荒或战乱背景下的被动迁移，整族迁移的不多。移出区——华北、西北地区，家族势力也无法与南方闽越地区相比。因此，塞外许多村子都是四面八方的移民组合起来的，村落多为杂姓，强宗豪族形不成气候，各地很少有规模宏大的祠堂。塞外主要位置的社会组合是地缘性的同乡组合。② 阎云翔在下岬村发现，许多村民是靠姻亲而非族亲联系在一起的。这里的汉人由于没有发达的宗亲可以依靠，转而积极地编织或营构一种姻亲、屯亲和其他社会关系网络作为生存资源，显示出变通性的生存智慧。③ 大体来看，红墩老户儿家汉人的社会组织形态与塞外、东北汉人移民的社会组织形态颇为相像。

总之，移入边地的汉人总是要找到或建构出一套整合社会的机制。这套机制的基础可能是宗亲关系、地缘关系，也可能是其他关系。本章探讨红墩老户儿家这个移民社会早期的整合问题。我将说明，婚姻交换如何具有构建地域社会的价值，并如何为老户儿家这个共同体提供了整合机制。

第一节　复杂多样的婚姻形式

在梳理老户儿家的族谱时，我们对该群体婚姻形式做了分析。分析发现，不仅同时存在着族内婚与族外婚两种形式，还存在着姑舅表

① 黄树民：《从早期大甲地区的开拓看台湾汉人社会组织的发展》，载李亦园、乔建编《中国的民族社会与文化：芮逸夫教授八十寿庆论文集》，食货出版社1981年版，第36页。
② 闫天灵：《汉族移民与近代蒙古社会变迁研究》，民族出版社2004年版，第162—163页。
③ 杜靖：《作为概念的村庄与村庄的概念——汉人村庄研究评述》，《民族研究》2011年第2期。

优先婚、夫兄弟婚、妻姐妹婚、换婚和"抢寡妇"等各种不太常见的婚姻形式。复杂多样的婚姻形式共存于一个小群体内并不常见，下面逐一对这些婚姻形式进行分析。

一 群体内婚

克兰河谷为"老户儿家"提供了安身之地，但又为老户儿家提出了新的挑战。克兰河谷地处阿尔泰山草原腹地，是一个以哈萨克游牧民为主的"地方世界"。老户儿家周边缺少在东天山和天山北路普遍存在的汉人聚落，因此，婚姻成了难题。各姓氏的族谱显示，中华人民共和国成立前，老户儿家内部各姓氏之间频繁联姻，"群体内婚"现象十分突出。

曹氏是最早迁居红墩的家族之一，在第二代到第四代，先后与老户儿家中 12 个姓氏通婚。曹氏第二代永德从尤氏中娶妻，生育五子三女。到第三代便从高氏、胡氏、章氏和刘氏（少岚）中娶妻，并将女儿嫁给李氏（宝云）。到第四代，曹氏子孙众多，有七子四女，从尤氏、杨氏（福喜）、章氏、赖氏、赫氏、罗氏中娶妻，将女儿嫁给孙氏、赵氏、李氏（宝云）。①

从婚姻交换的角度来看，曹氏的婚姻交换很难用列维·斯特劳斯在《亲属关系的基本结构》一书中所指的限定交换和一般交换来分析。所谓限定交换（Restricted Exchange），指两个集团之间直接交换女性；所谓一般交换（Generalized Exchange），指女性在集团之间只沿着一定方向移动，即所谓的"环形婚"。② 曹氏的婚姻交换更多类

---

① 按照曹忠贤的说法，李宝云应该是当时街上（承化县）的一个中医。他的大姑奶奶嫁给李宝云后，生了两个孩子后去世，二姑奶奶又嫁过去生了几个儿子，他们的女儿都嫁给了街上的有钱人。

② 列维·斯特劳斯关于婚姻交换的研究是其关于亲属关系，更进一步讲是其关于"结构"的概念探讨的发端领域。在他看来，婚姻的规则属于交换问题，不同社会的婚姻制度可以看作是一个共同的基本逻辑结构的聚合转换。"妇女交换"是"礼品交换"系统中的一个系统——同样遵循互惠原则，而"妇女交换之外的物品交换"则是另一个系统。在交换妇女的情况中，因为由这种交换所象征的关系同时又是物的交换形成的。列维·斯特劳斯区分了"限定交换"

似于朱丙祥在摩哈苴彝村中发现的"散点交换"。所谓"散点交换"，是指在一定的地域范围之内，各婚姻集团之间有一种非定向的、非选择性的婚姻交换关系。它区别于定向的、有选择性的"限定交换"和"一般交换"关系。①如图 4 - 1 所示，不管是娶妻，还是嫁女，特定

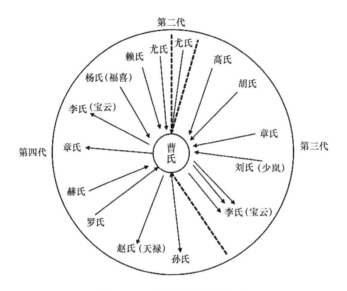

图 4 - 1　曹氏婚姻交换关系

与"一般交换"两种形式。"限定交换"与被称作"姐妹交换"的模式是相对应的，这种婚姻惯例一旦得到确立，便会对 A 集团和 B 集团之间联系的永久性发生影响。例如，如果交换是相互间直接进行的，即 A 男性总是和 B 男性交换姊妹，那么，这种婚姻规则就可能是娶舅舅的女儿或姑姑的女儿的对等优先婚——因为要抵消上一代发生的女性接受，恢复均衡。"一般交换"是多个群体间女性的交换，即女性都是"A—D—C—B—A"单方向接受的。"限定交换"是一种对称结构，所有直接相互交换姊妹的方式都属于这一核心范畴。但是，对称结构是不稳定的，不对称结构才是稳定的。因此，"限定交换"的对称制度，为产生"一般交换"的不对称制度提供了基础。一旦转向"一般交换"，男人把姊妹嫁到某集团中去的时候，他是否能从别的集团娶来妻子，是有风险的。这样，以前只有一个兄弟的地方，现在有了两个——政治联盟扩大了，但风险也更大了。这种不对等的婚姻安排，就是许可交表婚而禁止其他婚的婚姻规则。参见 [英]埃德蒙·利奇《列维·斯特劳斯》，王庆仁译，生活·读书·新知三联书店 1985 年版，第 123—130 页；[日]渡边公三：《列维 - 斯特劳斯——结构》，周维弘等译，河北教育出版社 2002 年版，第 87—97 页；[法]迪迪埃·埃里蓬：《今夕纵横谈——克劳德·列维 - 斯特劳斯传》，袁文强译，北京大学出版社 1997 年版，第 136 页。

　① 朱炳祥：《继嗣与交换：地域社会的构成——对摩哈苴彝村的历史人类学分析》，《民族研究》2004 年第 6 期。

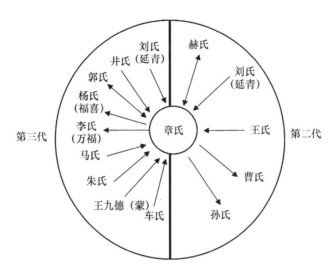

图 4-2 章氏婚姻交换关系

姓氏之间的定向和选择性关系并不显著。

曹氏在老户儿家中算是"大户"，迁入时间早，人口多，其婚姻交换在老户儿家中很有典型性。在此，我们再对章氏的婚姻交换进行分析。与曹氏相比，章氏先祖到红墩的时间晚了十余年，家族人口在老户儿家中处于中间水平。章氏第二代有三子二女，从赫氏、刘氏（延青）、王氏中娶妻，将女儿嫁给赫氏、曹氏和孙氏。其中，幼女先嫁赫长富，长富卒，改嫁孙氏光富。章氏第三代有9子6女，从老户儿家中的朱氏、马氏、郭氏、井（曹）氏、刘氏中和周边散户车氏、王氏（九德，蒙古）中娶妻，将女儿嫁给李氏、杨氏（福喜）和郭氏。两代人中，章氏分别与13个姓氏联姻。

不仅是人口较多的姓氏以"散点交换"为主，人口较少的姓氏也是如此。以罗氏为例，第二代罗云妻子罗氏（具体信息不详），生育一子二女。第三代分别与恽氏、赵氏（国栋）和一无名氏通婚。

对曹氏和章氏婚姻交换做进一步分析变化发现，老户儿家中一些姓氏间的婚姻交换可能更为频繁。首先，两个姓氏之间的"限定交换"现象部分地存在。曹氏第三代光贵从章氏中娶妻，光贵卒，其弟光有娶其嫂。到第四代，曹氏中的瑞兰①嫁给章氏第三代维杰。曹氏第四代长子恩登从孙氏娶妻，其长妹嫁给孙氏第三代光富。同样是恩登，第一任妻子孙氏卒后，从赵氏（光荣）中娶妻，其幼妹嫁给了赵光荣。换言之，在曹氏与章氏之间存在跨代际女性的直接交换，在曹氏与孙氏之间存在同代女性的直接交换。章氏与赫氏、章氏与郭氏都属于同代女性直接交换；其次，一些姓氏之间存在多次联姻的情况。比如，曹氏第二代永德从尤氏中娶妻，第四代恩坡又从尤氏中娶尤雁芳为妻。

综上，群体内婚是老户儿家主要的婚姻形式，而从婚姻交换的角度来看又主要是"散点交换"。应该如何解释这两种现象呢？首先，老户儿家汉人是一个很小的群体，嵌入游牧民为主的地方世界中，远离东天山和天山北路等地的汉人聚居区，通婚范围相对狭窄。因此，尽管在一些姓氏之间存在"限定交换"，但人们还是尽可能地选择不同姓氏进行联姻。这在曹氏和章氏的婚姻交换中都有所体现。曹氏第三代和第四代婚姻交换的姓氏中，仅章氏和李氏（宝康）重复。章氏第二代和第三代婚姻交换中，仅刘氏（延青）重复；其次，老户儿家祖籍地各异，同姓不同宗比较普遍，这为群体内婚创造了条件。换言之，可以在一定程度上避免两个姓氏之间频繁联姻的情况。从曹氏和章氏的婚姻交换来看，在同代或跨代之间最多联姻两次。因此，选择群体内婚更多是无奈之举，而婚姻交换以"散点交换"为主要形式则是避免联姻过于频繁造成血缘关系过近的婚姻交换策略。

二 族外婚

显然，因群体规模小，婚姻资源紧张，老户儿家中总是有男性婚姻困难。如前所述，在克兰河谷周边还生活着哈萨克、蒙古、维吾尔和回等民族的居民，事实上在中华人民共和国成立前还有一部分俄罗斯族、锡伯族的居民。因此，在其他族群中寻求配偶便成为在群体内找配偶困

① 瑞兰乃是曹氏第三代幼子光荣之幼女。在老户儿家中，井氏一族在第三代无后，曹永德将幼子光荣过继给井氏，改名井玉荣。在统计曹氏婚姻交换时，我们将井玉荣及其后人仍纳入曹氏一族中计算。

难的男子的一种选择。老户儿家第二代到第四代，族外婚共有 25 例。

在 25 例族外婚的个案中，仅有 2 例为汉人女子嫁给蒙古族和哈萨克族男子。李氏（德福）祖籍甘肃，先辈情况不明。中华人民共和国成立前，李氏（德福）有一子，名德福，其前妻姓氏不明，未有生育，收养 1 女，名叫月英。前妻在 20 世纪 50 年代病故，德福续博肯布拉克村蒙古族姑娘散阔翁为妻。月英长大后，嫁给博肯布拉克村的蒙古族小伙子旦布西为妻，婚后在汗德尕特蒙古民族乡生活。另有王氏（守孝），祖籍地和迁入阿山的时间等俱不清楚。据传，守孝病故后，其妻改嫁哈萨克族牧民阿特萨依。守孝有一女，后也与哈萨克族男子成婚。分析这两个案例，李氏（德福）与王氏（守孝）在老户儿家中应都属于"小户"，人丁少，家境不富裕。另外，李氏（德福）养女和王氏（守孝）女儿嫁给蒙古族和哈萨克族男子，应是受到了母亲族外婚之影响。

表 4-1　　　　　　　　老户儿家族外婚情况（初婚）

家族	男性姓名	男性出生日期	妻子
刘氏（少岚）	少岚	1904 年	沙玛（蒙，图瓦人）
孙氏	光才	1910 年	一位蒙古族妻子
	光跃	1912 年	安力蒙（蒙）
吴氏（公福）	明山	1936 年	锲布克，蒙古族
王氏（和谿）	和谿	20 世纪初	托胡特乎（不详）
	张生贵（王和谿收养的孙子）	1936 年	童古力克（蒙）
李氏（生昌）	李生昌	—	赛仁（蒙）
恽氏	恽守忠	1908 年	察罕（蒙）
	恽守孝	1909 年	方莺歌（锡伯）
	恽守福	1920 年	吉吉延（蒙）
胡氏	胡强	1891 年	蒙古族妻子（情况不详）
高氏（福寿）	高福寿	1918 年	藏登（蒙）
尤氏	尤光华	1889 年	索斯尔（蒙）
李毓智	李氏（宝康）	1921 年	方八哥（锡伯）
雷氏	风亭	—	哈萨克族

另外 23 例族外婚皆是汉族男子娶少数民族女子，又具体分为两种情况。

第一种情况是初婚即娶他族女子，有 15 例。如表 4-1 所示，所有初婚为族外婚的案例都发生在 20 世纪 40 年代前，大体与老户儿家第三代成婚时间相对应。这反映出，随着老户儿家人口的增多，男子婚姻的压力开始增大，群体内婚已不足以解决婚配问题。进一步分析发现，除了孙氏和恽氏外，初婚选择族外婚的多半是人丁少、家境不富裕的小户人家。这说明，老户儿家中在婚姻交换中存在不对等的现象，即"小户"在群体内寻找配偶的压力更大。另外，族外婚主要对象是蒙古族，仅有 2 例娶的是锡伯族，1 例娶的是哈萨克族。锡伯族村民在语言、习俗、信仰等方面与汉人差异较小，因此不具备典型性。选择蒙古族通婚，有两方面的因素。一是汉人与蒙古族人之间的文化边界（主要是信仰）较弱，通婚的阻力较小。尽管蒙古族人信奉藏传佛教，但在老户儿家看来与自己"信一个教"——佛教，在生活方式上（主要指饮食禁忌）没有大的差异。加之老户儿家多懂蒙古语，在语言交流上障碍较小；二是汉人比较能吃苦，善于经营，蒙古族女子多愿嫁给汉族男子。至于雷风亭取哈萨克族为妻，应属特例。据说，雷氏一直同少数民族一起生活，生活习俗等同"民族"一样。

表 4-2 　　　　　　　　老户儿家续弦的情况

家庭	男性	男性出生日期	第一任妻子	续
吴氏	公福	1896	杨氏（哪一个杨氏不清）	麦沙（蒙）
恽氏	守孝	1909	方莺歌	燕吉甫（蒙）
	守福	1920	吉吉延（蒙古族）	冬花子（蒙） 多尔吉（蒙）
李氏（德福）	德福	—	李氏（哪一个李氏不清）	散阔翁（蒙）
郑氏（立文）	立文	1921	姓名不清	胡秀英（母亲为蒙古族）
曹氏	光富	1814	高氏	胡氏（蒙）

续表

家庭	男性	男性出生日期	第一任妻子	续
章氏	维俊	1914	车氏	王九德（蒙）
刘氏（延青）	毓连	1895	武氏	哈里木汗（哈）
赵氏	赵义	—	—	姓名不清（蒙）
雷氏	风亭	—	哈萨克族	姓名不清（蒙）

第二种情况是第一任去世后，续他族女子为妻，有11例。如表4-2所示，续弦主要发生在第二代和第三代，多续蒙古族女子为妻。与初婚不同，续他族女子为妻的姓氏中，也出现了人丁多、家境富裕的"大户"。比如，曹氏第三代光富先娶高氏为妻，妻死后续胡氏为妻。然而，也应注意大户与小户在续弦上的差异，曹氏、章氏和孙氏仍多续汉族女子为妻。事实上，光富所续胡氏、维俊所续的王九德只有一半的血统是蒙古族，即她们的母亲是蒙古族人。老户儿家对每一户的"血统"都是明晰的，在与蒙古族融合较深的同时又保持着明确的族群意识。

与群体内婚相比，族外婚的比重相对较低，且多倾向于蒙古族。马戎指出"在族际通婚当中人们是有'种族选择'或'族群选择'的。不管人们是否公开承认，人们在选择或者为其子女选择配偶时在对方的'族群背景'方面存在着一个明确或模糊的'排序'"。[1] 老户儿家在婚姻选择上的排序应是十分明确的，按照"汉—蒙—哈"的顺序进行选择。对族际通婚及其在族群关系的价值，我将在"族群关系"一章中进行分析。就老户儿家的个案来看，族外婚显然是为了弥补群体内婚姻资源特别是女性资源不足的问题，降低群体内联姻的频率和强度，保障不同姓氏和老户儿家群体的人口与社会再生产而采取的一种适应性策略。

---

① 马戎：《民族社会学——社会学的族群关系研究》，北京大学出版社2004年版，第440页。

三 其他婚姻形式

我们已就老户儿家通婚的范围作了分析，下面进一步对在该群体中比较突出的几种婚姻形式进行探讨。

姑舅表优先婚

已有人类学研究表明，婚姻是与"交换"的行为联系在一起的，不仅是财富的赠予和交换，更重要的是女性。在马文·哈里斯看来"一个家族团体把它的女子嫁了出去，总是希望换回物质财富或换回另一个女子"。[①] 在许多单系继嗣的社会中，人们的结婚对象必须是交表亲，或是来自同一个继嗣群体但被视为交表亲的人。[②] 这种婚姻被称为母方交表兄弟姐妹婚姻（matrilateral cross-cousin marriage），指一个男子娶妻母亲兄弟的女儿，或者一个女子嫁给其父亲姐妹的儿子（交表兄弟姐妹是指母亲兄弟的儿女或父亲姐妹的儿女）。[③] 在单系继嗣的社会中，此种姑舅表兄弟姐妹婚姻是优先的婚姻形式。

费孝通认为这是内婚制的一种变相。他指出，表亲就是在单系组成的氏族之外的姻亲。姻亲并不进入实际需要的合作事业。于是表亲就有了一种特别适宜于成为配偶的条件了。他们在生活习惯上是相近的，但在社会结构上却处于外围。姻亲关系上再加上婚姻关系并不冲突。这就是所谓的"亲上加亲"。[④] 许烺光大理喜洲的研究表明，姑舅表优先婚是在喜洲人中备受推崇的表亲婚。[⑤]

红墩老户儿家中，几乎家族人口相对较多的姓氏在第二代到第四

---

① ［美］马文·哈里斯：《文化人类学》，李培茱、高地译，东方出版社1988年版，第152页。

② ［美］康拉德·菲利普·科塔克：《文化人类学：欣赏文化差异（第14版）》，周云水译，中国人民大学出版社2012年版，第290页。

③ ［美］威廉·W.哈维兰：《文化人类学（第十版）》，瞿铁朋、张钰译，上海社会科学院出版社2006年版，第251页。

④ 费孝通：《生育制度》，群言出版社2016年版，第66页。

⑤ 许烺光：《祖荫下：中国乡村的亲属、人格与社会流动》，王芃、徐隆德译，南天书局2001年版，第82页。

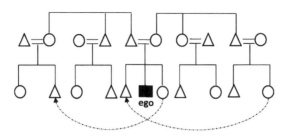

图 4 – 3　姑舅表优先婚示意图

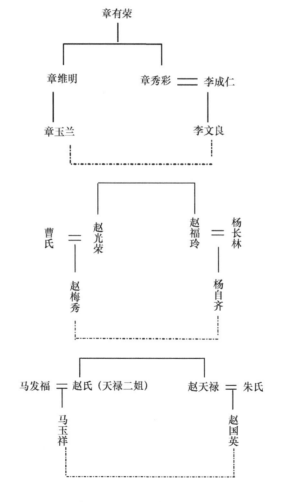

图 4 – 4　老户儿家中姑舅表优先婚的情况（三例）

代都出现了姑舅表优先婚。曹氏第二代永德长女嫁给李宝云为妻，生下一子，名叫李毓建。李毓建成年后娶永德次子光贵幼女秀英为妻。马氏（发福）娶赵天禄的二姐为妻，育四子三女，次子玉祥娶天禄幼女赵国英为妻。章氏第二代有荣娶赫氏为妻，赫氏卒，续冯氏为妻，共有四子四女。次子维明仅有1女名玉兰，嫁给有荣长女秀彩（维明的姐妹）与李成仁之子李文良。以上信息说明，在老户儿家中姑舅表婚姻应是一种常见的形式。

许烺光指出，还存在一种变相的表亲婚姻。同一宗族中，姐妹二人或堂姐妹二人常常与兄弟二人或堂兄弟二人进行婚配。他认为，这种婚配形式与姑舅表优先婚的婚配形式相同。① 老户儿家中有2例此类婚姻。曹氏第二代永德的长女、次女嫁给李宝云（妻姐妹婚，详见下文），幼女嫁给李宝云的弟弟李贵。曹氏后人对李宝云与李贵的关系并不十分肯定，但从李宝云和李贵男性子嗣都属"毓"字辈来看，兄弟关系应该不假。恽氏第三代守吉、守财分别与仲芝芳和仲芝兰结婚，芝芳为妹，芝兰为姐。恽氏族谱中明确记录"仲芝芳，1930年9月7日生，1942年随其姐姐恽芝兰来阿山红墩区，后与恽守吉结为夫妇"。

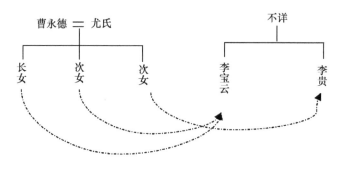

图4-5　表亲婚的另一形态

---

① 许烺光：《祖荫下：中国乡村的亲属、人格与社会流动》，王芃、徐隆德译，南天书局2001年版，第81页。

夫兄弟婚与妻姐妹婚

所谓夫兄弟婚（levirate）是指，如果丈夫去世了，留下妻子和女儿，这个妻子就与已故丈夫的兄弟之一结婚。所谓妻姐妹婚是指，一个男子与其已故妻子的姐妹结婚。哈维兰对这两种婚姻形式的功能做了解释。在他看来，夫兄弟婚不仅为寡妇及其儿女提供了社会保障，而且也是这个丈夫的家族维护对于她的性权利和对于她未来儿女权利的一种方法。它的作用在于保持先前已经确立的关系。妻姐妹婚（sororate）从本质上说，"嫁妻"的家庭给"娶妻"的家庭提供了另一个配偶来代替死者的位置。在存在夫兄弟婚与妻姐妹婚的社会中，两个家庭的关系即使在一方配偶死后仍可保持下去。[1]

在汉人社会中，妻姐妹婚被称为"续亲"，通常受到鼓励。两姐妹的母亲会鼓励妹妹嫁给姐夫，这样，死去的姐姐留下的孩子会得到更好的照顾。夫兄弟婚通常被称为"收继婚"，也称为"转房婚"、"接续婚"。对这种婚姻的允许与否，汉人社会中存在地域差异。比如，在山西、湖北的一些地方是被允许的，但在张帆调查的华北高村则被认为是不道德的婚姻形式。[2] 薛宗正对清末民国新疆汉人婚俗的研究中曾提到，由于新疆男女比例失调，不少大龄男性找不到配偶，有收继婚的习俗。收继婚在关内地区被严格禁止，但在贫穷的汉人聚居的陋乡、小镇却已为习俗所认可。[3] 在老户儿家中，出现了一例夫兄弟婚，和一例妻姐妹婚，而且都出现在曹氏家族第三代中，族谱中对此作了记录。

曹光贵，生于 1897 年，于 1921 年（民国十年六月十三日）

---

① ［美］威廉·W.哈维兰：《文化人类学（第十版）》，瞿铁朋、张钰译，上海社会科学院出版社 2006 年版，第 228 页。

② 张帆：《血浓于水——华北高村汉族的亲属制度》，云南人民出版社 2009 年版，第 80 页。

③ 薛宗正：《汉族》，新疆美术摄影出版社 1996 年版，第 73 页。

在狙击白俄窜匪入侵阿山的战斗中身亡。其配偶曹章氏（红墩章家的女儿）生育二个男孩，一个女孩。以后按照封建婚俗改嫁给小叔子曹光有。曹光有，生于1893年11月14日，与配曹章氏生有二个男孩。

曹永德的大女儿曹××同李宝云结婚（李曹氏），因病去世。生有一个男孩即乳名金鼎，学名李毓建（1943年6—7月间赴乌鲁木齐途中经塔城地区老风口时遇难）。曹永德的二女儿曹××又同李宝云结婚（大女儿去世后，李宝云按封建风俗与妻妹结了婚），于1967年在布尔津县病故，生有四个男孩，四个女孩。

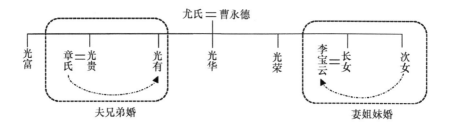

图4-6　曹氏第三代的夫兄弟婚与妻姐妹婚

换婚

换婚（exchange marriage）指一自己之女或姐妹为对方之子或弟兄之妻，换娶对方之女或姐妹为自己之子或弟兄之妻的婚姻，俗称"姑换嫂"。① 在汉人社会中，换婚并不常见，通常只是贫困家庭为"节省娶儿媳妇的开支"所采取的一种策略，或是如韦斯特马克所说"似乎有这样一个重要因素，就是娶亲异常困难"。② 在大理喜洲，任何形式的"换亲"，如一家中的兄妹二人（或堂兄妹二人）与另一家的兄妹二人（或堂兄妹二人）联姻也是遭到禁止的。许烺光指出，若换亲的婚姻持续一代以上，那么势必形成那种不被允许的表亲联姻

---

① 徐开墅：《民商法辞典（增订版）》，上海人民出版社2004年版，第528页。
② ［芬兰］韦斯特马克：《人类婚姻简史》，李彬译，商务印书馆1992年版，第105页。

（平表婚）。①

在老户儿家中第二代到第四代，"换婚"相当普遍。曹氏第四代长子光富有二子二女，长子恩登从孙氏娶妻，长女嫁给孙光富。章氏第二代有三子二女，长子有荣从赫氏娶妻，幼女嫁给赫长富。赵氏（光荣）第二代长子光荣从曹氏娶妻，长女嫁给曹恩登（恩登在第一任妻子孙氏过世后，续赵氏为妻）。马氏（发福）第二代长子娶朱氏为妻，次女玉英嫁给朱来寿。需要注意的是，曹氏、孙氏、章氏、赵氏（光荣）、马氏（发福）在老户儿家中皆是大户，人丁多，家境好。这意味着，"换婚"并非出现在相对贫困户中。因此，"节约娶儿媳的开支"的假设看来在老户儿家中并不适用，而"娶亲异常困难"才是主因。老户儿家的婚姻圈异常狭小，这导致娶妻困难具有了普遍性。大户多采取"换婚"的形式，旨在通过女性的交换化解娶妻难的困境。

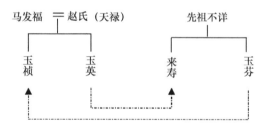

图 4-7 换婚的基本形态（马氏与朱氏）

"抢寡妇"

在老户儿家中，再婚的比例很高。不仅比例高，还盛传名为"抢寡妇"的行为，而且寡妇再嫁的往往是未婚男性。"抢寡妇"这种婚姻形式旧时又叫"抢亲"。所谓"抢"应该看成是强人所难，但旧时抢寡妇强人所难的还是少数，大部分是经过实现暗中串通，经人撮合

---

① 许烺光：《祖荫下：中国乡村的亲属、人格与社会流动》，王芃、徐隆德译，南天书局2001 年版，第 84 页。

以后"抢"而得之。① 在红墩，所谓"抢"无非是描述因婚姻资源紧张，女子守寡后，其他家庭未婚的大龄男子抢先给夫家下聘礼的现象，实为"娶"。老户儿家中，谈论最多的是高正清夫人王环环被"抢"的案例，高正清的孙子高新民这样说：

> 我的爷爷是高正清，奶奶叫王环环，生有二子二女。爷爷去世后，刘乡约（毓连）家先要抢奶奶，刘毓连的弟弟据说有点残疾。刘家有钱，但我父亲和二叔都不愿意，被刘家抢过去后，他们又把奶奶抢了回来。在那个年代，红墩这边的习俗就是寡妇不能放在手里，事实上也留不住，因为男的多，女的少。据说，只要娃娃没有意见，就可以直接把寡妇带走，但必须帮着把寡妇的孩子抚养长大。父亲和二叔将奶奶抢回来后，就让奶奶改嫁给了祖籍山西的刘义娃子（单身汉）。奶奶在这个刘家生了二子二女。刘义娃子什么时候死的不知道，但 20 世纪40 年代奶奶再次改嫁给朱家（朱世荣），生了一位女儿叫朱玉芳。

刘义娃子与王环环的女儿刘美兰（80 岁）也谈到了母亲再嫁的情况，其叙述与高新民的基本一致。

> 寡妇家里不敢呆，都会被抢走。乡约（刘毓连）就想抢走母亲，二哥高福禄比较厉害，抢了回来。后来，二哥他们想还是先走一步，嫁了以后，就没有那么多事情。改嫁给我父亲，生了我们四兄妹。父亲死后，又改嫁到朱家。母亲跟过 3 个男人，生下的孩子以兄妹相称，彼此关系很好。要不是高家的哥哥将我养大，我也不会有今天。

---

① 《王乐井乡志》编委会编：《王乐井乡志》，宁夏人民出版社 2015 年版，第 516 页。

表 4 - 3　　　　　　　　　　老户儿家中寡妇再嫁的情况

再婚女子		第一任丈夫	第二任丈夫	时期
姓名	家族	姓名	姓名	
不详	不详	刘少清（少岚）	赵义（生辉）	20 世纪 30—40 年代
刘玉莲	刘氏（少岚）	曹光华	郭登明	1925 年
汪玉珍	不详	高明学	谢玉亭	20 世纪初之前
罗金花	罗氏	曹恩寿	赵国栋（天禄）	20 世纪 30 年代
马玉英	马氏	朱来寿	刘毓连（延清）	1947 年
王永孝之妻	—	王永孝	阿萨依（哈）	—
章××	章氏	赫长富	孙光富	—

　　除了王环环再嫁的例子外，老户儿家族谱中还记录了另外 7 个案例，涉及包括刘氏（少岚）、赵氏（生辉）、曹氏、章氏等多个姓氏，详见表 4 - 3。与许烺光调查的大理喜洲相同，寡妇的再婚率比较高，不同的是寡妇并非不能嫁给没有结过婚的男人。[①] 这些信息说明，因通婚异常困难，寡妇再嫁在老户儿家中相当普遍，不为人们所歧视，事实上成为为"续香火"而采取的一种婚姻策略。郭松义指出，由于新疆这样新开发之地性别比例严重失调，导致婚姻资源稀缺，从而使妇女的地位相对较高。[②] 贾建飞发现，清乾嘉道时期，寡妇亦往往受到单身男性的青睐，有时甚至几个人争娶一个人。而寡妇们也可以不拘伦理行事，再嫁较为常见，很少受到歧视。[③]

　　大体来说，所谓"抢"无非是形容婚姻资源竞争的激烈程度。寡妇再嫁有一套程序，要征得女子本人的同意，要征求夫家的意见，还必须有人扮演媒人的角色。曹忠贤以曹家第四代两例寡妇再嫁的例子，对这一过程做了描述。

---

　　① 许烺光：《祖荫下：中国乡村的亲属、人格与社会流动》，王芃、徐隆德译，南天书局 2001 年版，第 104 页。

　　② 郭松义：《伦理与生活——清代的婚姻关系》，商务印书馆 2000 年版，第 12 页。

　　③ 贾建飞：《清乾嘉道时期新疆的内地移民社会》，社会科学文献出版社 2012 年版，第 167 页。

有的男人年纪大了找不到老婆，就只有找寡妇。即便如此，还是要找人去说（媒）。就是要去说服夫家，说"媳妇一直'做寡'不好，×××娶不上老婆，是不是他们两个人可以成为一家人"。我们曹家就有这样的事情啊，郭凯的父亲娶的就是曹家老三的媳妇(曹光华的妻子刘氏——刘少清的妹妹，笔者加)。曹家老三因病去世了，媳妇就"做寡"了，但是没有生育过。有个姓赵（国栋）的，年纪大了找不到老婆。就经人说，只要女方同意，家人没意见，直接就娶走了。要先做老人的工作，再找人做女方的工作，因为女方还年轻嘛。赵家娶曹家的寡妇没有要彩礼，就过来娶人了，我们家还做了饭招待对方。

入赘

老户儿家中，赵氏（光荣）有1例入赘婚，但情况很特殊。光荣次子学诚，本与高福寿长女秀兰结婚，生育一子七女（可能成活三个）。1948年，学诚被抓去当兵，剩下三个年幼的遗孤。赵氏族谱记载，学诚一家孤儿寡母，居无定所，身无御寒衣，家无隔夜粮。此时，天津老乡周鸿泰（赵氏祖籍天津杨柳青）从中撮合甘肃籍外来人王兆寿"倒插门"到赵家。学诚妻子高秀兰2001年病故，王兆寿1981年病故。

从老户儿家所采取的婚姻形式来看，除了姑舅表优先婚在其他汉人社会中也比较推崇外，夫兄弟婚、妻姐妹婚、换婚和"抢寡妇"都不是常见形式，为何在老户儿家中比较普遍呢？根本上讲，这是因为老户儿家长期远离其他汉人群体，群体规模小，为应对婚姻资源紧张而采取的适应性策略。这些特殊的婚姻形式主要出现在第二代到第四代之间，大体为19世纪末到20世纪中期。20世纪60年代后，随着新移民的进入，婚姻资源充裕，这些婚姻形式很快被舍弃。

第二节 "扯扯秧"社会关系网络

因通婚范围小，加上各种特殊的婚姻形式，老户儿家中几乎所有姓氏之间都生发出了各种或近或远的关系，彼此交叉叠加，形成了"理不清，道不明"的复杂关系网络，人们称之为"扯扯秧"。恽长普在《阿山旧事》中对此有一段描述：

> 当时汉民族住户极少，经年久之"四十户"中与少数民族通婚结亲者有之，就"四十户"汉民之间不论辈分、不计年龄婚配的现象，也不谓鲜见。这种亲加亲、亲套亲的状况也使很多亲戚间及老户儿家之间的相互称谓呈现出不伦不类的混乱现象。如两人成亲，各自的辈分随其配偶或高几辈或降几辈。同是一个人，在张家论是爷爷辈的人、到李家论就可能成了孙子辈的。再与其他家族有了纵向、横向的亲戚关系，这辈分就不得而知了。[1]

受访的老户儿家后裔在谈到不同姓氏的关系时，就用一个字"乱"来形容，说多了就是"乱得很"。曹忠贤在访谈中，对各姓氏间的复杂关系做了分析，他说：

> 高福寿的姑姑嫁到了曹家，曹家大哥的妈妈是郭家的(无记录，笔者加)。曹家大哥的小姑妈给了赵家，赵家的给了曹家大哥的爸爸（曹恩登），两间是换门亲。老户儿家里面，这样的婚姻特别常见。四十多户人与外面的人接触不多，出不去外面，外面也娶不到丫头，所以只能在内部解决。接触最多的就是与县城里面的商户有往来，相互之间收购东西。但是婚姻问题很复杂，街上（承化县）的人不太愿意与农村的人结婚。农村人是农民，

---

[1] 恽长普：《阿山往事与四十户老户儿家的悲壮经历》（内部资料），第534页。

是泥腿子,一天就知道劳动,什么都不会,所以街上的丫头就不愿意嫁给农民。

我们再次以曹氏的婚姻交换为例,他们在第二代到第四代,与12个姓氏之间进行婚姻交换,其中与尤氏、李氏(宝云)、章氏、赵氏(天禄)、孙氏之间存在多次联姻。因此,通过三代人的婚姻交换,形成了一张以曹氏为中心的社会关系网。事实上,每一个姓氏都有一张社会关系网。比如,章氏仅在第二代和第三代就与12个姓氏联姻,其中与曹氏、郭氏、赫氏和刘氏(延青)之间有2次联姻。当然,姓氏人口多寡通常决定了社会关系网的大小。以罗氏为例,尽管据说祖上颇为富足,但人丁不兴,两代人仅与四个姓氏联姻。

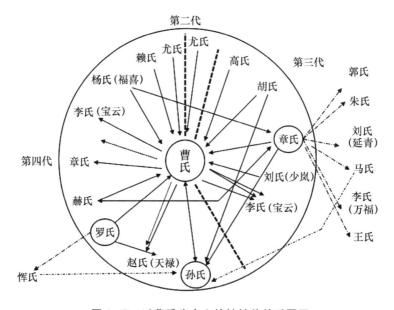

图4-8 以曹氏为中心的扯扯秧关系图示

未直接联姻的姓氏,可通过与之联姻的姓氏发生关系,其社会距离要比联姻形式之间大。以曹氏来讲,与之联姻的章氏将郭氏、朱氏、刘氏(延青)、马氏、李氏(万福)和王氏(具体不清是哪一个王氏）带入曹氏的社会关系网之中。哪怕是联姻较少的罗氏，也可以将恽氏带入进来。因此，经过有姻亲关系姓氏的"桥接"，老户儿家中绝大部分姓氏便都可以连接起来。以孙氏和李氏（万福）为例，他们都曾在第一代或第二代从杨氏（具体哪个杨氏不清）中娶妻。因孙杨氏与李杨氏是姐妹，孙氏和李氏之间便有了亲密关系。在下岬村，人们称这种关系为"连桥"，意为"通过一座桥联结起来"。① 在新疆，这种关系称为"挑担"，实际上就是"连襟"关系。因此，妻子的亲缘关系也最终被附加到姻缘关系网之上。如图4－8所示，与曹氏联姻的姓氏之间也存在直接的婚姻交换，比如孙氏与章氏、胡氏，章氏与杨氏（福喜）、与赫氏，罗氏与赵氏等。

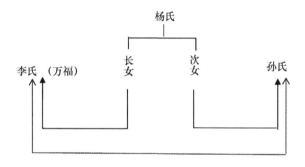

图4－9 两个姓氏的桥接关系

进一步分析发现，"扯扯秧"社会关系网呈现出不均衡的圈层结构，包括核心圈、中间圈与外围圈。大户因子嗣多，处于婚姻交换的核心圈，大户间的双向联姻也更为普遍。小户也与大户联姻，但主要是女性向大户的单向流动，居外围圈。对于小户来说，与大户建立姻亲关系是在当地社会立足的最好途径。民国时期，一些单身男性流入红墩，娶老户儿家中女子为妻，逐渐在红墩立足。杨氏（族谱）中记载，李恒山（1901—1962）约在 20 世纪 30 年代进疆，祖籍甘肃永

---

① 阎云翔：《礼物的流动：一个中国村庄中的互惠原则与社会网络》，李放春、刘瑜译，上海人民出版社 2016 年版，第 49 页。

昌，娶杨福喜的长女玉林为妻。杨福喜的姐姐杨福丛与丈夫赖德兴的女儿赛仁（蒙）在 1930 年嫁给了李生昌。据说，李生昌家约在清宣统元年（1909）定居红墩，祖籍甘肃永昌。换言之，扯扯秧这套社会关系网也为小户和新迁入的汉人移民在当地生存提供了条件。还有一些户居于中间圈，并与核心圈与外围圈都保持着女性的流动。这些户规模不大，但有劳动力、耕地和牲畜，在经济上可自足。

一定程度上讲，圈层结构反映了共同体内经济和政治的分化。大户妻死多续弦，比如，曹氏第三代光富续胡氏，第四代恩登续赵氏。小户娶妻难，多娶寡妇，或娶蒙古族妻子。老户儿家中，寡妇再嫁共有 8 例，其中 6 例嫁给谢氏、赵氏（赵义）、胡氏、乔氏、刘氏（刘义）和朱氏等小户。在族外婚中，除了孙氏、恽氏和井氏等大户，其余皆为小户。在这个共同体中，大户也更有可能在政治上占据核心位置。民国时期，红墩乡约分别出自曹氏、冯氏、刘氏（刘毓连）和孙氏，皆是大户。他们人口多，经济能力强，居于社会关系网的核心圈，可调动社会资源达成经济、社会和政治目标，是政府在地方社会中的"代理人"。在经济和政治上处于优势的姓氏，更可能在婚姻资源的竞争中胜出，进而强化"扯扯秧"社会关系网的圈层结构。

列维·斯特劳斯在亲属制度基本结构的研究中，探讨了婚姻规则是如何影响、甚至创立社会结构的，提出了"联姻说"。他反对当时英国人类学推崇的"血统说"——宗亲关系及其裂变整合社会，认为血缘群体不是社会的基础，而只是各群体间婚姻交换关系中的因素。[①]横向婚姻交换关系对于社会地域空间建构，对于不同姓氏的联合具有重要意义。与礼物交换的一般性原则一样，女性的交换是社会构成的主要机制。[②]以婚姻交换关系为基础，老户儿家构建了一张将所有户纳入其中的社会关系网。即便没有直接联姻的户，也可通过与之联姻的户之"桥接"而发生关系。各个姓氏都形成了以自我为中心的婚姻

---

① ［英］阿兰·巴纳德：《人类学历史与理论》，王建民、刘源、许丹等译，华夏出版社 2006 年版，第 140 页。

② ［法］马歇尔·莫斯：《礼物》，汲喆译，上海人民出版社 2002 年版，第 23 页。

关系网。以姓氏为中心的婚姻关系网之间又相互交叉，形成了相互叠加、相互纠缠、相互离不开的，覆盖整个人群的社会关系网络——扯扯秧。因此，老户儿家总是以"亲戚"关系来界定彼此的社会距离，而且总是能够找到依据。

在新移民迁入前，老户儿家中单身汉很多，一些户因男性子嗣未娶或无男性子嗣而断了香火。如前所述，一些旨在延续香火的、不常见的婚姻策略被普遍实施，这维系和强化了联姻户之间的关系。"过继"也很普遍，当地俗称"顶门"。比如，曹氏第二代光荣过继给井氏，赵氏三世孙自治过继给杨氏（杨福喜）。过继后，两家便成一家。总之，这些社会文化策略催生出了一些新的社会关系，又与姻亲关系相互叠加，拓展和强化了"扯扯秧"社会关系网。

已有研究表明，以非宗亲关系来整合社会是早期移民社会的一个典型特征。这是因为移民初期人口流动性大，性别比例不均衡，时间尚短，不易发展宗族/家族组织，人们必须找到其他社会关系来整合社会。① 在红墩，以婚姻交换关系为基础的"扯扯秧"社会关系便发挥了整合共同体的功能，成为一种重要的社会资本。这种社会资本既是集体物品又是社会物品，这意味着拥有嵌入性资源的制度化的社会关系对集体和集体中的个人都是有益的。② 对共同体而言，人们建立了基于姻亲的义务感和信任感，按照相应的伦理、道德和规范行动。对个体而言，人们出于各种目的积极构建、经营和利用各种直接与间接的社会关系，也使自己更深地嵌入共同体之中。

---

① 庄英章：《林圯埔：一个台湾市镇的社会经济发展史》，上海人民出版社 2000 年版。

② ［美］林南：《社会资本——关于社会结构与行动的理论》，张磊译，上海人民出版社 2005 年版，第 42 页。

第五章　新移民的社会关系网

　　现在仍居住在南疆农村的汉族居民，其第一代基本都是从原
有的乡土社会迁移而来的，除一部分是组织动员的集体迁移行为
外，大多数人，尤其是20世纪80年代以后迁入新疆的人，都是
凭借亲属网络、同乡关系获得迁移信息和最初在本地生活的条
件。因此，他们虽然离开了生长的故乡，但他们的社会网络也移
植到新的居住地，并通过新的迁移行为以及婚姻、生育而不断
扩展。①

——李晓霞

　　与老户儿家相比，汉人新移民的婚姻与社会关系网表现出了显著
的差异性，与南疆农村汉人更为接近，都需要在红墩重新建构其社会
关系。大体来讲，汉人新移民的社会关系网依托四种关系类型而构
建，分别是亲缘关系、姻缘关系、同乡关系和朋友关系。亲缘关系是
先天的，但在汉人新移民中却具有不完整性。同乡关系是伴随着迁移
行为而在迁入地重构的结果，具有很强的伸缩性。姻缘关系与朋友关
系更多是在迁出地重构的结果，前者以通婚为基础，后者以共同的工
作或生活的经历为基础。从某种角度上讲，汉人新移民的社会关系更
加多元，但亲密程度或强度远不如老户儿家的扯扯秧社会关系。本章
旨在对汉人新移民不同类型社会关系进行描述，探讨该群体在迁入地

---

① 李晓霞：《新疆南部乡村汉人》，社会科学文献出版社2015年版，第301页。

构建社会关系的过程，分析该群体社会关系网的结构，进一步去揭示这些社会关系对汉人移民在边地生存和发展所具有的意义。

第一节 新移民主要的社会关系

调查发现，新移民的社会关系可分为两类。一类是原生性的关系，主要指亲缘关系；另一类是在红墩重新构建的关系，包姻缘关系、朋友关系、老乡关系等。在此，将老乡关系纳入重新构建的关系中会让人感到意外，因为它显然与迁出地本身相关。这自然不假，然而对新移民来说，"老乡"却是一个范畴伸缩性很强的概念。事实上，它并不特指我们来自于同一个村、同一个乡、同一个县，而是根据需要在不同层次上使用，因此，带有很强的建构成分。下面，我们通过一些典型个案来呈现新移民的社会关系。

一 亲缘关系

我们对64位汉人新移民迁移类型做了调查，其中28人为"自流"，9人为跟随父母迁移，25人是投亲而来，另有2人迁移原因不明。迁移类型不同，移民在迁入地的亲缘关系的复杂程度也不相同。以"自流"来说，大部分移民的亲缘关系都比较简单，基本上是以迁移者为中心的家庭关系。跟随父母迁移的，亲缘关系相对复杂一些，会形成以父母为中心的、包括兄弟姐妹在内的亲缘关系。比较复杂的是投亲而来的移民，他们在迁移前就已经在迁入地拥有了一些亲缘关系，迁入后又叠加进去了以自己为中心的家庭关系。

63岁的王国友，祖籍甘肃，1974年与妻子在老家结婚。婚后，王仍在老家生活了数年，不好挣钱，听说新疆好挣钱，就带着妻子迁移到新疆。到红墩后，王在一家修理厂学习，学成后出来单干。王与妻子在红墩都没有亲戚，亲缘关系相对简单。王有两个儿子和1个女儿，大儿子和大女儿已婚，小儿子在乌鲁木齐工作。因此，王在红墩的亲缘关系就是以自己为中心的家庭关系。

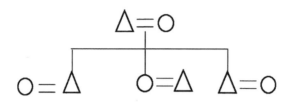

图 5-1　王国友在红墩的亲缘关系

　　如果迁入时间较早，特别是随父母迁移的新移民，亲缘关系就会进一步沿着谱系拓展。这意味着，形成了以父母子女为中心的多个家庭，这些家庭之间存在密切的亲缘关系。

　　与王国友相比，朱言周的亲缘关系就要复杂得多。朱言周，64岁，祖籍安徽。朱的舅舅是抗美援朝老兵，正团级干部。20世纪50年代转业到阿勒泰地区支援边疆建设，担任"三矿"的书记。朱的大姐于1968年迁移到红墩，给舅舅家看孩子。一两年后，由舅舅安排进入"三矿"工作。1967年，阿勒泰县各地开始修建水利设施，需要工人。朱的二姐遂投奔姐姐而来，进入了"修路六连"，后转为城市户口。朱是家里的老三，1970年投靠两位姐姐，被安排到塘巴湖修大渠。之后两年，朱的弟弟也迁移到阿勒泰。朱另外还有三个弟弟，都留在了安徽老家。1976年，朱回了一趟老家，经人介绍认识了现在的妻子，婚后一同返回红墩。妻子的亲戚都在老家。因此，朱在红墩及周边范围的亲属关系中包括了五个家庭，即舅舅的家庭、两位姐姐的家庭、自己的家庭和弟弟的家庭（参见图6-2）。朱的情况在汉人新移民中比较常见，就是在迁入前就已经在阿勒泰拥有了一定的亲缘关系，后再因婚姻和生育延续出了新的亲缘关系。

　　总的来讲，汉人新移民在红墩的亲缘关系比较简单。就其原因来看，主要有两点。一是新移民迁移后脱离了祖籍地的亲缘关系。事实上，绝大部分新移民主要的亲缘关系仍在祖籍地，比如朱言周的三个弟弟和妻子的兄弟姐妹都在老家，这也是他们每隔三五年总是要回乡探亲的原因所在；二是迁入红墩的时间较短，还没有足够多的时间发展出复杂的亲缘关系。

二 姻缘关系

20 世纪 60 年代以来，新疆汉人移民的一个显著特征是多以未婚单身男性为主，或是未婚而跟随父母迁移。因此，迁入数年后，新移民就面临着婚姻问题。在婚姻选择上，具体可以分为三种类型。第一种类型是迁入数年后，返乡，从家乡娶妻，我们称之为 A 型；第二种类型是迁入后，与同是新移民的结婚，我们称之为 B 型；第三种是迁入后，与老户儿家结婚，我们称之为 C 型。就我们调查的情况来看，A 型和 B 型的数量大体相当，两者合计约占总数的 4/5，C 型最少。

朱言周在婚姻选择上是 A 型，因为妻子的亲缘关系皆在祖籍地，因此他们家在红墩的姻缘关系几乎是缺失的。与朱言周的情况一样，马庭栋（54 岁，祖籍河南周口）1984 年参军复员后，觉得新疆比较好挣钱，就投奔在阿勒泰的姐姐。马次年返乡，经姑姑介绍与张富永结婚，妻子的亲戚也不在红墩。在汉人新移民中，返乡娶妻很普遍，其原因不外乎有两个方面。一方面边疆婚姻资源比较紧张。随父母迁移的未婚女性更愿意嫁给老户儿家，这意味着可以为婚后生活获得一定保障，也有利于父母家庭在边疆生存下来。因此，新移民中的单身男性在婚姻资源的竞争中往往不占优势，必须另谋出路；另一方面，男女双方主要是通过老乡或亲友介绍，尽管没有恋爱时间，但在家庭背景、生活习惯和社会关系上基本相似，彼此间有一种信任感，有助于减少婚后的各种矛盾。[1]

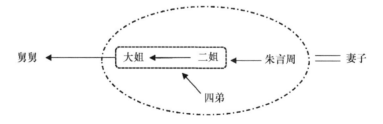

图 5-2　朱言周在红墩的亲缘与姻缘关系

---

[1] 李晓霞：《新疆南部乡村汉人》，社会科学文献出版社 2015 年版，第 262 页。

这类婚姻在婚礼的安排上都比较简单，相似度很高。朱言周说"1976 年我回了老家一趟，经人介绍认识了妻子，当年我们就结婚了。婚后，我回到了红墩。过了两年，妻子看我没回去，自己就到新疆来找我了"。张富永说"当时双方家庭条件不好，男方给了女方两件褂子，100 块钱，领了结婚证，就算结束了"。

　　刘水森在婚姻选择上是 B 型。刘水森祖籍河南许昌，1962 年出生。1983 年，刘从老家到阿勒泰投奔在红墩农机站工作的哥哥。1987 年，刘经人介绍认识了妻子李慧霞。李也是河南许昌人，她到红墩投靠姐姐，李的姐夫在当地大修厂工作。50 岁的刘耀武，很早就随父亲迁入新疆，有兄妹七人。婚后，两人一直在红墩镇上经营一家鞋店，一侧便是刘的三哥开的酒店。刘有两个女儿，一位已经大学毕业，还有一位正在上大学。与 A 型不同，B 型的姻缘关系要更为复杂，夫妻双方的亲属都被纳入进来（详见图 6－3）。

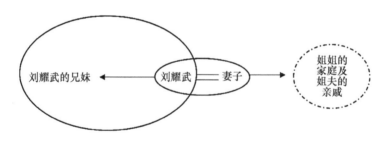

图 5－3　刘耀武的姻缘关系

　　在 B 类婚姻中，男方与女方也可能无需经过中间人介绍，而是在集体劳动或工作中相识，并可能突破同乡关系。65 岁的任民军祖籍山东，1978 年因塘巴湖挖渠需要来动力而迁入。他说自己是未经人介绍认识妻子，随后结婚。49 岁的侯洪站祖籍河南，出生在红墩。1964 年，他的父亲从老家迁入红墩。侯讲述了与妻子相识和结婚的经历。

　　我妻子是喇嘛昭（汗德尕特蒙古民族乡）四队的。1987 年，我当卖货郎的时，一次看见她在晾晒麦子，一眼就看上了。我就托朋友——她的邻居——去找她说和。那时，好几个人给我妻子说媒的，最后她选了我。一年后，我们就结婚了。去提亲的时候，我带了双份的烟酒、糖，还有 3000 元钱。但是，我的老岳父没有接受，说"我是要嫁女儿，不是卖女儿"。

在 B 类型婚姻中，婚礼也相对简单，参加者主要是双方的亲戚、老乡、朋友和邻居。侯洪站说"办婚礼的时，请了一个队上的，有关系好的老乡、朋友、邻居等，有十几桌子的人"。刘水森的婚礼更为简单，他说"结婚的仪式很简单，男方什么都没有给女方带。因为当时我投靠哥哥，她投靠姐姐，双方的家长都在老家。我们也没有证婚人，到乌鲁木齐到处玩玩就算结婚了，用现在的话说就是旅游结婚"。翟元章的妻子说"结婚的仪式很简单，老公直接把我接回家，然后就把我的户口落到萨亚铁热克村了"。

C 类型的婚姻相对较少，很多新移民说"老户儿家条件好，看不上我们这些'盲流'，不愿意把女儿嫁给我们"。当然，也有例外。陈春海 1977 年从陕西老家到新疆探望姐姐。陈的姐夫当兵出身，1964 年转业到阿勒泰地区。陈过来后，发现阿勒泰钱比较好挣，于是定居红墩。陈的妻子是老户儿家章家的人，名叫玉芬。为两人做媒的是章的亲戚，经过一年恋爱，于 1981 年结婚。与 A 型和 B 型相比，C 型姻缘关系最为复杂，因为将老户儿家庞大的关系网纳入进来。这在婚礼中也有体现，陈谈道：

　　我们的婚礼仪式很简单，父母都在老家。提亲的时，我带了一点烟、酒、糖，都是双份。也没有钱，所以没有给礼金（彩礼），办了酒席。因为是老户儿家，请的人很多，但大多数都是女方家的亲戚、朋友。我这边就是我的姐姐，老家也没有来人代表参加婚礼。

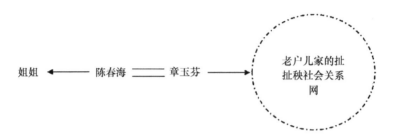

图 5 - 4　陈春海的姻缘关系

三　其他关系

新移民可能与老乡一起迁移，或是在迁入红墩后与老乡相遇。在台湾汉人社会中，地缘关系成为早期移民社会整合的重要机制。李亦园先生就明确指出"他们无法利用固有的宗族或氏族以达成目的，只好借同乡同村的关系作为组织的依据"。① 在新疆汉人社会中，"老乡"关系非常重要，人们常以祖籍地为单位对人群进行划分，恰如李晓霞所说"乡土之情，在远离家乡的时候，是最具有聚合力的黏合剂"。② 在红墩，人们重视同乡关系，但"同乡"的尺度很大，基本上同省的都算是老乡。但是，同乡关系在整合汉人社会的功能上又明显不如台湾汉人社会那么突出。同一个村中有数个省的移民，而每个省的户数都不多，也未形成以祖籍地为单位的居住隔离。大多数时候，"同乡"关系只是在个体互动中起作用，并在经济互助、礼仪拜访、情感交流等领域有所体现。村支部书记赵金华说：

> 村里的汉族，除了老户儿家以外，山东的 20 户左右，江苏的 10 多户，四川的 10 多户，还有从河南、安徽、山西、陕西和甘肃来的。村里没有拉帮结派的，人们的关系比较好，都在一块。冬天没什么事情的时候，你在我家房子、我在你家房子里都坐在一起聊天，平时间打扑克、打麻将什么的也都在一起。

---

① 李亦园：《李亦园自选集》，上海教育出版社 2002 年版，第 200 页。
② 李晓霞：《新疆南部乡村汉人》，社会科学文献出版社 2015 年版，第 308 页。

新移民中有一部分人是转业军人，而且是同一军区同一批迁入红墩的。在这一类人群中，战友关系非常重要。62 岁的蒋如江祖籍江苏，1970 年到 1976 年在沈阳当兵。1976 年 6 月 19 日从部队转业，支援边疆建设被安排到红墩。与他一起转入红墩的还有 6 人，其中 2 人退休后已经返回老家，仍在红墩和阿勒泰市的 4 人经常联系、聚会，在孩子婚礼和各种节庆中都相互拜访。

在回答经常和哪些人来往的问题时，除了亲戚（包括宗亲和姻亲）、老乡和战友外，出现频率最高的是"朋友"。"朋友"的范围很广，而且可能相识于不同时期。事实上人们在使用"朋友"一词时有较为明确的范围，即曾经在一起工作过的人。比如，很多移民提到自己和×××曾在塘巴湖一起修过水渠，一起"奋战"过。在受访的 41 位男性新移民中，有 5 位提到了在塘巴湖修建水渠。再比如，都在电厂工作，常说"我们在一起工作了十多年"。参加"集体劳动"或在同一个"社队企业"工作是 20 世纪 80 年代前新移民的共同经历，加之移民的身份和背景有着较高的相似性，因此很容易在共同经历中缔结出"同志"般的情谊，延续至今。比如，人们常说"那个时候，我们都是单身汉"，或是说"结婚后都住在宿舍里"，再或是说"我们都是盲流"等等。

"远亲不如近邻"是汉人新移民社会关系的一个显著特征，也是他们在迁入地生存和发展的重要策略。尽管相当比例的新移民在迁移前，就已经在迁入地拥有了亲缘关系，但在早期生活中面临着单个家庭无法解决的困难，比如建房、孩子照顾、生产生活中的互助等等。因此，在回答"有困难时，谁可以为你提供帮助"这些问题时，人们时常提到自己的邻居。早期住房皆为土房，成本较低，主要是出工出力，邻居相互帮忙打土块，伐运木头，共同在红墩构建新生活。某种程度上讲，移民在迁入地的早期生活是高度同质化的，都远离故乡，在情感上的共鸣较多。因此，邻里之间矛盾较少，总体比较和谐。

在汉人新移民的社会关系中，孩子们的同学关系也很重要，并且往往在家庭出现困境时发挥作用。2015年9月13日，张富永的丈夫骑摩托车被一辆大卡车撞伤，卡车司机逃了。丈夫治病花了将近30万元，大部分钱都是借的。张为我们提供了借款名单，其中9名借款者为儿子和女儿的同学。借款的额度也很大，其中5人给张家借了2万元。张的孩子在谈到此事时，强调了与同学从小学到高中的情谊。通过孩子，在迁入地生发出的同学关系也被纳入家庭社会关系之中。

第二节 社会关系网的结构与功能

汉人新移民社会关系的类型是多元化的，包括了亲属关系（宗亲与姻亲）、地缘关系、朋友关系等等。这些社会关系既有从迁移地带入的，也有在迁入地生成的。不同类型的社会关系对新移民家庭社会关系网中居于何种"位置"，彼此间又有着怎样的关系？换言之，需要处理这些关系类型的关系，搞清楚它们如何构成了新移民家庭的社会关系网，以及它们在新移民的生活中发挥的作用。

一 社会关系网的结构

我们搜集了数份新移民子女婚姻中的礼单。这些礼单反映了以家庭为中心社会关系网的结构，并为在不同婚姻类型家庭间进行比较提供了可能。

表5-1是朱言周三女儿2010年举办婚礼时所收"份子钱"（礼金）的情况。朱有一子二女，三女儿1982年生，初中毕业后到北屯市打工，并在此过程中与后来的丈夫相识。表5-1的数据来自女方，能够比较全面地反映朱言周的社会关系结构。首先，参加婚礼的户数是69户，数量不多；其次，按照关系类型来看，朋友最多，其次是亲戚和邻居，以下依次是老乡、同村村民和子女的同学。这反映出，在A型婚姻家庭的社会关系网中，亲属关系（包括宗亲与姻亲）的范围较小，而在迁入地构建出的朋友、邻居关系范围较广。事实上，若是将同村与邻居归并，在迁入地构建的社会关系的比重更高。

表 5 - 1　　　　　　　　　　A 型家庭的社会关系网结构

关系类型	参加户数（户）	礼金（元）	
		总额	户均
邻居	14	1800	128
朋友	20	2840	142
亲戚	14	5000	357
老乡	10	1060	106
子女的同学	3	560	186
同村（汉人）	8	1040	130

　　表 5 - 1 还反映了不同关系类型的强度问题，即不同的关系类型有"强"与"弱"之分。我们假定，关系越"强"，所送的礼金越高。关系越"弱"，所送礼金越少。以户均礼金来衡量，排序依次是亲戚、子女的同学、朋友、同村、邻居和老乡。邻居和同村差异微乎其微，说明它们处在同一水平层次。子女的同学所反映的更多是子女的关系，在以朱言周为中心的社会关系网中不做计算。老乡关系排在了最后面，说明老乡关系的作用并不突出。调查时，我们请朱详细说明了每一户送礼者与自己的关系。在朋友关系中，经常出现"关系好的朋友"、"关系不错的朋友"、"铁哥们"。对这一部分人礼金进行分析，发现明显高于其他标注为"朋友"的人。在有亲戚关系的户中，也出现了明显的分层，礼金最高的是近亲（弟弟、姐夫、表弟），相对较低的是远亲（比如姐夫的弟弟）。

　　若婚姻形式是 A 型，其社会关系网便是包括三个层次的圈层结构（详见图 5 - 5）。从交往范围来看，朋友、邻居和同村层次最广，这是在迁入地共同生产生活过程中生成的社会纽带。从关系强度来看，宗亲最为突出，属于原生性纽带。

　　B 型的社会关系网络结构与 A 型的基本类似，不同之处在于亲戚中增加了姻亲，而且姻亲的数量可能比宗亲的数量多。

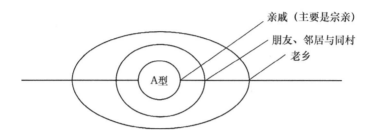

亲戚（主要是宗亲）

朋友、邻居与同村

老乡

A型

图 5 – 5　A 型社会关系网的结构

表 5 – 2 的数据来自赵金华（女，老户儿家，具体属于哪一个赵氏不清）与前夫（张某，新移民，祖籍山东，已去世）长女赵千男 2006 年婚礼中所收的礼金。赵金华与张某共生育一女二男，与现任丈夫何金才无子女。因此，赵金华的婚姻属于 C 型。与 A 型的社会关系类型进行比较，邻居、亲戚、老乡、子女的同学、同村等几种关系是相同的，但增加了老户儿家和少数民族村民两种。与朱言周女儿的婚礼相比，参加婚礼的达到了 93 户，多出 24 户，多出部分主要来自老户儿家与少数民族村民。这说明，C 型的社会关系网更为复杂，范围也更广。

表 5 – 2　　　　　　　　　　C 型社会关系网的结构

关系类型	参加户数（户）	礼金（元）	
		总额	户均
邻居	6	510	85
亲戚	24	4320	180
老户儿家	36	3140	83
老乡	14	830	59
子女的同学	1	80	80
朋友	1	70	70
同村（汉人）	4	220	55
少数民族	7	380	54

从参加婚礼的户数来看，按高低顺序依次是老户儿家、亲戚、老乡、少数民族村民、同村（汉）和子女的同学。在朱言周女儿的婚礼中，也有老户儿家的参与，但在朱的意识中他们是邻居、朋友或同村村民。但是，在赵的个案中，老户儿家显然是与邻居、朋友等关系类型相区别的另一种关系。少数民族村民参加婚礼的达到了7户，主要是哈萨克族，他们的祖辈在中华人民共和国成立前就已经与老户儿家杂居。从关系强度来看，按照递减的顺序依次是亲戚、邻居、老户儿家、子女的同学、老乡、同村（汉人）和少数民族村民。丈夫的朋友和子女的同学仅有1户，不具有代表性，在此不做具体分析。少数民族村民给的礼金较少，但大体与老乡、同村（汉人）相当，在社会关系网中占据的相近的位置。邻居与老户儿家相当，在社会关系网中占据相近的位置。在赵千男婚礼礼单中，父亲的朋友仅出现了1位，说明父亲的朋友中绝大部分与同村、老乡、邻居相重合。总之，C型社会关系网也表现出了圈层结构。

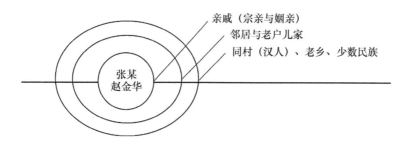

亲戚（宗亲与姻亲）
邻居与老户儿家
同村（汉人）、老乡、少数民族

张某
赵金华

图5-6 C型社会关系网结构

对A、B、C三种类型的社会关系网进行对比（详见表5-3），可以得出三个方面的认识。首先，A型与B型社会关系网的结构相对简单。C型结构更复杂，表现为社会关系网中的户更多，关系类型更为多元；其次，不管是哪种类型，亲戚关系都是最为重要的，彰显出其对新移民群体所具有的突出社会意义；最后，老乡关系的重要性并不显著。可能的原因在于"同乡"范畴较大的伸缩性，在新移民的社会交往中与其他村民并没有显著区别。邻里关系和朋友关系的重要性超越"同乡"关系,说明移民在迁入地以较为积极地建构新的社会关系网络,是为在边地生存和发展而选择的一种重要策略。祖籍甘肃的吴过来在受访时说:

> 不讲究认老乡,村里有几户甘肃人,但关系都不是特别好。生活上遇到困难,都是找邻居帮忙,家里有个什么重活,只要招呼一声都来帮忙。2014 年开春,我老公在房顶扫雪一不小心滑下来,腿摔断了,住了一个月的医院。这一年,家里的农活整个都是问题,两个女儿在外面上学,家里就我一个人。邻居们帮了不少忙,地里的水是我自己浇的,其他重活都是邻居帮忙干。

表5-3　　　　　　　　　三种类型社会关系网结构的比较

项目 强度	亲戚关系		邻居	朋友	老户儿家	老乡	同村	少数民族村民
	宗亲	姻亲						
A 型	•••••	—	••••	•••••	—	•••	•••••	—
B 型	•••••	•••	••••	•••••	—	•••	•••••	—
C 型	•••••	••••	—	••••	••••	••••	—	

注:"—"指关系的缺失,或是此种关系与其他关系相重合;"·"的数量代表关系强度,越多说明强度越高,越少说明强度越低。

二　社会关系网的功能

对迁入边地的新移民来说,每一类型的社会关系都在其生活中扮演着重要角色,缺一不可。以 B 型和 C 型婚姻来说,调查的 23 户中,8 对夫妻通过老乡介绍认识,9 对夫妻通过亲戚介绍认识,还有 4 人通过朋友介绍认识,还有 2 对夫妻通过同村村民介绍认识。婚姻中的媒介作用,只是社会关系网功能中的一部分而已,更多体现在困难中的帮助。

上文提到张富永在为老公治病中借款 30 万元,主要来自老公的朋友、亲戚、女儿的同学和邻居。借款在 3 万元以上的有 4 人,其中

2 位是老公的朋友，1 位是老公的表姐，还有 1 位是儿子的同学。借款 2 万元以上的有 5 位，都是女儿的同学。另外，还有 4 位女儿的同学给了 1000 元慰问金，6 位邻居和村民分别给了 200—500 元不等的慰问金。丈夫在住院三次，终于保住了一条命（植物人）。出院后，老公和孩子的朋友每三天帮着去医院搬一罐氧气到家里，给家里定期资助米面油。在谈到人们的帮助时，颇为感慨，她说：

> 出了这个事情以后，大女儿的同学、和在工作中认识的朋友帮助了很多，让我们都觉得很意外。因为出来工作已经有八九年了，那些高中同学早都不联系了，而且在工作中认识的也都是泛泛之交。家里出事以后，高中同学们就建了一个群，给我们家捐款。乌鲁木齐的同学一个月来一次，只要有人来，其他同学就会把钱给那个同学带给我。其实，这些同学在平时的生活中关系一般。

在调查的新移民家庭中，韩纪斌的故事最能反映社会关系网对家庭的重要性。韩纪斌祖籍山东，63 岁，人们习惯叫"老韩"。老韩 1988 年经战友介绍，从山东菏泽迁入红墩。他到红墩时，土地承包已经结束，唯有在周边几个村承包土地。最多一年，老韩承包了 120 亩耕地，多是旱地。2005 年，因缺水，种地赔了 4 万多元。老韩有五个孩子，为了大儿子和小儿子的婚事和就业频繁借钱，在 2010 年时欠债 40 余万元。我们多花点笔墨，来看看老韩的借款之路。

> 2010 年，大儿子谈了个对象，是个四川人，怀孕了，预产期是春节前后。女孩提出回老家看父母，儿子也就跟着去了。春节后，未返回，准备在四川生孩子。女孩不愿意顺产，选择了剖腹产。一进医院就打了一支麻醉针，给一针打死了，儿子赶忙给我打电话，我就飞到四川去了。最后的结论是"医疗事故"，医院赔偿了 33 万元。女方给了儿子 4 万块钱，儿子从家里带走 1 万多

块钱，除去各种花销回来后还有 2 万来块钱。回来后，儿子说："爸，我咋办"。你说他是个二婚，还没有稳定的收入，哪家的丫头愿意跟着他。

我想着先让他学门技术，有工作后好找媳妇。让他到阿勒泰去学厨师，学修车，结果一样都没有学成。最后，他让我给买一辆车，自己跑运输。我心一狠，借了一万多块钱。我不是在一家借的，东拼西凑，有一部分是老乡，还有一部分是关系比较好的朋友。最后，给买了一辆金杯的小翻斗，干了两年，车钱没有挣出来，又不想干了。

他还说让我给他买了一辆大车，小翻斗不挣钱，大翻斗车可以拉货。我没有钱，但是心想他这样情况不好找对象啊。我心又一横，就托人在信用社贷款。小儿子一份、徐爱民（邻居）一份、我自己一份、徐传安（老乡关系）一份，还有朱清文（一个队上的，经常来往的朋友）一份，我儿子还有一份，五户联保，总共贷了 15 万。村上的书记赵金华是我老乡，他帮我担保。他还给信用社的人说情，给我多贷点。即便如此，钱还是不够，只能分期付款，最后花了 39.5 万元。买车第一年就找到对象了，第二年结婚。

大儿子开始跑车后，信用社的贷款自己还，借款我帮着也快还完了。小儿子原来在乌鲁木齐理发店当学徒，也没学成。跑回来了，哭着说我偏心，只给哥哥买车，还说他也要娶媳妇呢。我一想，也是，小儿子要没个正当职业娶媳妇也困难。前年，我又跟老乡、朋友借钱，从信用社贷款，给小儿子买了一辆二手的卡车，欠了十几万。我因为孩子确实没有少欠账，现在都是一屁股的债。不过我们和周围的邻居还有一些朋友都处得好，别人看我们家现在这个情况，还没有过来要账的。

我从侧面对老韩欠债的情况做了调查，众人的叙述与老韩的叙述基本一致。借款或帮助老韩贷款的村民多说"他也是没有办法，挺困难的，能帮就帮一下"。村支部书记赵金华这样说：

> 老乡间的帮忙，也得看人，诚心诚意的才帮，不诚心诚意的
> 就不帮。到时我帮你借了，你不还，就不好了。都是天南地北的
> 人来到这边，遇到困难遇到事情的时候，就向朋友、亲戚朋友或
> 是玩得好的寻求帮助。这边不像老家都是亲戚间的帮忙，这边的
> 人情味更重。

以上个案说明，对个体和家庭而言，由于缺乏祖籍地的宗亲、姻亲和其他社会关系的支持，人们必须在迁入地构建出新的社会关系，并依靠朋友、邻居、老乡等关系来化解生活中的各种危机和抵御各种风险。尽管新移民在迁移时间、过程和在迁入地的生活上存在差异，但在边地开拓新生的艰辛，以及在这个过程中面临的困难具有高度的相似性，因此往往能够激起共鸣，并提供帮助。从这个角度上来讲，汉人新移民社会关系网与老户儿家"扯扯秧"社会关系网所扮演的角色并没有本质的区别。

与老户儿家扯扯秧社会关系网相比，汉人新移民社会关系网的异质性更强，关系网的强度相对较弱。因此，新移民在很多时候并不以"共同体"的面貌出现，而是表现为松散的联合。与老户儿家将自己的命运与村落或红墩紧密相连不同，新移民与村落的关系更多是经济上的和生活上的，情感的联结相对较弱。因此，当子女迁出红墩后，新移民就可能随着子女迁出，或是年老后返回祖籍地。这些内容我将在下一章进行分析。

第六章　家庭与家庭关系

家庭是社会的基本单位，是以婚姻和血缘关系为纽带的社会生活组织形式，而且通常是观察和认识地方群体社会结构的起点。本章首先对老户儿家与汉人新移民的家庭结构、家庭的生命周期和家庭内部的关系模式做细致的描述，并就其形成原因进行分析。家族化进程是本章一个重要的关注点，我将说明老户儿家家族化进程为何戛然而止，以及新移民为什么不具备步入家族化轨道的条件。本章另一个重点是家庭中的关系模式，通过老户儿家与汉人新移民的比较，我希望去回答"父子关系"与"夫妻关系"重要性的转换问题，汉人的家庭结构和家庭中的关系究竟发生了哪些显著变化，这些变化又如何引发了养老模式的变化和家庭的空巢化问题。

第一节　老户儿家的家庭与家族

在谈到汉人社会的家庭时，人们总是会将之与"大家庭"联系起来，并以多代同堂的大家族为例证。然而，多代同堂更多可能只是一种理想。贝克指出"所有中国人的家族在思想上有成就大家族的理想，但对大多数家族来说则很少实现。"① 费孝通发现，开弦弓村的大家庭很少。在家的总数中，一对以上已婚夫妇的家不到总数的十分之

————————

① 转引自庄孔韶《银翅：中国的地方社会与文化变迁（增订本）》，生活·读书·新知三联书店 2016 年版，第 240 页。

一。以一对已婚配偶为核心，再包括几个依赖于此家的父系亲属占家庭总数的 58% 以上，不稳定的家占总数的 27%。① 与中国的普遍情况相比，喜洲家庭的人口平均数大得多（5.3 比 8.6），而且它们的家庭结构也复杂很多。② 李亦园先生明确指出"在一些共同的原则下，中国的家族组织可以在不同的环境下作相当大幅度的变迁适应"。③ 不同地域家庭人口规模的差异，源自于所处环境、经济和社会情境的不同。他还说，人们在思想上既受那种由中国传统文化理念制约，又非常实际地适应环境、经济和社会变迁，选择生活中所允许的和可能实现的家族图式，以及选择他们的人口态度与人口行为。④

一 老户儿家的家庭人口规模

要弄清楚老户儿家的家庭人口规模很困难，因为没有现成的统计数据。所幸的是《阿山旧事》对老户儿家不同姓氏的谱系做了梳理，这为弄清楚该群体家庭人口规模提供了可能。由于前两代人信息缺失较多，包括生卒年月、结婚时间等，要彻底搞清楚早期家庭人口规模是不可能的。为此，我们将关注点转移到第三代和第四代人身上，整理男性及其配偶的出生时间、子女的出生时间，进而基本摸清楚了 20 世纪 40 年代中期 23 个姓氏的人口数。23 个姓氏共有 239 人，每个姓氏平均人数为 10.8 人。如图 6-1 所示最小的仅 2 人，最大的 24 人，反映出各姓氏人口规模在迁入后几十年中的巨大分化。

各姓氏的人口数与家庭人口数并不对等，因为一些姓氏可能分化出若干家庭。比如，孙氏分为了 6 个家庭，李氏分为了 4 个家庭，曹氏分为了 3 个家庭。分化为若干家庭的姓氏人口一般较多，但也有人口多而未分的家庭，比如杨氏（福喜）12 人皆生活在一起。将分化

① 费孝通：《江村农民生活及其变迁》，敦煌文艺出版社 1997 年版，第 30 页。
② 许烺光：《祖荫下：中国乡村的亲属、人格与社会流动》，王芃、徐隆德译，南天书局 2001 年版，第 98 页。
③ 李亦园：《李亦园自选集》，上海教育出版社 2002 年版，第 164 页。
④ 李亦园：《李亦园自选集》，上海教育出版社 2002 年版，第 243 页。

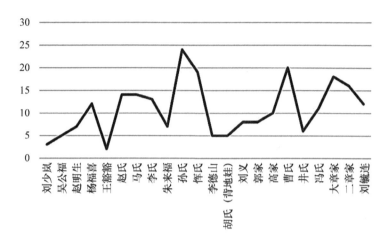

图6-1　20世纪40年代中期老户儿家各姓氏人口数

出的家庭单列后，23个姓氏便分为了39个家庭，家庭人口规模平均值为6.1人。这比20世纪40年代中国家庭人口平均数5.3人高，又比喜洲8.6人低。[①] 其中，1人家庭1户。2人家庭3户，3人家庭5户，4人家庭6户，5人家庭4户，6人家庭9户，7人家庭2户，8人家庭2户，其他还有10人以上家庭7户，人数最多的家庭19人。从代际关系来看，2代人的家庭有21个，3代人的家庭14个，还有1代人的家庭4个。

人口较多的大家庭之存在是"移垦社会"的典型特征，主要与家庭农业生产所需劳动力相关。李国祈教授指出"盖移垦社会由于开垦及集体自卫的需要，多保有家庭成员众多的形态，作为移垦的生产与自卫团队"。[②] 另外，从后文的分析可知，家庭人口较多和3代家庭较多与时局动荡也有关系（如恽氏），即为共同应对生存威胁而采取的策略。

---

① 许烺光：《祖荫下：中国乡村的亲属、人格与社会流动》，王芃、徐隆德译，南天书局2001年版，第98页。
② 转引自陈其南《台湾的传统中国社会》，（台北）允晨文化实业股份有限公司1987年版，第166页。

二　老户儿家的家庭类型

家庭人口规模和代际关系的巨大差异，折射出家庭类型的多样化。从家庭结构类型来看，核心家庭、主干家庭和联合家庭是三种主要类型。核心家庭指已婚男女和其未婚子女所组成的家庭，其中已含没有子女的夫妻二人组成的夫妻家庭和仅有夫或妻一方与其子女组成的单亲家庭。主干家庭是指一个家庭中有两代人以上，而每一代人中只有一对夫妻（包含一方去世或离婚者）组成的家庭。联合家庭是指一个家庭中至少有两代人，而同一代人中有两对夫妇以上的家庭，包含夫妇中的一方去世、离异或分居等情况。① 潘允康进一步对三种主要类型的亚类型做了识别，核心家庭有 3 种亚类型，主干家庭有 2 种亚类型，联合家庭有 3 中亚类型。另外，还存在不属于三种类型之外的，称之为"其他家庭"，包括了 2 种亚类型（参见表 6－1）。②

表 6－1　　　　　　　　　　**中国家庭类型及亚类型**

类型			范畴界定
类型	序号	亚类型	
核心家庭	1	仅有夫妻二人组成	是夫妻婚后尚未生育，或婚后不育，尚未抱养子女的家庭，也有些是儿女婚后都独立，只剩下老年夫妇的家庭。
	2	父母和未婚儿女组成（包括父母和领养子女组成）	家庭规模小，人数少，只有一对夫妻，一个中心。
	3	由父亲一方或母亲一方与未婚子女组成	这种家庭由夫妻中一方死亡或离婚形成，有人称之为破损家庭。
主干家庭	4	父母（或父母一方）和一对已婚儿女组成，无其他亲属	这种家庭属大家庭，人数较多，符合中国家庭的传统模式和父母扶助子女，子女赡养父母的实际需求，有存在的依据。
	5	父母和一对已婚儿女组成，又有其他亲属如小姑、小叔等	与第四种相近，但由于加进了其他亲属，又产生了新的矛盾，不如第四种家庭稳定。

---

①　许万敬、刘向信主编：《家庭学》，山东友谊出版社 1994 年版，第 83 页。

②　潘允康：《家庭社会学》，重庆出版社 1986 年版，第 123 页。

百年红墩

续表

类型			范畴界定
类型	序号	亚类型	
联合家庭	6	父母和多对已婚儿女组成，无其他亲属	这种家庭属大家庭，人数多，多中心，既有两代人之间的问题，又有婆媳、妯娌等问题，是家庭类型中的不稳定型。
	7	父母和多对已婚儿女组成，又有其他亲属	在第六种家庭中又加进新的分子，增加了新关系，更不稳定。
	8	兄弟成婚后仍不独立	属大家庭型，多中心，由于缺少父母的权威和维持，兄弟妯娌间更难相处，这种家庭不稳定。
其他家庭	9	缺父母，由未婚兄弟姐妹组成	兄弟姐妹各自总是要结婚的，这种形式往往是一种暂时的过渡形式。
	10	由祖父母和孙子女组成（包括外祖父母和外孙子女组成）	由于祖孙交往和情感历来密切，使这种家庭比较稳定。

　　老户儿家39个家庭中，核心家庭21个，主干家庭9个，联合家庭9个。其中，核心家庭、主干家庭和联合家庭又可具体分为各种亚类型。

　　家庭人口为1—2人的核心家庭大体有两种情形。一是夫妻无儿子，女儿成年后出嫁，仅余父母二人。如孙光华（1884—1936年）与妻子恽氏（生卒时间不详）仅生育1女，名为秀英。秀英生于1921年，与丈夫赵生兰结婚，生有1女。族谱中并未提到秀英与赵生兰结婚的时间，但老户儿家女孩婚龄普遍较早，赵生兰又卒于1945年，因此可以判定其结婚时间应早于1940年。因此，光华去世、秀英出嫁，该家庭仅恽氏一人；二是夫妻婚后未有生育，如马氏第二代长子玉祯（1903—1962年）与妻子朱玉芬（1909—1961年）没有生育。

　　大部分核心家庭主要由夫妻和未婚子女构成。比如，孙光跃（1912—?）与蒙古族妻子安力盟仅生育1女。光跃的弟弟光元（1914—1993年）与妻子李慧兰（1931—1981年）生有四子五女，

但仅有 1 子生于 1948 年，因此当时的家庭属于核心家庭。曹氏第四
代长子恩登与妻子孙氏和赵氏（续）共生有二子二女，次子幼年夭
折，长女月英 1941 年出嫁，留有长子忠贤和次女秀英。忠贤第一个
孩子生于 1955 年，以此推断 20 世纪 40 年代忠贤应尚未婚配，秀英
1956 年出嫁。有的核心家庭人口较多，这是多育的结果。章有华
（1902—1970 年）与妻子刘新华（1902—1986 年）生有五子二女。
到 20 世纪 40 年代，长子维杰、次子维清已结婚，各自组建了 4—6
人的核心家庭，长女银环已出嫁，夫妇二人与三子维才、四子维诚、
五子维建和小女银元组成了另一个核心家庭（详见图 6 - 2）。

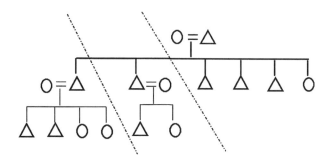

图 6 - 2 二章家的三个核心家庭

说明：长子维杰（1923 年生）与妻子井瑞兰（1929 年生），共生有三子五女。族谱中
并未提供三子五女的具体信息，但按照当地婚龄和生育情况推算，应已有多个子女。次子
维清（1926—1998）与妻子刘桂英（1929 年生），结婚时间没有记录，但估计在 20 世纪 40
年代末，也应已有生育。

　　另外，还有一些核心家庭较为特殊。比如刘少岚与妻子沙玛
（1916—1974 年）生有 1 女，少岚的弟弟少清也有 1 女。少清年轻时
去世，妻改嫁赵义，女儿留在了刘家。因此，在少岚的核心家庭中包
括了少清遗孤。胡××（姓名不清，当地称之为'背地娃'，1891—
1963 年）一生娶三人为妻，均为蒙古族。第一任妻子无相关信息记
录，生有二女，后可能去世。胡续的第二任妻子和"二房"共生有三
子。长子和次子据传在 1933 年马仲英扰疆时逃往蒙古国科布多，后

再无消息。长女和次女在 20 世纪 40 年代前已经出嫁。家中有胡××、两位蒙古族妻子、幼子和幼女，组成了一个核心家庭。

图 6 - 3　刘少岚（左）与胡××（右）的家庭结构

老户儿家中主干家庭比较多，表 6 - 1 中列举的两种亚类型都存在。第一种亚类型可以李成义（1920—1966）的家庭为例。李成义是李万福的次子，李万福 1931 年去世，成义一直奉养母亲李杨氏（1894—1967）。成义与妻子朱梅花，生育四子四女，长女文新生于1948 年，其余皆生于 1950 年后。因此，成义的家庭由三代人构成，包括母亲、夫妻和女儿。第二种亚类型可以井氏为例。井玉荣（1901—1976）与妻子郭氏（？—1935）有二子一女，女儿瑞兰 1943年出嫁，长子元林 1947 年结婚，次子元功应于 20 世纪 50 年代末结婚（其妻子郭桂英，1941 年生）。元林与妻子生育六子六女，但在 20世纪 40 年代可能仅有 1—2 个孩子。玉荣的家庭有 3 代，2 对夫妻，1位孙女，但还有 1 位未婚的儿子。

另外，在孙氏一族中出现了 1 户很特别的主干家庭。孙光明（1980—?）与妻子胡氏（生卒时间不详），胡氏患有精神分裂症，两人无子女。夫妻二人收养了两位女儿，同时又收养了 1 位孙子，形成了一个特殊的主干家庭。

在老户儿家中，还有 9 户属于联合家庭，三种亚类型都存在。

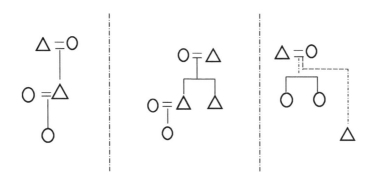

图6-4　李成义（左）、井玉荣（中）与孙光明（右）的家庭结构

第一种类型可以杨福喜的家庭为例。杨福喜（1876—1959）与呼图壁县付氏（1887—1965）结婚，生育三子四女，四个女儿在1940年前皆已出嫁。长子国林（1904—1977）与妻子赫生莲（1915—1992）生有三子五女，次子长林（1910—1983）与妻子赵福珍（1922—1978）收养赵光荣五子为继子，三子生林（1915—1963）与妻子陈惠琴（？—1976）无生育。因此，杨福喜的家庭中，包括了三代人，三对夫妻，是典型的联合家庭（详见图6-5）。

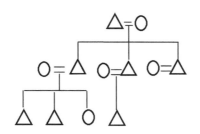

图6-5　杨福喜家庭结构

赵光荣的家庭结构属于联合家庭中的第二种亚类型。赵光荣生于1900年，卒于1945年，娶曹氏（曹光富次女，小名冬娃，1903—1979）为妻，两人共生育五男二女。长子学慧生于1924年，有两次婚姻，但都未有生育，后收养1子。次子学诚1929年生，与高秀兰（高福寿长女，1932—2001）结婚，生有一子七女。三子学志于1932

年出生，妻子陈桂凤（1937—1986），两人有二子四女。以学诚和学志，以及他们妻子的年龄来看，他们的孩子应主要出生于 20 世纪 50 年代以后。20 世纪 50 年代前，四子学忠、长女学英和次女梅秀应都尚未结婚。因此，赵光荣的家庭中有三代人，有四对夫妻，另外还有未婚的儿子和女儿同住（参见图 6 - 6）。

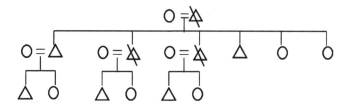

图 6 - 6　赵光荣家庭结构

说明：长子赵学慧，1943 年被抓壮丁，1945 年逃难中与家人
分离后流落乌鲁木齐。次子学诚 1948 年被抓壮丁，后无消息；三
子学志 1945 年被土匪裹挟，下落不明。

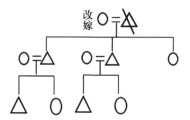

图 6 - 7　高福寿的家庭结构

高福寿（高正清长子，1918 年生，去世年份不清）的家庭属于第三种亚类型。他的父亲高正清去世后，母亲王环环改嫁刘义，留下二子二女。长子高福寿 1918 年生，妻子藏登（1925 年生，蒙古族），两人生育五子四女。福寿的弟弟福禄生于 1921 年，妻子马梅兰生于 1939 年，两人共生有三子三女。福寿和福禄两兄弟的子女中部分应出生在 20 世纪 50 年代前，但在 20 世纪 40 年代应都未结婚。到 20 世纪 40 年代，高正清的长女金桃应已结婚，次女银桃可能仍未出嫁。因此，高福寿的家庭由两代人组成，包括了两个兄弟的家庭及其未婚

妹妹（详见 6 – 7）。

　　总的来讲，老户儿家中核心家庭主要是那些姓氏人口较少和人口较多中分离出的小家庭两类，主干家庭则主要是人口较多姓氏中分离出来的三代家庭，而联合家庭则是人口居中的姓氏之家庭。对人口较多的姓氏来说，不分家，数代人居住在一起，不仅家庭内部矛盾较多，而且也不利于发挥小家庭的优势以应对自然与社会风险。因此，一旦子女们结婚，特别是有子嗣后，便会分家，形成若干个核心家庭和主干家庭。对人口数居中的姓氏来说，家庭内部关系相对简单，且可以发挥劳动力多的优势，共同应对自然与社会风险。当然，如赵光荣家一样，保持联合家庭也可能是为了应对成年男性死亡较早的困境，这有助于照顾亡夫的遗孤和尚未婚配的兄妹。

三　家庭的扩展、分化与传续

　　费孝通指出"家的规模大小是由两股对立的力量的平衡而取决的，一股要结合在一起的力量，另一股要分散的力量"。[1] 在这两股力量的作用下，家庭/家族的演化过程便呈现出阶段性特征，通常这被纳入"家庭生命周期"研究的主题之中。庄孔韶在对黄村家族的研究中识别出了 AB 两种家族分化模式，其中 A 类又具体分为 A1 和 A2 两种模式，B 类在后期可能包括 B1 和 B2 两个阶段。[2]

　　A类

　　　　　　　　　A1，核心+核心+核心+核心（夫妇家族）

　　核心——主干——扩大

　　　　　　　　　A2，核心+核心+核心+主干（含幼子之家）

　　B类

　　核心——主干——核心+核心——核心+主干——核心+核心+核心——……

　　　　　　　　　　　　B1　　　　　　　　　B1

――――――――――

　　① 费孝通：《江村农民生活及其变迁》，敦煌文艺出版社 1997 年版，第 30 页。
　　② 庄孔韶：《银翅：中国的地方社会与文化变迁（增订本）》，生活·读书·新知三联书店 2016 年版，第 270 页。

A 与 B 类家庭在初期都经历了一个扩展阶段，但 A 类在形成主干家庭后继续向扩大家庭/联合家庭演进，而 B 类随即开始分化。对 A 类家庭来说，夫妇有可能不与任何一位儿子同住，因此分化为若干核心家庭。也有可能选择与一位儿子同住，形成若干核心家庭和 1 个主干家庭的格局。B 类家庭在发展为主干家庭后，孩子们陆续分家组成自己的核心家庭，夫妇与未婚孩子组建核心家庭。当未婚孩子结婚的短时期内，夫妇可能与新婚家庭组建为一个主干家庭，但很快又继续分化为若干核心家庭。以红墩的情况来看，庄孔韶提供的家庭分化模式具有较强的解释力。

表 6-2 　　　　　　　　　老户儿家家庭分化情况

分化模式	亚类/阶段	包含姓氏
A 类	A1	恽氏、高氏、井氏、冯氏、大章氏、二章氏
	A2	杨氏（福喜）、赵氏（光荣）、马氏、李氏（万福）、刘氏（义）、郭氏、曹氏、刘氏（毓连）、孙氏
B 类	B1	赵氏（天禄）
	B2	刘氏（少岚 2）

我们也发现庄孔韶提供的家庭分化模式对老户儿家中一些姓氏并不适用。李德山祖籍甘肃，其祖辈如何进疆，如何在红墩繁衍的信息皆不清楚。李德山是第三代传人，他与妻子生卒时间皆不清楚，有三子。三子中，次子有才和幼子有盛的情况也不清楚。到 20 世纪 40 年代，该家庭仍是核心家庭。胡氏（背地娃）祖辈信息也无记录，他与妻子（两位）有三子三女，女儿较早出嫁，长子和幼子年轻时逃难后下落不明。因此，到 20 世纪 40 年代时仍然是 1 个核心家庭。不一致出现的原因应主要与该区域频繁的战乱相关。就李德山和胡氏家庭来看，若是三子皆在，其家庭就有可能向 A 类或 B 类模式演进。

战乱也可能对各姓氏家庭模式的选择产生影响，将家庭模式的演化导向另一个方向。中华人民共和国成立前，恽氏第三代一直保持着几兄弟同住而不分家的家庭模式。从恽氏族谱的记载来看，这可能更多是一种无奈之举。长兄守忠 1937 年为逃避抓壮丁，流落焉耆，1954 年返回红墩。老二守孝从小操持家业，16 岁成家，拉扯兄妹长大。几兄弟结婚后，仍然不分家，同甘共苦，形成了 5 个核心家庭构成的联合家庭。

人口较多的姓氏在子女成婚后多会选择分家，因此，在老户儿家中有"大章家"、"二章家"的说法。调查时，人们很少提到分家，而总是说"××庄"，给人以"分家并不常见"的印象。然而，从 20 世纪 40 年代老户儿家的家庭类型来看，分家是存在的，人口多的姓氏中尤其突出。红墩的情况可能与许烺光先生研究的喜洲颇为相似，即"每一户人家在社会习俗方面是一个独立的整体，但从经济意义来看就分成了若干更小的单位。换句话说，这些家庭在同一屋檐下已分成了若干个小家庭"。① 以老人们的回忆来看，随着子女的增多，人们便以老宅为中心修建新的住宅，仅留 1 子与父母居住在老宅中。新修住宅可能从老宅两侧延伸而出，也可能在老宅的东西两侧修建独立住房，还有可能毗邻老宅而建（不区分方位）。在外人看来，便形成了以姓氏为中心的居住格局，并称之为"××庄"。曹氏第五代忠诚描述了 20 世纪 50 年代前后，曹家院子的居住格局。

我们兄弟姐妹共有七个，我是老三，上面有两个哥哥，下面一个弟弟，还有三个妹妹。妹妹都嫁出去了，其他人都出去工作了。我一直和父母一起住在老房子。老房子很简单，都是土打墙，坐西南朝东北，共有三间房。东屋是父母的房间，西屋是我们的房间，中间一个走廊联接，走廊后面是厨房。老房子东侧还有两间房子，是大哥忠贤和嫂子的房间。嫂子难产去世，后大哥外出工作，这两间房就一直空在那里。

---

① 麻国庆：《走进他者的世界：文化人类学》，学苑出版社 2001 年版，第 111 页。

　　所谓"分家"，指的是已婚兄弟间通过分生计和财产，从原有的大家庭中分离出去的状态和过程。① 因此，分家强调财产的分化，并通常是按"股"分，即财产在兄弟之间均分，与父母同住者可能多分一股。分家的过程并不是风平浪静的，而是由诸种因素所引发的。有的是因父母一方或双方去世所引发，有的是兄弟不和利益关系使然，也有的是家境贫困所致。② 就红墩的情况来看，引发分家的因素应主要与"家境贫困"相关，或是生计困难所致。杨自治（杨福喜之孙）说"分家都是商量着来的，主要是人口多，生活困难，分成小家庭各自谋出路"。当然，联合家庭中的关系复杂，婆媳、兄弟妯娌之间的矛盾仍然是导致分家的重要原因。章氏族谱中对大章氏和二章氏分家的情况做了说明，具体如下：

　　　　章氏家族来阿山定居的第一代传人章生泰老人于光绪二十年（1905）去世。随着岁月的流逝，其三子二女长大成家后，按先父遗愿，全家大小仍同住一庄院，同吃一锅饭，朝夕相处，和睦相待。后来，由于人口不断增加，琐事也接踵而来。兄弟、妯娌之间也不免为了子女等琐事产生隔阂，因而引发家族之间的不和。民国二十四年（1935），辗转返回阿山后，章有富（老三）因常年患病而离世。章有华（老二）携家搬出老庄子，重建院落。

　　中华人民共和国成立后，老户儿家中人口较多的姓氏都开始分家，家庭模式向主干家庭和核心家庭演进。老户儿家当前的家庭结构与新移民的家庭结构已无明显差异，我们将在后文中加以分析。在此，我们进一步对老户儿家中家庭模式的一个特殊现象进行分析，即有相当多的家庭发育中断。《阿山旧事》中对发育中断的家庭做了整

① 麻国庆：《家庭》，长征出版社1998年版，第31页。
② 麻国庆：《家庭》，长征出版社1998年版，第35页。

理，摘录如下：

詹氏家族，是早先阿山红墩区定居的"四十户"汉族老户儿家之一。据说詹家家境不是太好。人们知道有两个男孩，长子叫詹有华，次子名字不详。大约在阿山局势动乱时，兄弟俩相继去世，无子女。

周氏家族，祖籍天津杨柳青，大约在同治元年（1862）来到塞外边陲——阿山红墩区定居。周家因各种原因，未留下先辈的文字或口述记录。后裔中有一子，名周宏泰，绰号"周大旗"，无子女。

赵氏（赵仁）家族，祖籍甘肃，大概也是同治年间迁入红墩。赵氏前几代信息不清，后有一子赵生辉。生辉有两子，赵仁、赵义。赵仁配偶情况不知，婚后无子女。赵义的妻子为原刘少清的妻子，婚后未生子女。

赖氏家族，祖籍陕西，是"四十户"汉族老户儿家之一。赖德新婚后有二男二女，长子国仁有两个女儿，次子国富婚姻情况不明。

从以上记录来看，家庭发育中断大体有两种原因，一是战乱中后人去世，二是未生育男丁。这反映出，家庭的传续不仅要克服生育的"自然"因素，还要应对战乱等社会风险。因此，对老户儿家来说，家庭的传续也是一个颇为头疼的问题。大体来讲，若出现无男性子嗣的情况，"过继"是普遍采用的形式。过继多发生在兄弟之间。曹氏第三代恩域无子，其堂弟恩宏将三子忠伟过继给恩域。孙氏第三代五子光明无子女，九子光跃将女儿秀兰过继过去。然而，在老户儿家中也存在不同姓氏间的过继。比如，赵光荣将五子过继给杨长林（杨福喜次子），取名为杨自治。过继的原因有两个方面。一是赵光荣子女多，无力抚养新出生的幼子；二是杨长林婚后无子嗣。杨自治说"杨家的母亲赵福珍是一位非常善良的女人"，因而赵家放心将他过继过去。在两个姓氏的过继中，曹氏第二代五子光荣过继井氏（改名玉荣）最常被人们谈起，因为反映了老户儿家不同姓氏之间同患难的情谊。

  井氏家族，祖籍陕西汉中赵县。1862年因参加关内农民起义，伙同千名被发配西域屯垦的兵丁到达古城（奇台）、孚远（吉木萨尔）一带屯田。1864年后，逃入布伦托海，井氏五兄弟后又参加了布伦托海屯民暴动。据说，井氏五兄弟是张愙起义队伍中的中流砥柱。在这场起义中，井氏五兄弟全部阵亡。据老人们说，井氏与曹氏在迁移到新疆后，交往颇深，亲如一家。井氏家族兴旺时曾给曹氏过继子孙，以保曹氏香火延续。但是，两家历史上的关系无法考证。井氏五兄弟阵亡后，曹永德将自己的幼子光荣过继给井氏，分名立号，另起炉灶，改名井玉荣，为井氏延续香火，传宗接代。

四　老户儿家的家族化进程

  20世纪30年代，老户儿家开始分化。由于克兰河谷宜农宜牧，有大量可开发资源，因此，分化主要由家庭人口规模至多寡所致。姓氏的人口越多，就越有可能开垦和耕种更多耕地，也越有可能发展牧业，甚至兼营其他行业。姓氏人口越少，家族的传续和经济发展就越困难。

  我们搜集和整理了44户家庭的人口信息，发现到第三代已有一些家庭因各种原因而消失。首先，有7户在第二代、第三代因无男性子嗣而断后，包括王氏、李氏（李德福）、周氏、詹氏、尤氏、赵氏（赵义）、赖氏。以尤氏为例，祖籍四川，第二代光华育两子，长子仅有一女，次子病故；其次，有6户因战乱迁出，包括陈氏（姓名不详）、彭氏、巨氏、顾氏、雷氏和吴氏（姓名不详）。人们已经很难说清这些姓氏究竟因哪一场战乱而迁出。仅说"陈氏早先因战乱出走山外"，又说"彭氏在阿山匪乱时迁往沙湾"，再或是说"巨氏在阿山局势不稳的年代出逃"等等；第三，有5户不知去向，迁出原因和时间皆不明，包括李氏（李德山）、杨氏（杨麻子）、邹氏、李氏（李德元）和赫氏；最后，还有3户姓氏不可考，皆在1933年战乱中逃亡，去向不明。另外，一些大户开始衰落。朱氏祖籍山西，曾是"五谷丰登、六畜兴旺"的大户。第三代有三子一女，长子来福夭折，次子发成无男性子嗣，幼子来寿有三子三女。1945年，来寿在院内被土匪枪杀，年仅38岁。三子中，长子和幼子夭折，仅余次子保权。

　　自第二代开始，一些姓氏开始了家族化进程。在诸多姓氏中，曹氏颇有代表性，最早迁入红墩，人数较多，每一代都有多位男性子嗣。曹氏祖籍陕西汉中，1862年前后迁移至新疆古城，后又迁移至红墩。曹氏第一代传人的名号、生卒年月、家庭情况、婚姻情况皆不考，有一子名永德。永德（1852—1920年）娶尤氏为妻，生五子三女。五子中，老四光华未有子嗣，老五光荣过继井氏（改名玉荣）。另外三子各有子嗣，光富有二子二女，光贵亦有二子一女，光有有两子。永德去世后，光富成为一家之长。光富在1928年去世，三兄弟分家，到20世纪40年代逐渐形成了三个家庭，其中又以光有子嗣为多。若是将井玉荣一并计算（在当地，人们认为曹氏与井氏为一族），曹氏家族由1个核心家庭、2个主干家庭和1个联合家庭构成（参见图6-8）。1954年，曹氏与井氏的一张合影中有24人之多（参见图6-9）。

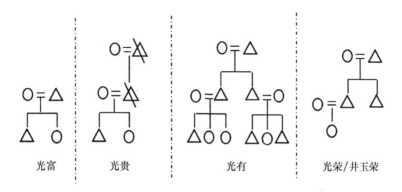

| 光富 | 光贵 | 光有 | 光荣/井玉荣 |

图6-8　曹氏（含井氏）家族结构

图 6-9　曹氏（含井氏）家族合影（1954 年）

　　人口多和与各姓氏的复杂关系使得曹氏在老户儿家中颇有影响，并为其在地方政治中扮演重要角色提供了条件。曹氏族谱中对此做了记录：

　　曹永德 1920 年病故，曹光富成为一家之长。光富在群众中的威信很高，办事公正、果断，1922 年到 1928 年连续被选为乡约。光富的交际很广，不但能与官吏、商界人士交往，而且还能同上层部落头人和一般牧民交往，非常密切。光富病故后，光有成为曹家出头露面的人，在蒙哈牧民和商界人士中有威信，"芒斯孜"（光有的乳名又写作"忙事子"——笔者加）之名无人不晓。曹家与蒙哈部落头目来往频繁，比如叶斯尔盖甫、胡勒台布拉提、加斯塔邦、哈拉哈斯、莫力合等，又与沙里福汗、塔本贝子（蒙古族）、哈勒森大喇嘛、布哈提贝子、马梅贝子等管理来往密切。

　　与曹氏类似，孙氏、章氏、杨氏（福喜）、李氏等人口较多的姓

氏开始了家族化进程。然而，通常作为家族象征的族产、宗祠和族谱
在老户儿家各姓氏中是缺失的。本书所用的"族谱"皆为 20 世纪 90
年代后各姓氏所修，其中大部分姓氏的族谱乃是由恽长普在《阿山旧
事》一书中所提供的。这与兰林友所说的华北"不完备的残缺宗族"
高度相似，明显缺乏宗族最主要的集体表征，但呈现出祖先崇拜（比
如祭祖）、辈分字、红白喜事的聚合等文化表达性的特征，具有显著
的意识形态特点。① 在老户儿家中，家族的一个主要表征是"家族墓
地"的出现。人口较多的姓氏多已拥有家族墓地，人口较少的姓氏则
多葬于集体墓地之中。墓地中的排序以辈分和长幼为序，呈金字塔形
分布。每年春节、清明家族中的后裔一起为先辈扫墓，从始祖开始，
再依次序逐一进行。在活人的世界以"父子关系"为基本轴心进行组
织，在亡人的世界中仍然如此。

图 6 – 10　曹氏家族墓地

　　大体来讲，老户儿家中人口较多的姓氏在 20 世纪中叶开启了家

---

　　① 兰林友：《庙无寻处——华北满铁调查村落的人类学再研究》，黑龙江人民出版社 2007
年版，第 56 页。

族化进程，然而该进程却在中华人民共和国成立后戛然而止。新生的
人民政府面临的一个挑战，即哈萨克族人口占阿勒泰地区人口总数的
多数，且多不通汉语。因此，各级政府都需要大量精通汉哈两种语言
的人才担任翻译。老户儿家由于长期与哈萨克族、蒙古族牧民混居，
多通哈萨克语和蒙古语，因此成为翻译的不二人选。

20世纪50—70年代，从老户儿家中走出了46位翻译，被充实到阿
勒泰地区地委、县、乡各级政府机构中。绝大多数翻译并没有受教育的
经历或受教育时间很短，在工作中逐渐学习、锻炼，一些人到20世纪
60年代逐渐走上了各级部门或公社的领导岗位。以曹氏家族为例，第
五代共有九子，其中二子夭折，余下七子中仅忠诚留在红墩务农。在被
抽调的翻译中，将近一半出自李氏（李万福）、孙氏、杨氏（杨福喜）、
赵氏（赵国栋）、恽氏和曹氏等大户，大户人口锐减。李氏（李万福）
第三代有八子，仅有四子留居。翻译中的另一半出自小户，比如朱氏第
四代保权。还有一些人通过参军和工作等途径迁出红墩，比如赵氏
（赵国栋）第三代国才，罗氏第三代亨玉和刘氏（刘毓连）第三代进义
等。随着小户后代的迁出，这些姓氏逐渐在红墩消失。

20世纪60—70年代，新移民的迁入从根本上动摇了"家族"发
展赖以存在的基础。首先，老户儿家第四代大量娶新移民为妻，冲破
了以婚姻交换为基础的扯扯秧社会关系网；其次，以"庄子"为中心
的分布格局瓦解。为安置新移民，大户的住房被征用。两三年后，新
移民独自建房，将一个个"庄子"连接成线。公社化时期，政府将老
户儿家原来分布的空间区隔为四个小队，老户儿家与新移民一样被整
合进自上而下的国家体系之中；最后，与新移民相比，老户儿家成为
红墩汉人中的"少数派"。红墩镇的萨亚铁热克村曾是曹氏、井氏、
章氏和刘氏（刘毓连）等大户的庄子，是老户儿家最集中的分布区
域。到我们调查时，该村老户儿家有21户，仅占全村户数的19.8%。
这些家庭多已在城镇购房，冬季居住在城镇，夏季回到村中避暑。他
们的孩子大都在阿勒泰市、北屯市工作或经商，仅在节假日短暂回到
红墩。

综上，老户儿家中一些姓氏开始了家族化进程，这是人口增加和血亲群扩大的结果。然而，随着人口外迁和"聚族而居"格局被打破，家族化进程很快终止了。20 世纪 70 年代后，老户儿家的家庭规模和结构很大程度上与汉人新移民已经没有太大差异。这些内容将在本章后文中进行分析，下面先对新移民的家庭生命周期做一番简略的描述。

第二节　新移民的家庭与家庭的空巢化

根据 56 户汉人新移民的调查，将近 70% 的男性户主在迁移时仍是单身，有约 30% 的是随父母迁移。从组建家庭的角度来讲，单身者与随父母迁移者略有不同，前者在迁入后很短时间内便会组建以"夫妻关系"为轴心的家庭，后者在婚后需要先从父母的家庭中分离出来。但是，一旦随父母迁移者从父母的家庭中分离出来，其家庭发展过程便与单身者家庭没有显著区别。另外，近期红墩汉人家庭的一个重要特征是空巢化现象十分突出，一定程度上讲这是汉人从乡村向城镇、从农业向非农产业的流动的结果。

一　新移民的家庭结构

人类学、社会学中发展出了"发展理论"以解释家庭发展进程，即着眼于各个家庭的整个存在过程中经常不断地变化，而且主要以家庭系统内部动力的相互作用来解释这些变化。按照发展理论的家庭学说，家庭变迁的基本动力来自家庭人口统计资料所反映的各种事件，如婚嫁、生育、子女的成长和达到具有重大社会意义的不同年龄阈限，以及配偶的衰老。家庭发展理论认为家庭有其自身的产生、发展和自然结束的运动过程，这就是家庭生命周期。[①] 经典家庭生命周期理论将家庭生命周期按照核心家庭的历史，从结婚至配偶死亡导致解

---

① 田丰：《中国当代家庭生命周期研究》，博士学位论文，中国社会科学院，2011 年，第 25 页。

体，划分为形成、扩展、扩展完成、收缩、收缩完成和解体六个阶段（详见表 6 - 3）。

表 6 - 3　　　　　　　　　**核心家庭生命周期的基本模型**

家庭生命周期阶段	各阶段的标志时间开始	结束
形成	结婚	第一个子女出生
扩展	第一个子女出生	最后一个子女出生
扩展完成	最后一个子女出生	第一个子女离开父母家
收缩	第一个子女离开父母家	最后一个子女离开父母家
收缩完成	最后一个子女离开父母家	配偶一方死亡
解体	配偶一方死亡	残存一方死亡

　　单身的新移民通常在迁入红墩 2—3 年后结婚，组建家庭，形成"丈夫 + 妻子"的核心家庭。婚后 1—2 年，第一个孩子出生，推动核心家庭进入扩展阶段。在之后的五年到十年中，孩子们相继出生。大部分家庭的孩子数量都控制在 2—3 个，其中 2 个孩子的家庭占调查家庭的 25%，3 个孩子的家庭占调查家庭的 46.4%，两者合计占调查家庭的 71.4%。另外，还有 28% 的家庭子女数达到了 4 个以上。

　　到 20 世纪 80 年代中期，随着孩子们的成年，新移民的家庭逐渐进入扩展完成阶段。从这一阶段开始，家庭结构出现了分化，出现了 A 和 B 两种形态。在红墩，婚后的居住模式基本上是从夫居或是新居制，因此女儿多会脱离其原生家庭。儿子结婚后有两种选择，一是与父母同住一段时间或长期同住，二是在居住上脱离原生家庭。与父母同住，意味着在一段时期内家庭结构由核心家庭转变为了主干家庭。在新移民中，主干家庭很少，仅占调查家庭的 10%；脱离原生家庭，意味着儿子在婚后家庭很快分家，分化为 2 个以上的核心家庭。扩展完成阶段同样可能持续五到十年的时间，也可能更长。

　　婚后与父母同住时间的长短不一，短则 1—2 年，长则可至父母离世。主干家庭的形成有若干原因，但归纳起来不外乎三种情况。一

家庭生命周期	形成阶段——扩展阶段——	扩展完成——收缩阶段——	收缩完成——→解体
A	核心家庭	主干家庭	核心家庭
B		核心家庭	

图6-11 新移民家庭的生命周期

是家中有2个以上的儿子，至少有2个儿子生活在村中，按照结婚的次序，先结婚的儿子与父母同住一段时间，至孩子出生或第二个儿子结婚。到孩子们都结婚后，主干家庭便消失，取而代之的是若干核心家庭；二是有2个以上的儿子，至少有2个儿子生活在村中，父母选择留下1个儿子与自己同住，但不必一定是长子或幼子；三是孩子中仅有1个儿子留在村中，其他孩子都已脱离村落。下面两个个案代表了第二种和第三种情况，分别出自杨廷福和李新民两个家庭。

　　1958年，我出生在四川泸州，16岁到沈阳当兵，1976年支援边疆建设到新疆。1978年，我回乡，经人介绍与同队的赵柱全结婚。我有三个儿子，老大杨斌1977年出生。2015年，杨斌与妻子贾红梅到福海县包地，赔了，回来在镇上开了一个餐馆。老大的房子是我给钱修的，在村上。老二跑运输，也在村上，我们花了6万块钱修的房子。老三也在村上，我们给花钱在队上买了一个院子。我们和老二一家住在一起，有一个孙女。

　　我祖籍安徽，14岁到红墩，1978年回老家，经人介绍找了对象。我有2个儿子和1个女儿。女儿最早出嫁，现在与丈夫在北屯做点小生意，房子也在那边。大儿子学习比较好，上了大学，2007年毕业后到哈巴河县工作。小儿子2001年当兵，2007年转业回来，自己开了店。2013年、2014年我和老伴去哈巴河给大儿子看孩子，这边的土房子倒掉了。大儿子出了3万元钱、女儿出了 2 万元钱，加上富民安居房 4.4 万元的补助，盖了现在的大院子。我们现在和小儿子一起住，有一个小孙子。

在新移民的家庭中，90% 以上都会一直维持着核心家庭的结构，又可具体分为两种情况。第一种情况是有仍然留在村中，但婚后随即分家；第二种情况是儿子们都因为学习、工作、经商等原因脱离了村落。从调查的情况来看，第二种情况更为常见，赵学的家庭就很典型。

> 我今年 70 岁，老家是河南的。我的父亲在 1962 年跑到红墩，在生产队当管理员。1964 年，我跟随奶奶、妈妈到的红墩，一起来的还有我的两个弟弟和一个妹妹。我有三个孩子，两个儿子和一个女儿，三个都上了大学。大儿子在湖北上大学，毕业后工作了 8 年，现在回到阿勒泰市上班，已经结婚了，房子也在阿勒泰市买了。女儿 2005 年结婚，就在阿勒泰市。她性格强，婆媳关系不好，离婚后自己跑到上海去工作了，现在收入不错。小儿子 2011 年结婚，在乌鲁木齐买的房，在库尔勒和朋友合开了一家广告公司。目前，就我和老伴还在红墩，我们买了"统筹"（农村养老保险），哪儿也不去，在红墩挺好。

大体来讲，新移民的家庭大多处于收缩和收缩完成阶段。家庭人口规模普遍比较小，其中夫妻双方组成的核心家庭占调查家庭的 29.6%，夫妻加上 1 个孩子的三口之家占 29.6%。夫妻加上 2 个孩子的四口之家占 22.2%，其中有 1 个家庭是主干家庭。五口之家占 14.8%，其中一半是夫妻加 3 个孩子的核心家庭。另有 1 个家庭是单身家庭。就 3 人以上核心家庭发展的趋势来看，既有可能发展为主干家庭，也有可能发展为夫妻双方组成的核心家庭。由于大部分的未婚子女多在外上大学，或在外工作，因此发展为夫妻双方组成的核心家庭的可能性更高。

我们也对村中老户儿家当前家庭结构进行了调查，发现与汉人新移民的家庭结构并无显著区别。调查的 8 户家庭中，仅有 2 户是主干家庭，其余的皆为核心家庭。事实上，20 世纪 60 年代后，老户儿家后裔的家庭生命周期与新移民也没有显著差异，在从父母家庭分离出来后基本沿着 A 或 B 两种形态发展。

应该如何解释新移民家庭结构和家庭发展轨迹呢？大体而言，有三个方面的原因。一是 20 世纪 80 年代后，阿勒泰市及周边地区经济发展较快，为年轻人走出乡村，进入城镇从事非农产业创造了机会。尽管改革开放后，农牧业也实现了快速发展，农民实现了"衣食无忧"，但因土地资源紧缺、农牧业收益较薄等原因，一批年轻人尝试走出乡村，进入城镇就业和生活；二是新移民普遍比较重视孩子的教育，并鼓励孩子通过升学改变命运。以我们调查的家庭来看，至少50% 的新移民家庭有大学生；三是国家政策的刺激，其中"农村养老保险"和在城镇购房的"住房补助"政策的效果最好。不仅年轻人凭借这些政策迁入城镇居住，在城镇就业或谋职，老人们也普遍在城镇中购房。老人们购房的出发点都很简单，比如城镇中住房的供暖比较好、生活便利等。他们在夏天多选择回到村里，在院子里种菜、养鸡，或是单纯地回家避暑。

总之，无论是老户儿家，还是新移民，家庭的规模都倾向于小型化，结构趋于简单化，处于收缩阶段。

二　家庭的空巢化

当代中国乡村社会结构的一个大问题是"三化"现象突出，即村落空心化、家庭空巢化和人口老龄化及彼此间的相互强化，其产生的原因有村庄合并、"村民上楼"和生态移民等因素。"三化"破坏了村里社会关系网络，甚至在一些地方可能瓦解了已经脆弱不堪的村落共同体。[①] 近年来，红墩也出现了"三化"问题。

---

① 连雪君、吕霄红、刘强：《空心化村落的共同体生活何以可能：一种空间治理的视角——基于 W 县乡村留守老年人群社会组织方式的调查》，《南京农业大学学报（社会科学版）》2019 年第 2 期。

在红墩新移民的家庭中，空巢家庭（夫妻二人组成的核心家庭）已经占到了 29.6%，家庭人口为 3—5 人的核心家庭占调查新移民家庭的 59.2%。如前所述，人数 3—5 人的核心家庭既有可能向空巢家庭发展，也有可能转变为主干家庭。但是，进一步对这些家庭子女的情况做具体分析，便会发现空巢家庭应是主要发展方向。3 口之家的核心家庭中，12 个家庭的孩子皆在外求学、务工或经商，有 5 个家庭的孩子仍留在村中务农。4 口之家的核心家庭中，11 个家庭的孩子在外求学、务工或经商，4 个家庭中有孩子留在村中务农。5 口之家的核心家庭中，仅 1 个家庭有孩子留在村中务农，4 个家庭的孩子在外经商和求学。我们假定留在村中务农的孩子不会离开农村，那么未来五到十年仅有 17.8% 的家庭中有子女留居农村。这些孩子结婚后，既可能与父母同住，组建主干家庭，也可能分家单过。以此推算，新移民中 80% 以上的家庭都将成为空巢家庭。由于老户儿家当前家庭结构与新移民家庭没有显著差异，因此空巢化现象已在红墩汉人家庭中显现出来。

我们对 29.6% 的空巢家庭中子女的分布做了调查，发现绝大部分子女都生活在阿勒泰市周边，其中阿勒泰市和北屯市的人数最多。对在外务工、经商的子女的分布地进行分析，大体也以阿勒泰市和北屯市人数居多。因此，尽管出现了空巢化现象，但子女与父母的联系还是相当方便的，并未造成严重的养老问题。2010 年以来，阿勒泰市开始在全市范围内实施城乡居民养老保险制度（当地人简称"统筹"）。养老保险按照十四个档次按月缴纳，一般缴费年限为 15 年，60 岁后可按月获得养老金。调查发现，有约 88% 的受访者已经购买了养老保险。在未购买养老保险的受访者中，相当多的人有退休金（原来社队企业的工人、乡村干部）。在谈到购买养老保险的原因时，大部分人表示不想养老成为孩子们的负担，为自己和配偶提供一份保障。还有一些受访者指出，养老保险缴纳的经费并不多，在承受范围之内。一些年龄大的夫妇需要一次性花数万元缴纳养老保险，通常由孩子们分担。从逻辑上讲，孩子们分担相当于提前预支了养老费用，但最大限度地避免了因父母养老而引发的家庭纠纷。

当然，养老保险并不足以完全保障老人的经济收入，老人另外两项主要收入是存款和土地的出租费。在所有子女成家前，大部分家庭都不可能有多少存款。夫妇挣的钱不仅被用于子女的教育或是投入子女的生计中（比如给孩子购买卡车，或是为孩子提供开店、做生意的启动资金），还被用于孩子的婚姻、建房或购房中。杨廷福有三个儿子，给大儿子盖房花了 4 万元，给二儿子建房花了 6 万元，给小儿子在村中买一个院子花了 5.5 万元。总之，到 2008 年小儿子结婚，杨廷福未攒下什么钱。我们调查时，老两口仍然在种地。2016 年，他还在养猪、养奶牛、种高粱，年收入在 10 万元左右。他告诉我们，准备再干两三年，存点钱，加上夫妻每月的养老金，足够养老后便彻底退休。"退休"后，人们可能将土地交给儿子。若是儿子也不在村中，便以 300—400 元不等的价格将土地承包出去，获得土地承包费。我们注意到，绝大部分受访者都抱有与杨同样的计划。

我们在红墩的调查主要有两个阶段，一是 2017 年 1 月—2 月，二是 2017 年的 7 月—8 月。第一个阶段的调查主要是在红墩镇的×小区完成的，主要原因是人们在冬季多住在近年来新修的住宅小区中。第二阶段的调查主要是在萨亚铁热克村完成的，因为人们在夏季多返回村中的院落居住生活。他们开玩笑说与哈萨克族游牧民杂居时间长了，自己的住房也分成了"冬窝"和"夏窝"。当然，这是一个形象的比喻，但却反映出人们向城镇迁移的趋势。红墩镇提供的数据显示，2011—2016 年萨亚铁热克村已经有 46 户在镇上的×小区购房，这是安居富民房项目的一部分。从 2011 年开始，本地农业户口，家中没有国家干部，没有享受过安居富民房政策的村民皆可享受 3—4 万元的优惠政策到镇上购房。因此，行经萨亚铁热克村时便会发现大部分院落相当陈旧，多是 20 世纪 80—90 年代修建的砖瓦平房。人们选择到镇上居住的原因有很多，但主要有两个。一是冬季集中供暖，与村里的老房子相比，生活更加舒适便捷；二是红墩镇距离萨亚铁热克村仅 1.5 千米，方便在冬季回院子照顾牛羊，也方便在夏季回到村中避暑和完成农业生产。每年 5 月—9 月，天气转暖，人们便回到自己的院子中，完成一年的生产，并度过炎热的夏季。因此从生活的角度看，绝大部分家庭已经开始脱离乡村。有意思的是，在城镇中他们仍然生活在一起。

上述变化反映了牧区汉人村落空心化这一现象。2010 年以来，我在阿尔泰山草原 7 个汉人村落进行调查，注意到了汉族人口的外流、大量房屋闲置、土地转包等空心化的表现，但尚未导致村落共同体的瓦解和社会关系网络的严重破坏。① 就红墩的情况来看，汉族人口外流、土地转包等现象是普遍的，但房屋闲置现象并不严重。一个重要原因是，人们倾向于在距离村落较近的红墩镇购房，因生产生活的需求仍季节性地返回村中生产和生活。"返回"有重要的社会意义，它有助于维系汉人村民之间的社会关系，并巩固人们基于村落形成的群体认同。

第三节　家庭关系及其变化

若只是从人口规模的角度进行比较，20 世纪 50 年代前老户儿家的家庭可视为"大家庭"，当前汉人新移民的家庭可视为"小家庭"。然而，正如费孝通所说"大家庭和小家庭的差别绝不是在大小上，不是在这个社群所包括的人数上，而是在结构上。一个有十多个孩子的家并不构成'大家庭'的条件，一个只有公婆儿媳四个人的家却不能称之为'小家庭'。在数目上说，前者比后者多，但在结构上说，后者却比前者为复杂，二者所用的原则不同"②。沿着这样的思路，我们需要对老户儿家与汉人新移民家庭中的关系做进一步的分析。

---

① 这 7 个村分别是富蕴县吐尔洪乡的塔斯托别村、喀拉沃依村，福海县的别斯朱勒德孜村和地方渔场，阿勒泰市红墩镇的萨亚铁热克村，哈巴河县的却限村与胡麻村。吐尔洪乡汉人村落的空心化现象可以参见拙著《消逝的草原：一个草原社区的历史、社会与生态》（中国社会科学出版社 2017 年版）。

② 费孝通：《费孝通文集（五）》，群言出版社 1999 年版，第 346 页。

20 世纪 50 年代前，老户儿家的家庭关系的核心是"父子关系"，而新移民家庭关系的核心是"夫妻关系"。从历时的角度来说，老户儿家与新移民的家庭关系的比较可反映红墩汉人家庭关系过去百年间的巨大变化，包括了 20 世纪 50 年代前、20 世纪 60—70 年代和 20 世纪 80 年代后三个时期。我将聚焦婚姻的自主性和婚后夫妻关系两个问题，并以此为出发点分析家庭关系及其变化。

　　在讨论中国传统家庭关系时，人们都强调"父子关系"轴。费孝通在《江村经济》中明确指出，父母与子女、夫与妻这两种关系是家庭组织的基本轴心。但在中国所谓的家，前者的关系似乎更为重要。[1]许烺光指出，家庭中所有其他的亲属关系都可以看成是父子关系的延伸或补充，夫妻关系就只能是父子关系的补充并服从于父子关系。[2]费孝通在《乡土中国》中对"父子关系"的主导性地位做了解释。他说，我们的家既是个绵续性的事业社群，它的主轴是在父子之间，在婆媳之间，是纵的，不是横的。夫妇成了配轴。配轴虽则和主轴一样并不是临时性的，但是这两轴却都被事业的需要而排斥了普通的感情。"父子关系"的主导性关键在于中国的家是一个事业单位，根据事业的大小而形成夫妇合作的单位或兄弟伯叔聚合在一起的单位，但结构原则是一贯的、单系的差序格局。[3]许烺光认为兄弟关系是父子关系的延伸，但并不从属于父子关系。兄弟关系和睦融洽是巩固和加强父子关系的前提。[4]

　　大体来说，老户儿家中的父子关系和兄弟关系与其他地区汉人社会中并无显著差异。父亲是一家之长，父卒，兄弟们可能分家，但兄弟之间仍保留着长幼次序。我的一个重要报道人李红秀是曹氏第五代忠伟的妻子，在说到曹忠贤时总是说"我们家大哥如何如何"。每次

① 费孝通：《江村：农民生活及其变迁》，敦煌文艺出版社 1997 年版，第 31 页。

② 许烺光：《祖荫下：中国乡村的亲属、人格与社会流动》，王芃、徐隆德译，南天书局 2001 年版，第 49 页。

③ 费孝通：《费孝通文集（五）》，群言出版社 1999 年版，第 348 页。

④ 许烺光：《祖荫下：中国乡村的亲属、人格与社会流动》，王芃、徐隆德译，南天书局 2001 年版，第 50 页

去拜访，总得带些礼物，否则就有违礼节。2017 年 1 月，李红秀带我去见井玉荣幼子元功之妻郭桂英时说"这是我们的尕（小）婶婶"。随着时间流逝，一个家族中几个兄弟尽管不居住在一起，但长幼次序不可乱。20 世纪 50 年代前，父卒后，长兄可能代替父亲的角色，将一家人团结在一起，直至兄弟们各自成家后再分家。

> 当年恽氏家族兄弟姐妹共 8 人（第三代），年幼时长辈相继去世，故成群孤。1937 年，老大恽守忠被抓壮丁，后流落焉耆，1954 年才返回红墩。老二守孝 16 岁便操持家业，拉扯兄弟姐妹们同甘共苦，近十口人的吃喝拉撒全靠他一人操持。直至 1956 年分家，兄弟姐妹同住一个院、同吃一锅饭。

就红墩老户儿家来说，家作为绵续性的事业社群并不取决于土地和财富的多寡，因为只要有足够的劳动力便可在一代人的时间内发家致富。同理，只要出现生育中断或男丁较少，富裕的家庭也可能在一代人的时间中陷入贫困。因此，家的绵续性取决于婚姻及女性的生育。我已在第五章中说明男性娶妻难是老户儿家婚姻中的一个典型特征，婚姻在本质上是不同姓氏间为获得女性生育能力，进而实现家庭再生产的一种交换行为。因此，女性在婚姻中的自主性很弱。事实上，女性也很少参与到丈夫家庭的各项事业当中。生了多少儿子往往成为人们衡量妇女"贡献"的标准，也决定了在家庭中的地位。以至于老户儿家后人在回忆母亲或祖母"厉不厉害"时，也以生育子女的多寡为标准。

女性在家庭中的地位不高可能与她们结婚的年龄和与丈夫年龄的差距有相关性。恽长普在《阿山往事》中对老户儿家各姓氏第一代到第三代中一些人的出生年月做了记录，其中有 41 对夫妻的出生时间有明确记录。分析发现，妻子比丈夫年长或同龄的仅有 5 人，占比为 12.2%。妻子比丈夫小 1—5 岁的 14 人，占比为 34.1%。妻子比丈夫小 6—10 岁的 6 人，占比为 14.6%。妻子比丈夫年龄小 11 岁及以上的 16

人，占比最高，达到了39%。若是以妻子比丈夫小6岁以上来计算，占比则达到了53.7%。41户中，妻子比丈夫年长的3人中，最多年长2岁。但是，丈夫比妻子年长的36户中，最多年长了24岁。

笔者利用《阿山往事》中的资料，尝试对女性结婚年龄做了梳理。女性结婚年龄没有明确说明，但有20位女性第一个孩子的出生时间是明确的。我们假定，女性结婚当年或次年开始生育，由此推论其成婚时间。20位女性中在20岁以上结婚的有3位，18—19岁结婚的5位，15—17岁结婚的9位，15岁以下的3位。年龄最大为21岁，最小的2位仅10岁。结合妻子与丈夫年龄普遍较大的差距，可以得出两个推论。一是大部分女性在婚姻问题上缺少自主性，主要应是父母的包办婚姻。调查的老户儿家后裔中的年长者表示"婚姻都是父母包办的，两家父母商量好，到时间就结婚"；二是婚后在夫妻关系中，妻子缺少"话语权"，在家庭的各项事业中较少参与。

老户儿家的家庭多有两代或三代人，还有相当比例的主干家庭和扩大式家庭的存在，因此家庭关系远比父子关系、兄弟关系和夫妻关系复杂。从理论上讲，妯娌之间的关系与兄弟之间的关系一样，应该是一种和睦融洽、互助合作的关系。[1] 但在现实中，妯娌关系与婆媳关系一样往往比较紧张。一些嫁入老户儿家的女性新移民说"老户儿家家庭中的关系很难处，要是找个与自己一样的'盲流'就好了"。孟玉芝讲述了他与刘建成婚后生活中的"苦难"。

1960年，我和母亲一起从老家来投奔早两年到红墩的父亲。这一年，我5岁。我们家有兄弟姐妹6个，我是老大。12岁那年，我便和复转军人一起到塘巴湖干活挣工分，还要帮着母亲拉扯弟弟妹妹。我的两个妹妹很早就结婚了，父亲说我再不结婚就嫁不出去了。当时也有两个追求者，但父亲觉得都是"盲流"，

① 许烺光：《祖荫下：中国乡村的亲属、人格与社会流动》，王芃、徐隆德译，南天书局2001年版，第51页。

条件不好。队上的一个老乡给介绍了刘建成，我看着还不错，父亲觉得老户儿家的条件好一些。刘建成有兄地姐妹7个，也是老大。婚后，才发现老户儿家一点都不好。一个大院子，满共就四间房，我们住一间。两年后分家，什么都没有，连房子都是我们自己打的。婚后两年，我连续生了两个女儿。刘建成他妈妈说我是"骒子"，开始不知道什么意思，后来才知道是"不会下崽"的意思。他是家里的老大，家里收10袋麦子，除了交的公粮，全都给父母拿回去，照顾他的弟弟妹妹。家里孩子有没有饭吃，他不管，四个孩子都是我拉扯大的。

分析孟的个案，可以发现"难相处"的关键在于男性很难协调对大家庭的和对小家庭的责任。这可能诱发婆媳之间和姑娌之间的矛盾，而化解矛盾的途径便是分家。孟的个案也揭示出，在公社体制下小家庭的独立性在增强，在很大程度上可以通过劳动获得生存资料，进而摆脱大家庭的束缚。在孟的个案中，我们也看到了代际之间观念的冲突。大体来说，男性偏好或"重男轻女"的观念在老户儿家中仍然普遍存在，但在新移民中似乎已经弱化。已有研究表明，这可能与中华人民共和国成立后女性的解放，以及公社化体制下女性普遍参加劳动相关。因此，不管是老户儿家，还是新移民，婚后很快从大家庭中分离出来。在家庭关系中，"父子关系轴"的重要性逐渐降低，"夫妻关系轴"的重要性上升。阎云翔指出，夫妻关系开始在家庭内部占了中心地位，这是自50年代（20世纪）早期以来中国农村家庭结构的一个重要变化。①

事实上，20世纪60—70年代年轻人在婚姻中自主性的唤醒就已经动摇了传统社会中的家庭关系。从新移民的姻缘关系的角度，我们将新移民的婚姻分为了A、B、C三种类型。我们还可以从婚姻缔结

---

① 阎云翔：《礼物的流动：一个中国村庄中的互惠原则与社会网络》，李放春、刘瑜译，上海人民出版社2017年版，第102页。

过程的角度对新移民的婚姻进行分类，分为"介绍型"与"自由恋爱型"。前者指经亲戚、朋友或老乡介绍相识，并在较短的时间中结婚。后者指在公社集体活动中相识相恋，然后托人在形式上完成介绍的环节，最后结婚。总的来讲，绝大部分新移民的婚姻属于"介绍型"，既可能是返乡经人介绍认识，也可能是在迁入地经人介绍后相识。有意思的是，一些受访者表示虽然经人介绍认识，但有相恋的浪漫过程。

62 岁的陈春海说：

我和妻子是经过妻子的一个亲戚介绍认识的，之后我们也是自由恋爱，等到 1981 年的时候，我们就结婚了。妻子是新疆老户章家的，章玉芬，会说哈萨克语。婚礼仪式很简单，我的父母都在老家，去提亲的时候带了一点烟、酒、糖，都是双份。那时候也没有钱，所以没有给礼金（彩礼）。办了酒席，因为是老户家，请的人都很多，但大多数都是女方家的亲戚、朋友。我这边就是我的姐姐，老家里也没有来人代表参加婚礼。

54 岁的刘水森说：

1987 年，我经人介绍认识了李慧霞（妻子），我的妻子也是河南许昌的。当年，她过来是为了要投靠自己的姐姐，她姐姐在这里嫁给了大修厂的一个小伙子。我们是一个老乡介绍才互相认识，当年就结婚了，仪式很简单。我们和这里的人大多数结婚的时候都不一样，男方什么都没有给女方带。因为当时我投靠哥哥，她投靠姐姐。双方的家长都在老家，我们也没有证婚人，就到乌鲁木齐到处玩玩就算结婚了，用现在的话说就是旅游结婚。

尽管人们在婚恋观上已经摆脱了"家长制"的束缚，但即便是"自由恋爱"，还是少不了"媒妁之约"，中间人介绍仍然是少不了的环节。高新民与妻子杨秀玲就在公社的文艺队中相识，后托人介绍后结婚。

1972 年，我在宣传队工作，会唱歌跳舞。我们十几个男的，十几个女的，天天都在窑洞里练舞。她天天往我家里跑，邻里开玩笑说"她想跟你呢"。每天我们都要排练，见面机会也多，感情较好。虽然是自由恋爱，但托人介绍还是必须的。我们家找了一个姓董的老汉去说媒，带了 2 瓶酒，1 块羊肉，2 件被面（一红、一绿）。说媒时，女方有什么要求就告诉媒人。她们家要了 20 公斤清油、2 只羊和 500 元钱。为了娶她，家里卖了 3 头牛，买了 20 公斤酒，婚后家里添了 1 把扫帚、2 个小板凳和 1 个 53 元的录音机。

不管是介绍的，还是自由恋爱的，男女双方在婚前都有大量交往，彼此了解颇深，这为婚后"和谐"的生活创造了条件。由于大部分新移民的亲人不在红墩，因此家庭便是夫妻二人的组合。即便是与老户儿家的男性或女性结婚，但因婚后很快分家，小家庭中的关系相对简单，较少受到大家庭的影响。对于这些年轻的夫妻来说，婚后一段时期的物质生活相当匮乏，双方都需要同心协力共筑"爱巢"，这为延续和发展夫妻间的亲密关系提供了条件。20 世纪 60 年代后，红墩汉人家庭内部关系的一个显著变化是"夫妻关系"的重要性凸显，并取代了"父子关系"的主导地位。研究发现，家庭内部关系与性别角色的重新定位也许是 1949 年以来私人生活领域中最重要的变化，其中特别值得注意的是妻子在家中地位的上升。[①] 毋庸讳言，红墩汉人家庭内部关系与下岬村经历了相似的变化轨迹。

20 世纪 80 年代以来，克兰河畔的红墩在改革的春风中焕发了新的活力。一些年轻人抓住了市场中的各种机遇，通过经商或务工逐渐走出乡村，在城镇立足。教育的发展为年轻人走出农村创造了机遇。

---

① 阎云翔：《礼物的流动：一个中国村庄中的互惠原则与社会网络》，李放春、刘瑜译，上海人民出版社 2017 年版，第 115 页。

调查的56户新移民家庭中，31户中有孩子上大学或大学毕业后在外工作。孩子们在婚姻问题上会征求父母的意见，但很少完全听命于父母。所谓"征求意见"，更多是到谈婚论嫁时带回家里与父母亲朋见面。当然，介绍型婚姻也就更少了。总之，在婚姻问题上年轻人的自主性显著增强，这反映了家庭中"父子关系"平等化的趋势。当然，代际之间在婚姻问题上的冲突总是无法避免的，但胜出者往往是年轻人而非父母。63岁的王勇霞向我们讲述了"老三"（第三个儿子）波折不断的婚事。

> 老三是男孩，是个厨师，在北屯工作。他起先谈了一个女朋友，我们老两口觉得人不错，很满意。但是，儿子不是很喜欢，最后与这个女孩分手了。之后，他又谈了一个女孩。我们认为各方面都不如第一个女孩，但是很无奈的是儿子很喜欢，而且女孩怀孕了。可不太好的是女孩的娘家要5万块钱的彩礼，太重了。我们与女孩娘家商量彩礼，没有谈拢，女孩的妈妈就让女孩将孩子打掉了。出了这样的事后，我们很反对。我们当时很生气，给儿子说你们分手吧。可是，儿子坚决不同意。我们第二次找到女方家商量婚事，这时女孩又怀孕了。女方家提出要6万元彩礼，我们拿不出这么多钱，结果又把孩子流掉了。后来，女孩第三次怀孕，双方家庭都做出了让步。我们给了女方家1.5万块钱的彩礼，这才让婚事定下来。

就个案的信息来看，事实上不管是男方父母，还是女方父母都持不赞成的态度。女方索要高额彩礼，可能并不是为了彩礼本身，而是希望以此阻止女儿的选择。当然，这对年轻人采取了比较激烈的抵抗方式，最终迫使父母点头同意。这当然对家庭中的婆媳关系产生了影响，王勇霞直言与这个儿媳妇的关系很差。老三婚后与妻子常年在北屯生活，很少回到双方父母家。在调查的案例中，当父母与子女在婚姻问题上发生矛盾时，大部分子女采取在外同居的策略，或是搬出

《婚姻法》捍卫自己在婚姻问题上的自主权。父母苦口婆心劝告无功后，多会选择妥协。在这类发生矛盾的个案中，父母很少与子女同住，但会从经济上给予帮助，比如为在城市购房提供支持等。

综上所述，20 世纪 50 年代以来，红墩汉人家庭内部关系经历了三个阶段的显著变化。一个总的趋势是"父子关系"的主导地位让位于"夫妻关系"，家庭内部关系趋于简单化和平等化，年轻人的自主性显著增强。

第七章　民间信仰与文化在地化

　　丰富的民间信仰向来被视为新疆北部汉人社区的显性特征，民间信仰之繁盛又以"庙宇"种类的繁杂和数量之多为标志。① 1906 年到1908 年，芬兰探险家马达汉在新疆考察时对清代新疆坛庙有过记录。芬兰著名马达汉研究者哈里·哈伦整理后，发现马达汉记录的神祇包括佛像、道教人物 18 类，约 430 多个。② 以巴里坤为例，清代汉、满两城共有庙宇 57 座，三乡有庙 33 座，共有 90 座之多，有圣贤型神祇、乡土型神祇、杂类型神祇和技艺型神祇，囊括了上古宗教、儒教、道教和民间偶像崇拜宗教等各种类型。③ 该地区汉人社会的研究表明，在没有传统意义的宗族情况下，民间信仰成为整合地方社会秩序的可行办法④，构成了移民社会稳定的精神基础，并促进了移民社

---

　　① 民间信仰可谓新疆汉人社会研究中的一项核心议题，成果颇丰。除了像许学诚关于镇西民间信仰、王鹏辉关于镇迪道佛寺道观的专著外，还有大量论文发表。这些论文有齐清顺《清代新疆的关羽崇拜》（《清史研究》1998 年第 3 期）、陈旭《新疆的关帝庙与关帝崇拜》（《世界宗教文化》2009 年第 4 期）、陈国光《新疆"方神"本是戍边爱国之士》（《西域研究》2004 年第 4 期）、黄达远《清代新疆北部汉人移民社区的民间信仰考察》（《宗教学研究》2009 年第 2 期）、贾建飞《清代新疆的内地坛庙：人口流动、政府政策与文化认同》（《中国边疆史地研究》2012 年第 2 期）等。民间信仰的重要性在于是边疆移民整合的重要机制，也是凝聚群体的精神力量，并为政府所重视和推动。

　　② 许建英：《坛庙与神祇：清代新疆汉族移民的社会文化构建》，《云南师范大学学报（哲学社会科学版）》2014 年第 3 期。

　　③ 许学诚：《神化镇西——掀起新疆汉文化神秘盖头》，光明日报出版社 2003 年版，第 3页。

　　④ 黄达远：《清代新疆北部汉人移民社区的民间信仰考察》，《宗教学研究》2009 年第 2期。

会结构的完善。①

　　然而，坛庙、神祇这些民间信仰的显性符号在红墩都见不到，敬神、祭祀等外化的仪式性行为也没有发现。起初，我们认为这与调查不深入相关。在对数位老户儿家老人访谈后，发现红墩汉人的民间信仰与巴里坤的情况不同，具有不完整性和隐匿性。所谓"不完整性"指没有成体系的民间信仰，甚至一些重要的仪式也被简化。所谓"隐匿性"指没有"庙宇"这类显性符号和各种外化的仪式性行为，而是隐藏在人们的生产生活行为之中，当地人经常是"做而不说"。民间信仰的另一个显著特征是混杂性，即不同地区的移民在信仰和仪式中既相互融合，又在一定程度上保留其祖籍地的特性。这些特征反映了红墩汉人文化的在地化——在边地生成和构建出了区别于祖籍地的文化体系，并在语言、饮食和人们的行为方式上等多个层面也有体现。

第一节　红墩汉人的民间信仰

　　由于田野调查资料零散，文献档案资料也比较少，我们对红墩汉人的民间信仰和文化的描述注定是不系统的，也很难做到深入。即便如此，还是有必要对这些零散的资料进行分析，因为这对认识红墩汉人社会的特性至关重要。同时，我认为这些资料已经足以揭示红墩汉人在民间信仰上的主要特征。

一　不完整的仪式

　　2017 年 1—2 月在红墩不长的田野调查后，我便下定决心到此做深入调查，并写一本关于红墩汉人的民族志。在第二次下田野之前，我大量阅读新疆汉人社会的著作。其中，王建基和许学诚的《爬梳镇西：掀起新疆汉文化神秘盖头》一书和许学诚的《神话镇西——掀起

---

　　① 许建英：《坛庙与神祇：清代新疆汉族移民的社会文化构建》，《云南师范大学学报（哲学社会科学版）》2014 年第 3 期。

新疆汉文化神秘盖头》一书给我极大震撼，他们对巴里坤（原名镇西）汉人社会的历史、经济生活、社会生活和文化观念做了细致入微的描述。其中，对汉人建房中的上梁仪式的描述颇有意思。

> 大梁是最后登上房架的一个最大部件。把这个部件送上房架的过程和仪式叫上梁。上梁之前，首先要对大梁进行一番披挂。
>
> 大梁接受披挂的符饰有四件：头一件是一块二尺见方的红布，对角相送，折成一个双层的正三角形，待用；第二件是一本年久的宪书，即古旧的历书，据说历书的年代越久远越好；第三件是一双红色的筷子；第四件是一束红头绳牢牢缚在大梁中段。这种符饰不是每一间房，每一根梁都要披挂的，只是要建造的一栋房中间的一间的中梁才消受此披挂。若是同时建造一院房子，就选正屋，即当地所谓的上房中间屋的中梁。
>
> 上梁时，大梁两端系上吊绳，有力壮者站房架的房檩子上向上扯吊。下边同时有力壮者用木椽支持上撑。主持仪式的道士念经祷告之后，喊：上梁了！上扯者和下撑者立刻齐声呼应：上去了！一边用力扯撑，直到大梁上架，稳坐房柱了。此时，便大放其鞭炮以示上梁成功。①

在设计田野调查方案时，我将建房仪式（动土——上梁——谢土）作为考察红墩汉人民间信仰的一个重点。然而，调查的结果令人沮丧，很多受访者说"没有什么仪式"，或是说"这边建房没有老家那些讲究"，再或是说"这些都是封建迷信"，仅有两人提到了上梁仪式。新移民徐公辉（男，54岁）说"盖房子结束后，建房的人在中间的梁上绑上红绳，意思是讲究吉利、平安、发财等。之后，主人家请干活的人在家里摆两桌（吃饭）"。在老户儿家后人高新忠的记

---

① 王建基、许学诚：《爬梳镇西：掀起新疆汉文化神秘盖头》，光明日报出版社2003年版，第111—112页。

百年红墩

忆中，20世纪50年代前建房的"讲究"更多，但他对"讲究"的描述也是极为模糊的。

> 老户儿家盖房子有讲究，要上梁（中梁）挂红，以保平安，求吉祥。"梁"的朝向也有讲究，大的一头朝北，小的一头朝南，表示顺利。横梁必须是单数，通常是5根。楞条也应该是单数，比如9和13。房子修好了以后，要谢工人，给盖房子的人买一些肉、酒、糖，还要撒一些糖，以感谢盖房的人盖得好。

与巴里坤汉人相比，红墩的上梁仪式明显少了很多要素，四件符饰中仅保留了红绳，没有道士主持仪式，也没有放鞭炮，甚至挂红绳的时间也推后到了房子建成后。就老户儿家的情况来说，20世纪50年代前上梁仪式可能更为复杂，其后人可能未曾目睹该仪式，仅是从老人的口述中获知一二。因此，一些家庭正房居中的大梁上绑了红绳，但人们并不清楚这是上梁仪式中的一部分。对仪式目标的解释往往很朴实，而不会将之与"驱邪祈佑"、"仕途腾达"、"栋梁之材"、"典籍"、"荣华"和"命运"联系在一起。① 高新忠还提到了房子建成后的"谢土仪式"。在他的叙述中，"谢土仪式"的目的是"谢工人"，而不知道其本意是"答谢土地"和"清除邪恶"。下面这两段话出自《爬梳镇西》一书，较为细致地介绍了"谢土仪式"。

> 谢土的仪式由道士主持。首先是供奉祭品，土地的排位就设在新落成的院内供桌上。其次，用麦麸皮撒落地上成线条状，勾画出一个城池的轮廓来。这叫麸子城。然后道士开始念经。据说这经是奉献给土地的。然后道士一改温文尔雅的神态，变得彪悍恶狠起来。他挥动用亚麻编织的长鞭，在院里啪啪啪打院内每个

---

① 王建基、许学诚：《爬梳镇西：掀起新疆汉文化神秘盖头》，光明日报出版社2003年版，第112—113页。

角落，每个房间的旮旯拐角一处也不放过地要抽打一遍。好像要把什么东西追赶消除出去，直驱赶追打到麸子城内为止。而接着一位手端醋坛的壮汉，在循着道士鞭挞过的每个地方巡走一遍。所谓醋坛是一个长靶的炒勺，里面放了醋和酒以及一些易燃的柴草，点起熊熊大火，持勺人高举手臂，似在追烧什么，直随之道士追到麸子城里。最后清除画城的麸皮抛之荒野。

据熟悉此道的人透露，说谢土的意图，一是答谢土地。二是清除邪恶。地方土地年深日久，世代沿用，谁也说不清建庄盖屋的地盘原来属于谁人，是古坟，是古屋，还是古庙，无人知晓。现在要占领此地，必须对古旧主人有个交代。麸子城就是为古旧主人新建的新居，敬请乔迁。请来土地是公证之意。念经是先用礼教敬奉古旧主人；鞭挞是对不肯礼让者的先礼后兵。①

总之，红墩汉人的上梁仪式和谢土仪式具有不完整性，这是由三方面因素造成的。一是红墩汉人主要是自发移民，移民的文化层次大多较低，对传统仪式的知识本就欠缺；二是 20 世纪 50 年代以来，急剧的社会变革特别是对"传统"的鞭挞，导致人们有意识地远离这些"封建迷信"；三是红墩汉人的群体规模小，且远离新疆北部汉文化中心。因此，一旦熟悉仪式的老人去世，仪式知识的传承便可能中断。

这种不完整性在人们的"风水"观念和实践中也有表现。人们指出，红墩根本就没有懂风水的先生，大家只是从老人的口述中略知一二，再按照老人们的"说法"具体实践。在访谈中，曹忠贤很努力地回忆在选阳宅和阴宅时的"讲究"，他说：

> 四十户人来自关内，后在红墩定居建房。人们就说"把房子建在好一点的、风水好一点的地方"，但是懂得这方面的人很少，

---

① 王建基、许学诚：《爬梳镇西：掀起新疆汉文化神秘盖头》，光明日报出版社 2003 年版，第 113—114 页。

这些人都是文盲。所以，建房时就请老人看一下，帮忙选一个地方。以前的房子都是土房子，克兰河谷又比较潮湿，因此主要是选水位低一点的地方。住屋的位置应面向东方，门窗朝南，这样可以保证阳光进屋，屋子"亮堂"便行。老户儿家的坟墓基本上都选择在通往喇嘛昭（现汗德尕特蒙古民族乡）的沿山一带，山在背面。选择坟址时，老人们要看头和脚的方位。一般是头朝北，脚朝南。头朝北有山，意思是"头枕山"。南面最好要有一个小山包，这样脚可以"蹬山"。还要考虑地形，必须是干燥的地方，一般不选潮湿之处。因为要做到"头枕山，脚蹬山"，老户儿家的坟就很乱，分成了好几块。

就阳宅和阴宅的选址来看，更多体现的是对当地地形、气候和水位等生态环境因子的适应，并在适应的过程中形成了一套地方性的知识体系。同时，也很难说人们的选择与"风水"观念完全无关，至少在阴宅方位的选择上有较为明确的说法。但是，因为缺少懂得"风水"的人，阳宅和阴宅的选址中也就少了很多重要的仪式。

二　葬礼：仪式不完整性的案例

2017年7月，我们在萨亚铁热克村调查时亲历了一场葬礼。死者王宝祯，于2017年7月19日晚上十点左右，从镇政府文化室跳舞出来后，骑自行车回家途中被一辆大卡车撞上，当场身亡。次日早晨九点，村民相继来到王宝祯家中吊唁。十点，村支书赵金华开始主持仪式，奏哀乐，默哀三分钟，介绍死者生平，宣读赠送花圈的单位和个人，后孝子孝女观遗像，长子为母亲"洁面"。接下来的仪式分别是钉棺、出殡、送葬和安葬，整个仪式相当简练。之后一段时间，我们又陆续获得了一些人关于亲人葬礼的描述。给人的一个总体印象是，人们对葬礼的仪式环节比较陌生，但都在主持者的引导下完成相关程式。比如，徐公辉这样描述母亲的葬礼。

2011 年母亲去世，灵堂就设在屋内。母亲去世前，就已经让父亲找人选好了坟址。赵书记负责整个葬礼仪式的安排。从入殓到出殡，共三天。棺材四周都铺满了黄色的绸缎，在亡人身体下面压着 5 枚小的铜钱。铜钱的摆放有方位的要求，但为何要这样做，我不知道，是主持者让我这样做的。逝者穿寿衣，其身前喜欢的衣服要盖在身上。抬棺一刻开始，长子头上就顶着火盆，到大院门口将之摔碎，出门后放一挂鞭炮。从家里出来，向喇嘛昭方向行进，每过一个桥就放一挂鞭炮。为什么要放鞭炮，我不知道，就是按照要求做。哥哥抱着遗像坐在最前面，到墓地后，家人往坟墓里撒三把土，之后人们便把墓穴埋上。

　　徐的描述是异常简练的，对特定环节中的"讲究"也无法解释，事实上这已是我搜集关于葬礼比较全面的描述了。比如，吴过来在回忆婆婆的葬礼时说"具体细节也记得不太清楚了，入殓到出殡一共是三天，大哥抱着遗像，但是否拿丧棒记不得了"。另一些人的描述与徐的描述在一些细节上有出入，比如赵金华（女）在谈到前夫的葬礼时说"棺材上了车，才将火盆摔碎"。她又做了一些补充，比如"每个孝子都要手持丧棒"，家人撒的"三把土"叫"三仙土"，过桥放鞭炮是为了保平安，一路走一路撒冥币意为"一路走一路送"等等。我们注意到，人们在描述葬礼时大体环节都是一致的，但在一些细节上（比如摔火盆的时机）有差异，据说这与移民祖籍地的传统有关。由于大部分葬礼都提到由书记赵金华或张阿成主持，看来他们应该是村中葬礼的权威专家了吧。

　　我曾对赵金华和张阿成都做过访谈，他们对过程的描述比较一致，但张阿成对仪式的操作和仪式中的"忌讳"描述得更加精细。在此，我们以张阿成的描述来呈现葬礼的仪式过程，再结合赵金华的访谈说明不同人群的仪式差异。

　　总体安排：要找一个管理总务的，安排多少人挖墓穴，人数必须是单数，意思是送走一个人，双数就意味着双双送走。

穿寿衣：一般都是老人给逝者穿衣服。人落气的时候，一定要放到地上，沾土安生，从此阴阳两隔。给去世的人净身，必须用冷水，还要理发，净面，化妆等。穿的衣服的多少不一样，有的三套，有的七套，也必须是单数。

选墓地：墓地一般是坐北朝南，具体位置根据逝者生前的爱好——有的喜欢青山龙脉、有的喜欢青龙白虎、有的喜欢平原，死者的生辰八字、性别和还阳的时间，用罗盘定位，要求相投相生而绝不能够相克。还要考虑死者的属相、儿女的数量。定好方位后，就把尺寸下好，挖墓的就挖，整个墓地需要多少大砖、小砖、空心砖就算出来了。墓要留个天窗，若是夫妻坟，要在两个坟之间拉一条红线，搭在两个棺材上面，以示沟通。

非正常死亡的人，有的可以归到自家的墓地，有的则不能。孕妇难产去世的，祖坟是忌讳的，因为被认为会带来不好的东西。必须离祖坟远一点，但是又要在祖坟能够关照的地方，一般隔三五米远。未婚的、无后人的，为单墓，按照男左（青龙）女右（白虎）的原则安放，要与家族墓地保持一段距离。夭折的、溺死的、车祸或大病去世的，根据生辰八字、还阳时间和性别等确定坟墓的位置。败坏家族名声的人，比如男盗女娼的，不归祖坟。坟墓自第一代人开始，往下按照两排的形式依次埋（体现辈分），遵循男左女右的方位。

搭建灵堂：先要搭棚，逝者不能见阳光。搭棚还可以起到夏天避暑、冬天避寒的作用。若家中父母尚在，灵棚就决不能对着大门口摆放，这是要赶父母走（去世）的意思。根据子孙的多少，来确定灵棚的方位和长宽高。棺材停放好后，前面放一个供桌。桌子上放的东西各家不太一样，但是不可少的就是鸡和鱼。鸡代表女儿（最好是芦花大公鸡），鱼代表儿子，另外摆放一些水果、糖、饼干等。离供桌远一点的地方，放上长明灯和香炉。香炉主要是来悼念的人烧纸，磕头，孝子女也跟着磕头，以表示感谢。弟兄之间三杯酒，三炷香，将酒浇一浇，敬天地之说，还要贴个寿字以洗煞。棺材头上放一个镜子，类似于照妖镜，害怕不干净的东西冲到亡灵了，避免犯冲。

入棺：入棺之前，尸体不得见光。将遗体放进棺材之后，亲人围绕棺材走一圈，看最后一眼。眼泪不能掉进棺材里面，否则会犯冲。棺材里面放一些逝者生前的常用东西，这些东西里面不能带铁，比如衣服上的拉链就要卸下来。因为铁会生锈，矿物会压地气，吃土的还土，地才能够拖住你。瓷的、木头的东西可以放。盖棺的时候，先要钉棺，必须是木钉。长子用左手钉，其依据是"左青龙，右白虎"，左手掌握着龙脉。

陪葬品：挖坟墓的时候，专门做了一些台子或者是孔洞，用来放陪葬的东西。根据当时物质条件情况，陪葬最好的东西，包括：长明灯、碗（值钱的）、三枝筷子、酒（养胃）、刀头、宝石瓶。宝石瓶的大小根据孝子的多少来确定，用最好的、带盖的瓶子，里面放五谷杂粮。五谷杂粮混拌在一起，孝子按长幼次序依次用左手拿筷子往瓶子里面装，装一点，倒一点酒。用左手，以示孝子的孝心。会放一些生前的穿戴（不能带铁）在逝者棺材的两边垫着，避免遗体晃动。

出殡：出殡的时间不超过12点，也就是不过午。根据逝者的年龄，一般情况下，年轻的出殡的时间早一点，年长的出殡的时间晚一点。出殡前开追悼会，要请人（通常是村干部，比如村支书赵金华）说一下逝者的生平，默哀三分钟，随后出殡。

长子顶着灰盆，那是亡人的钱，即来悼念的人给的钱。在大门口处，棺材装车，孝子上车扶棺。车前摆一块石头，往前、起棺、牵灵、引棺。灰盆顶上头，挡在车前。车子启动的时候长子摔灰盆，然后拿着遗像上车。从家里到坟地的路上，不能停，要一路走到底，表示顺顺当当。

到了坟前，车停在坟的下方，孝子下车跪成一排。入土前，孝子先扫一下之前挖的墓地，避免有其他东西（杂物）。有的人会杀一只引头鸡，出血，领着这个鸡绕着坟墓绕一圈，既是为了辟邪，也是为了划定界限，就像户口本，在这里落户。下葬的时候，要吊线，根据风水，看死者有多少个子女，不得偏移，做到公公平平。然后，引红帆子，上面写着死者的生辰八字，倒点酒，贴在棺材上。盖棺的石板子，60公分的5块或50公分的7块，再用牛毛毡子和烧的纸盖上。盖土前孝子先撒三把土，然后跪谢，接着就是盖土。

三天后，要垒坟。这三天要给逝者送火，不能断，就是在坟前搭一个小台子并放上烧红的煤。

赵金华告诉我们，该村移民主要来自山东、江苏和四川，还有一部分老户儿家，不同群体的葬礼细节上略有不同，具体来说包括：

四川人和江苏人上午出殡，但山东人是下午出殡。

四川人和江苏人，下葬前，要在坟地放走一只红公鸡。*说明：在赵金华（女）葬礼的描述中，起棺前，要拿一只红公鸡，将头刹掉，以示将亡灵领走了。赵金华祖籍山东，这可能是山东葬礼中的一个环节。*老户儿家在逝者去世的第二天晚上，宰杀一只领头羊，将之烹煮吃掉。

江苏人中有的人会在逝者去世到出殡的三日中的中午，找一间庙，烧纸。

四川人和江苏人在出殡前一天晚上，要找一个岔路口将给逝者做的灵房烧掉，但其他人会把灵房拿到坟地上烧掉。

曹忠贤谈到了老户儿家下葬环节中的一个区别于其他人的细节：

到坟地后，先把墓穴简单打扫干净，然后放两块板子，上面放上长长的纸，上面写逝者的名字和生平，以及子女的信息。

大体来讲，红墩汉人的葬礼与其他仪式一样是简约的。与传统汉人社会中的葬礼相比，一些重要的环节发生了改变，确切地讲是大为简化。以"戴孝"来说，其标志除了孝布和孝棒外，还有孝衫、孝裤、墁鞋、麻套、麻冠。① 在红墩，仅存孝布和孝棒。逝者的子女戴长的孝布，在头上做成帽子，剩下的披在身后。儿媳妇与子女的戴法一样，但女婿仅将白布扎成腰带。再以下葬来说，由和尚或者道士用罗盘也就是指南针，用红头绳对照着罗盘吊线校正墓穴的方向。道士或者和尚念过一遍经后，率先铲起一铁锹土，投入墓穴，其他参加葬礼的人员都要轮流着拿起铁锹往墓穴里投土。② 在红墩，这些环节简化为吊车下葬，子女们撒三仙土后，铲车直接掩埋。一些环节因不具备条件，被迫做出重要改变，比如无阴阳先生，以奏哀乐取代唢呐或拉号子，以及在入冬前提前挖好墓穴等。同时，葬礼中的一些重要符号彰显了四川人、江苏人、山东人和老户儿家之间的区分。毋庸讳言，这些人群在祖籍地的葬礼应该更为复杂，彼此间的区别也应该更大。迁入红墩后，很明显都经历了改造，越来越趋于一致。

三　隐匿的信仰

在红墩，不仅懂"风水"的人少，懂得各种仪规的人也很少。据曹忠贤讲，20世纪40年代前葬礼保持了关内的习惯，要请道士讲述死者的生平，还要找人吹唢呐。1933年前在承化县尚有戴青帽的道士，不仅负责主持葬礼这类仪式，还帮人驱鬼。然而，很快道士没有了，吹唢呐的人也没有了，就只好到喇嘛昭请小喇嘛来念经和吹唢呐。这些零散的信息似乎表明红墩汉人的宗教意识比较淡漠，《阿勒泰市志》中关于汉人宗教信仰的记录也印证了这一点。

---

① 王建基、许学诚：《爬梳镇西：掀起新疆汉文化神秘盖头》，光明日报出版社2003年版，第275—276页。

② 王建基、许学诚：《爬梳镇西：掀起新疆汉文化神秘盖头》，光明日报出版社2003年版，第287页。

当地汉族，虽多信仰佛教、道教，但宗教意识很淡漠，大多
神佛不分，抱着"敬神如神在，不敬也不怪"的态度。承化寺街
区，建有关帝庙、娘娘庙等，但从未修建过佛寺佛庵，无专职宗
教人员。①

在另一处又说：

境内汉族多信仰佛教，但从未建立过佛教寺庵，没有出家专
门从事职业佛教的僧侣。汉族群众信仰佛教，认为诸神都是佛的
化身，所以神佛不分。不少人吃长斋、戒杀生，按一知半解的佛
教教义规范自己的生活。实际上是寻求精神依托，祈求无病无
灾、多子多福，甚至希望死后灵魂升天，修后世之福。有些家庭
供有如来佛、弥勒佛、无量佛、观世音菩萨等佛像。每逢佛节、
庙会，便焚香祭祀，但限于在家修行，不受教规严格约束。②

这些描述反映出红墩汉人在信仰上的一个显著特征，即缺少寺
庙、职业僧侣或道士之类的显性符号表征，而是隐匿于人们的日常生
活之中。人们了解一些朴素的宗教常识，持有"因果循环"、"灵魂
升天"的简单观念，采取吃斋、戒杀生、焚香祭祀等信仰行为。红墩
汉人在信仰上的这一特征，在汉人社会的民间信仰中具有普遍性。李
亦园先生曾强调，我国民间宗教的"普化宗教"（Diffused Religion）
特性。所谓普化宗教又称为扩散的宗教，亦即其信仰、仪式及宗教活
动都与日常生活密切混合，而扩散成为日常生活的一部分，所以其教
义也与日常生活相结合，也就缺少有系统的经典，更没有具有组织的
教会系统。③ 汉人社会的各种民间信仰分别与生活的不同层面联结在

① 阿勒泰市党史地方志编纂委员会：《阿勒泰市志》，新疆人民出版社2001年版，第470页。
② 阿勒泰市党史地方志编纂委员会：《阿勒泰市志》，新疆人民出版社2001年版，第471页。
③ 李亦园：《民间宗教仪式之检讨——讨论的架构与重点》，载李亦园、庄英章编《民间
宗教仪式之检讨研讨会论文集》，（台北）中国民族学会1985年06月第1版，第1—2页。

一起，只是基于一种信仰基础，不需要什么经典，大部分不需要专业者协助，所以也无需固定的组织，因此就不是一种制度化的宗教，只是一种普化存在的宗教信仰。①

红墩及周边地区至今没有佛寺佛庵和各类神祇，比如在新疆北部其他汉人地区常见的关帝庙、城隍庙、土地祠、娘娘庙、龙王庙、老君庙等等。我曾罗列常见神祇向老人们求证，最后仅得知曾经有武圣公庙和观音洞。20世纪40年代战乱时期，武圣公庙被人们拆除，观音洞塌方后废弃。《阿勒泰市志》也有武圣公庙的记录，说"清末民初，在城区将军山麓建有武圣（关帝庙）公庙、娘娘庙，每年的4月、9月举行两次庙会"。② 在庙会上，有踩高跷、走旱船、唱戏等传统民俗活动，附近各乡汉民前往参加，商贾借机销售产品。因此，参加庙会的目的看来并不在于信仰，而在于采购物资、集会和交友。调查时，人们很少说自己信佛或信神，但在多位受访者的家中都摆放了观音像或有佛龛。在一些重要节日（比如观音菩萨的生日），人们会在家中焚香祭祀，并表达祈求无病无灾的美好愿望。

在民间也流传着"捉鬼和祛邪"的故事。比如×××受访者不经意间曾描述祖上流传下来的"阴盗阳"③的故事，大意是某一道士路过X家院门前，停留片刻。××的婆婆祖籍四川，精通法术（很厉害），预感到道士不怀好意，便让人在院门口摆放一碗清水，将三根筷子如同支三脚架一样在水碗里支了起来。道士见状，知道院内有"高人"，便灰溜溜逃窜而去。×××的丈夫又说，年轻时外出工作，曾遇到一件奇事。他与工作人员一道去某村执行公务，

① 李亦园：《民间宗教仪式之检讨——讨论的架构与重点》，载李亦园、庄英章编《民间宗教仪式之检讨研讨会论文集》，（台北）中国民族学会1985年06月第1版，第2页。

② 阿勒泰市党史地方志编纂委员会：《阿勒泰市志》，新疆人民出版社2001年版，第471页。

③ 所谓"阴盗阳"就是鬼魂对活人的侵犯，是异性鬼魂对某个活人的性侵犯。也就是说鬼魂因为某种原因，对一个特定的活人产生了爱恋之情，并且从此纠缠不休，以至活人在梦中或幻觉中与鬼魂发生恋爱关系甚至于性关系。"阴盗阳"有三个特征，即极强的隐秘性、不应医药和发生于青年男女且以未婚者为主。参见许学诚《神化镇西——掀起新疆汉文化神秘盖头》，光明日报出版社2003年版，第216—217页。

夜间返回，途经某山梁，不知何故，几人绕着山梁转了一夜也未能走出。直到次日清晨，方才找准方向。别人知道此事后，说他定是被鬼缠上了身。此事在访谈中被当作笑话来讲，回忆起来他还是觉得颇为惊奇。在红墩，汉人社会中一些常见的民间信仰形式还是可见其踪影，人们或多或少地存在"鬼神""因果报应"等朴素的宗教观念。

在前期的调查中，我们总是留意村中是否有"捉鬼祛邪"的巫师，但都无所获。直到我开始关注葬礼，并在村中寻找葬礼的主持者时，才获得一条重要线索。一些人告诉我，村里负责葬礼的一是书记赵金华，二是张阿成。提到赵金华时，我并不意外，作为书记主持葬礼，或是在葬礼上讲一下死者的生平应可理解。但人们提到张阿成时，有人顺带补了一句"他会捉鬼"。之后，我又从其他人口中陆续听到了张阿成的一些说法，比如"他不灵"或是说"装神弄鬼"。不管怎样，村中存在一个非专业巫师应是确证的。

据张阿成自己说，"捉鬼祛邪"的本事是家传。其父张汝仁祖籍甘肃永登，上过私学，在老家的龙泉寺做过几年和尚，兼通医术，会看风水。1928年，张汝仁跟随骡队入疆，替甘肃的商会到阿勒泰周边收账。之后数年，张汝仁就在甘肃、新疆两地往返奔波。1945年前后，他在阿山工商局谋得一职。张阿成说母亲会给人"治病"。小娃娃生病后，母亲拿剪刀将叠好的红纸剪成一串小红人，放到清油中，后将红纸烧掉，之后孩子病便会痊愈。这是汉人民间社会中常见的一种巫术治病方法，即"燎病"。许学诚在《神化镇西——掀起新疆汉文化神秘盖头》一书中对"燎病"及其类型做过详细的阐述。在他看来，"燎病"都是要用冥币点燃了在病者头上作燎绕状的，实际上是用神火燎病。① 张阿成和妹妹从父母那里都继承了看风水、"捉鬼祛邪"的本事，但他的两个弟弟坚决反对他们从事"封建迷

---

① 许学诚：《神化镇西——掀起新疆汉文化神秘盖头》，光明日报出版社2003年版，第218页。

信"。20世纪90年代后，有人得知张阿成有这个本事，便请他前往"捉鬼祛邪"，他逐渐在红墩周边乡镇的汉人中有了一些名声。有趣的是，村里人说他"不灵"或"装神弄鬼"，他也不辩解和反驳，这可能与他在"文化大革命"中被批斗得很"厉害"有关。

在红墩，还有少量汉人信仰基督教。据当地政府工作人员所说，信仰基督教的时间不长，应是21世纪初逐渐在红墩汉人中有了一些信众。我调查的萨亚铁热克村中仅有4户信仰基督教。KXF的妻子便是其中一位，她说：

> 我信仰基督教将近16年了，当时听别人说信教好，我也就信了。我们在镇上租了一间房子作为活动场所，农活少的时候每周天都会去聚会，去听课，一些信徒会给我们讲《圣经》。我没有文化，不识字，实际上讲的啥我也不明白，但知道讲的是教人做好事的。因为家里的事情比较多，我好几年没有去做弥撒了，但是心里不能忘，也不敢忘。我们信教是比较自由的，比如并没有规定什么时候必须参加，或是必须做弥撒。平时，自己想做礼拜就做，不做也没关系。信仰基督教的人在一起，就像姐妹兄弟一样。圣诞节时大家聚在一起吃饭，有钱的多出一点，没钱的少出一点，都是无所谓的事情。

对这些信仰基督教的村民，大部分人都说"你信你的教，我做我的事"。换言之，只要不影响到自己的生活，人们并不排斥。信仰基督教后，村民的日常生活并无显著变化，事实上也不影响他们与其他村民的交往。

综上所述，红墩汉人的信仰并不以外显的符号表达出来，而是贯穿于人们的具体行为之中，具有隐匿性。甚至人们在行为中践行着特定的信仰，也可能说不清楚、道不明白其中的含义。在红墩，信仰似乎已经摆脱了集体属性，更多表现为个体化的精神追求，用人们的话说便是"信或不信，取决于个人"。

四 不完整性的成因：与天山北路汉人社会的比较

应该如何解释红墩汉人民间信仰的不完整性呢？在红墩的田野调查并未能给出明确答案，阿勒泰地区的档案、方志材料中也没有提供足够多的信息。一个可取的路径是将视野转向民间信仰盛行的天山北路汉人社会，分析盛行的原因。在此基础上，通过跨文化比较反观红墩汉人。

巴里坤、奇台、吉木萨尔一线汉人的主体是有组织的屯民，一开始便根据屯民的性质（户屯、军屯、商屯、犯屯）被组织起来，形成了组织性较强的屯垦社会。清康熙二十九年（1690）至清乾隆二十二年（1757），迭经三朝，历时68年，平定了准噶尔贵族叛乱，最终统一了天山北路。为经营西北，乾隆皇帝以"武定功成，农政宜举"为思路确定了"屯垦为先"的策略，正所谓"辟新地实边防，尤宜以移民为继"。[①] 曾问吾指出"山北之迪化（现乌鲁木齐市）、镇西（现巴里坤县）各属，山南之吐鲁番大兴户屯，广事招徕，内地之汉人及汉回负载出关，辟草菜，长子孙则不下数十万人"。[②] 需要注意的是，移民出关乃是国家行为，乾隆皇帝的上谕明确指出：

> 朕规划此事，更有深意，国家生齿繁庶，即自乾隆元年至今二十五年之间，滋生民数岁不下亿万，而提封止有此数，余利颇艰。且古北口外一带，往带皆号岩疆，不敢尺寸踰越，我朝四十八部，子弟臣仆，视同一家。沿边内地民人前往种植，成家室而长子孙，其利甚薄。设从而禁之，是厉民矣。今乌鲁木齐、辟展各处，知屯政方兴，客民已源源前往贸易，茆檐土锉，各成聚落。将来阡陌日增，树艺日广，则甘肃等处无业贫民前赴营生耕

---

① 曾问吾：《中国经营西域史》（内部资料），新疆维吾尔自治区地方志总编室1986年版，第306页。

② 曾问吾：《中国经营西域史》（内部资料），新疆维吾尔自治区地方志总编室1986年版，第301页。

作，污莱辟而就食多，于国家牧民本图，大有裨益。①

　　简言之，移民出关是边疆经济发展和全国政治经济发展的客观要求，当政者顺应这一要求乃是"惠民""养民"之举。乾隆三十年（1765），巴里坤、乌鲁木齐两地户屯数达到 17121 户，72058 人。② 乾隆二十六年（1771）九、十月间陕甘总督杨应琚奏报，招徕工作进展十分顺利，仅一个月就在安西、肃州招募年"二百六户，男妇大小七百三十名口"。③ 商民数量为三千三百多户，一万五千余人。此外，还有数量不等遣屯、兵屯、旗屯等屯民。④ 以奇台为例，乾隆三十七年至四十年（1772—1775）就招募安插垦民 1994 户，6824 人，垦地 73495 亩。还有屯兵 1200 名，垦地 25400 亩。⑤ 乾隆三十五年（1770）招募贫民的奏报中提到在奇台一处，"局势开展，安插户民最多，驻经历一员，俾管八屯一切民屯事务"。⑥ 移民迁移的方式实行官费资送，派员料理。到了迁入地后还要借给牛种，代建房屋，从优安置。相当多的历史资料揭示出，为更好发展生产，为合理分配水利资源，当地官员除组织人力排挖水渠，兴修水利，还出面调解纠纷，制定屯田水利章程，对于遭灾移民及时救济赈灾。⑦ 以上材料说明，移民出关从招募，到安插，到管理，皆由政府主导，组织性很强。华

　　① 转引自华立《乾隆年间移民出关与清前期天山北路农业的发展》，载殷晴编《新疆经济开发史研究》，新疆人民出版社 1992 年版，第 99—100 页。
　　② 阚耀平：《清代天山北路人口迁移与区域开发研究》，博士学位论文，复旦大学，2003 年，第 23 页。
　　③ 华立：《乾隆年间移民出关与清前期天山北路农业的发展》，载殷晴编《新疆经济开发史研究》，新疆人民出版社 1992 年版，第 101 页。
　　④ 阚耀平：《清代天山北路人口迁移与区域开发研究》，博士学位论文，复旦大学，2003 年，第 25 页。
　　⑤ 孙志斌：《奇台屯田史话》，载《奇台文史·合编本（2）》（内部资料）2015 年，第 18 页。
　　⑥ 华立：《乾隆年间移民出关与清前期天山北路农业的发展》，载殷晴编《新疆经济开发史研究》，新疆人民出版社 1992 年版，第 106 页。
　　⑦ 华立：《乾隆年间移民出关与清前期天山北路农业的发展》，载殷晴编《新疆经济开发史研究》，新疆人民出版社 1992 年版，第 108—111 页。

立指出，清政府及时动用国家政权的力量，在不过 20 年的时间里，就使数以万计的疆外农户，络绎进入天山北路，有力地改变了统一初期土旷人稀、耕垦乏人的空虚状况。①

同治三年（1864）后，北疆大乱，屯民大多死亡或逃散。战事平息后，政府仍大兴屯田，招募关内农户屯垦。资料显示，嘉庆十一年（1806）奇台已有 31075 人，同治年间人口锐减，但到光绪元年（1875）又增至 32288 人。② 宣统元年（1909），孚远县城乡户籍人口 1782 户 7741 人，奇台县 6326 户 13310 人，两县另有本省寄居者 291 户 1395 人、外省寄居者 2317 户 10361 人，还有外侨 34 户 161 人。③ 光绪十二年（1886），方希孟途经奇台，到孚远县（现吉木萨尔县）时记录如下"五十里至大泉，村树连绵，居民多沿天山北麓。雪消土润，麦垄青青"，次日又说"四十里过双汊河，长林丰草，弥望无涯，土地肥饶，农业最盛，皆赖天山雪水，引之灌溉"等。④ 光绪三十一年（1905），裴景福由木垒至奇台，再至吉木萨尔，记录了沿途农庄情况。由木垒至奇台，他写道：

> 四月癸巳……三里右有废垣，左岭远伏，西行偏南六七里，左有村庄，过水沟，见天山，十里至沟底，崖有居民，垂柳数株。天山渐向南去，复由南折西，绕奇台之南，右平旷，左岭长而低，夹道村庄，树木迤逦。间向西南行，十里至奇台，有故城，驻巡检，铺户一百余家，民居种地者多。⑤

---

① 华立：《乾隆年间移民出关与清前期天山北路农业的发展》，载殷晴编《新疆经济开发史研究》，新疆人民出版社 1992 年版，第 112 页。

② 孙志斌：《奇台古今人口拾零》，载《奇台文史·合编本（1）》（内部资料）2015 年，第 251 页。

③ 曾问吾：《中国经营西域史》（内部资料），新疆维吾尔自治区地方志总编室 1986 年版，第 394—395 页。

④ （清）方希孟：《西征续录》，载方希孟等《西征续录》，中国国际广播出版社 2016 年版，第 117、118 页。

⑤ （清）裴景福：《河海昆仑录》，中国国际广播出版社 2016 年版，第 273—274 页。

经奇台至吉木萨尔，写道：

> 初三日……三十里过河至小屯，左岭有耕户村庄，右仍草
> 滩。二十里至大泉，民居四五，有饭馆，过此，村树络绎，农居
> 多沿天山北麓，四月初雪，消土润，种麦。五六月开渠，引天山
> 雪水以救旱，北望无际，悉湖滩草地。五里右岭起，破垣数十无
> 人，八里下坡，二里行树林中，参差蒙密，极似江南光福风景，
> 但少小山平田耳。①

屯民逐渐以屯垦所在地为中心，形成了连片村落。成书于新疆建
省（光绪十年，1884）后不久的《新疆四道志》对天山北路各县村
庄做了描述。奇台县东、西、南、北四乡共有村庄三十五处。光绪十
四年（1888）杨方炽编《奇台县乡土志》中记录了 36 处，基本
一致。②

人口聚集带动了天山北路东段城镇的发展，1828 年方士淦自伊犁
惠远城（现伊犁霍城县）东归故乡，对吉木萨尔、奇台与木垒等城做
了描述。在他的笔下，吉木萨尔"万家烟火，市肆无物不有"，古城
"口内人商贾聚集"，木垒河"居民铺户极多"，更以"金绥来，银奇
台"描述这一带之繁盛。③ 1902 年，方希孟应伊犁将军长庚召，二次
入疆。到木垒河时，他写道"兵燹后三十余年，市上仅一百五十家，
迄未复一"。古城的情况稍好，他用"渐臻繁盛"来形容，说"市长
三四里许，栋屋鳞比，圜阓喧阗"。④ 因此，天山北路一线到清中期
后，在人口结构、管理体系、生产生活体系与城镇发育等方面事实上
与陕甘等疆外省区差异甚小。

---

① （清）裴景福：《河海昆仑录》，中国国际广播出版社 2016 年版，第 278 页。
② 李德龙校注：《〈新疆四道志〉校注》，中央民族大学出版社 2014 年版，第 62 页。
③ （清）方士淦：《东归日记》，载方希孟等《西征续录》，中国国际广播出版社 2016 年
版，第 24 页。
④ （清）方希孟：《西征续录》，载方希孟等《西征续录》，中国国际广播出版社 2016 年
版，第 116、117 页。

　　屯垦和人口迁移深刻改变了天山北路的自然与人文生态，形成和
发展了以汉人为主体的农耕社会。然而，新生的社会内部充满了异质
性，移民的祖籍地与身份也不相同。在陕甘总督的协调下，最早主要
从甘肃的安西、肃州、甘州、凉州所属州县招募贫苦民众。乾隆二十
七年（1762）到四十五年（1780），甘肃籍移民迁入新疆共 7586 户，
其中 1650 户迁入穆垒、奇台、济木萨。① 移民的来源以邻近的甘肃省
人口为主，陕西、四川以及其他省份的人口为辅。② 除了民屯外，在
天山北路还有兵屯、犯屯、商屯等各种形式。乾隆年间到光绪年间，
移民到吉木萨尔县的汉族人口就有陕、甘、晋、直、鲁、豫的犯人，
湖南、湖北的兵丁转移民，平、津一带的商人等等。③

　　如黄达远所说，由于当地没有传统意义的宗族，要形成一种新的
地方社会秩序，借助民间信仰这种超自然的力量不失是一种可行的办
法。初入边疆的屯民物质条件艰苦，更需要精神的安慰和支持，这对
移民社区的社会稳定极为重要。因此，国家、地方社团和当地民众都
热心于庙宇的修建。镇西（巴里坤）的"四营之庙"应是驻军修的
庙宇，"三乡之庙"应是各地民人修建的庙宇，其余的庙宇则是往来
"山陕甘肃商人为"以亲桑梓"修建的同乡会馆"。④

　　贾建飞对清代新疆坛庙的研究发现，坛庙中既有传统的宗教庙
宇，也有与百姓生产、生活息息相关的庙宇，还有凝聚移民的地缘性
会馆等。政府不仅参与并鼓励民间修建各种神庙，每年皆要开展很多
神灵祭奠活动。在乌鲁木齐，官方除了祭拜博格达山之神外，还要祭
拜万寿宫、文庙、关帝庙、文昌宫、社稷坛、先农坛和龙神庙。在他
看来，建立这些坛庙的目的包括福佑清朝之统治、祈求神灵庇护和尊

　　① 王希隆：《清代实边新疆述略》，《西北史地》1985 年第 4 期。
　　② 阚耀平：《清代天山北路人口迁移与区域开发研究》，博士学位论文，复旦大学，2003
年，第 29—30 页。
　　③ 阚耀平：《清代天山北路人口迁移与区域开发研究》，博士学位论文，复旦大学，2003
年，第 71 页。
　　④ 黄达远：《清代新疆北部汉人移民社区的民间信仰考察》，《宗教学研究》2009 年第 2
期。

重并适应来疆民人之传统农业生产活动。① 清末奇台县县城及城关有不同规模的会馆近 10 处，乡土记载及回忆的庙宇 29 座左右，乡村庙宇 17 座左右。庙宇和会馆都有佛教和道教的因素，并且佛道因素融合之后已经难以区分，形成清末民初新疆民间信仰的特点。王鹏辉指出，佛寺道观及相应的民间信仰构成了奇台县域移民土著化的社会机制，成为县域社会秩序的稳定结构。②

表 7-1　　　　　　　　　　**清末民初奇台县庙宇的分布**

地点	庙宇名称
古城	玉皇阁、文昌宫、文庙、关帝庙、城隍庙、火神庙、萧曹祠、药王庙、财神庙、吕祖庙、太阳宫、三官庙、老君庙、定湘王庙、娘娘庙、岳王庙、马王庙、龙王庙、三清宫
满城（孚远）	关帝庙、城隍庙、七星庙、娘娘庙、无量庙、三教庙、三清宫
旧城（靖宁）	城隍庙、娘娘庙、财神庙
乡村	牛王宫、财神庙（木垒河）、关帝庙（三个泉）、关帝庙（大石头）、龙王庙（西吉尔）、财神庙（西吉尔）、娘娘庙（西吉尔）、关帝庙（色必口迤东）、老君庙（煤窑）、财神庙（红沙泉）、将军庙（黄草湖迤北）、龙王庙（东吉尔水磨沟）、龙王庙（莺格布拉隆旧渠）、武圣宫（吉布库）、财神庙（北道桥）、武圣宫大庙（北道桥）、娘娘庙（北道桥）

注：材料转引自王鹏辉《清末民初新疆镇迪道的佛寺道观研究》，新疆人民出版社 2016 年版，第 189—191 页。

综上，天山北路汉人社会民间信仰的盛行看来并不仅仅是满足屯民之需，还有满足政府对移民社会进行整合与治理需求的功能，是国家与地方社会互动的产物。它有两项必备的基础：一是形成了以汉人为主体的城镇社会和连片的农耕社会；二是国家将民间信仰作为整合地域社会的重要机制，大力倡导和支持。反观红墩汉人社会，两项基

----

① 贾建飞：《清代新疆的内地坛庙：人口流动、政府政策与文化认同》，《中国边疆史地研究》2012 年第 2 期。

② 王鹏辉：《清末民初新疆镇迪道的佛寺道观研究》，新疆人民出版社 2016 年版，第 189 页，第 204 页。

础皆不存在。红墩的汉人更多属于自发式、小规模的移民，是为了躲避战乱或天灾的流民。进疆后，老户儿家的先辈在奇台、布伦托海等地短期加入了屯垦的队伍，但很快又向西北方向迁移。尽管他们在克兰河谷扎根，但基本上是一个"文化孤岛"。即便在初期有一些略懂民间信仰的"专家"，但很容易出现传承断裂的情况。从政府管理体系来说，天山北路一线施行郡县制，在行政上隶属于甘肃布政使。阿尔泰山施行札萨克制，行政上的日常事务由蒙古贵族所管理，自然很难涉及如何通过民间信仰来整合社会的考量。①

文化孤岛与缺少国家推动是红墩汉人仪式与信仰不完整性的成因，而前文中提到的建房仪式、葬礼表现出的不完整性应该也可从这两个方面得到合理的解释。可以想见，如果与天山北路汉人社会进行比较，红墩汉人在生产、生活、婚姻、生育和节日等领域中的民俗活动也注定具有不完整性。② 仪式和信仰的简约化和不完整性可能是红墩这类汉人"文化孤岛"文化的一个基本特征。

第二节　红墩汉人文化的在地化

20 世纪 40 年代，苏北海教授对新疆汉文化有一段极为精炼和贴切的描述。他写道"新省汉人服饰，多与内地相同，食品以面为主，

---

① 曾问吾在《中国经营西域史》中对新疆的地方行政有明确记录，即"新疆民族甚为复杂，对于各民族之治理，随其风俗而各有不同，大别之可分为郡县、札萨克制、伯克制三种"。据其所载，乾隆朝划迪化以东，设镇道道，隶属于甘肃省，建制为：（1）镇迪道，置分巡镇迪粮务备道一员，驻乌鲁木齐，辖府一州一；（2）镇西府，知府一员，驻镇西（巴里坤），辖二县——宜禾县与奇台县，知县各一员；（3）迪化直隶州，知州一员，驻迪化州城，辖三县——昌吉、绥来县、阜康县，知县各一员，呼图壁巡检一员，济木萨（今孚远县）县丞巡检一员。札萨克制有明确说明。札萨克制，可分为四：哈密、吐鲁番、（人民业农，信回教——伊斯兰教）土尔扈特、和硕特、（人民业游牧、信喇嘛教）其札萨克各王、公、贝勒、贝子、台吉等充任，皆是世袭，对于其所辖范围内之土地人民有完全管辖之权。但须受驻在其地办事大臣或领队大臣之监督。其人民对于朝廷或驻防新疆之官吏，不负任何徭役赋税之义务等。参见曾问吾《中国经营西域史》（内部资料），新疆维吾尔自治区地方志总编室 1986 年版，第 301—302 页。

② 关于天山北路汉人社会生产、生活、婚姻、生育和节日等方面的民俗活动，可以参见许学诚《神化镇西——掀起新疆汉文化神秘盖头》，光明日报出版社 2006 年版。

米次之，而一般人更久染回、维之风习，喜食抓饭、牛奶，尤以羊肉为家常之食品。其他岁时风习、宗教、丧葬，亦各依其原籍、乡土为标准，并不变其本来面目，其俗之一年四季节日，与吉凶、庆吊，概与内地相同"。① 以本章对红墩汉人仪式和信仰的描述来看，几十年前的这段文字依然恰切。在此，对红墩汉人的物质文化与精神文化进行描述，进一步对汉人文化的特征进行分析。

一 物质文化

红墩汉人在物质文化方面经历了显著的变化，并在人们的"衣食住行"方方面面都有表现，其中又以饮食的变化最为明显。恽长普在回味阿山的"年味"时说"迁居阿山的汉民们，历经近百年的与当地其他民族融合中仍然还保留了一些丰富多彩的风俗。他们在不经意间吸收了一些当地民族的饮食文化"。② 老户儿家好喝奶茶、喜牛羊肉而非大肉（猪肉）、肉食多而蔬菜少等。饮食上的变化首先来源于对当地生态环境的适应。一方面，阿尔泰山草原更适合牧养牛羊，而非圈养生猪，原因已在第三章予以说明；另一方面，克兰河谷气候寒冷、无霜期短，在现代大棚技术未引入前，蔬菜种植相对困难。人们习惯在入冬前储存一些白菜、土豆等蔬菜。老户儿家与哈萨克族和蒙古族牧民一样，入冬前也要冬宰，储存大量肉食，冬季饮食结构中肉乳的比例较高。2017 年春节前，尽管现在蔬菜、肉食和糕点等食物极易获得，但部分老户儿家还是习惯冬宰储存大量畜肉，并在腊月忙着炸油果子、蒸馍馍、蒸花卷、烙花锅盔和包各种馅的饺子。据他们说，这是老一辈留下来的传统。饮食上的变化也源于对多族群社会体系的适应，因为周边的主体民族是哈萨克族。他们不仅不吃猪肉，还用"啰啰肉""哼哼肉"取代"猪肉"之名。更有意思的是，老户儿家的待客之道是"游牧民化"的。进屋先喝奶茶，再为尊贵的客人宰羊，奉上手抓肉。对我这个长期在牧区从事田野调查的人来说，一种

---

① 转引自薛宗正《汉人》，新疆美术摄影出版社 1996 年版，第 69 页。
② 恽长普：《阿山旧事》，新疆美术摄影出版社 2009 年版，第 69 页。

在牧民家中做客畅聊的感觉油然而生。

图 7 - 1　曹氏老宅

图 7 - 2　曹氏老宅内部陈设（还原图）

　　曹氏家族至今还保留了一间 20 世纪 20 年代的住屋。从构造来讲，是典型的"土打墙"房屋，墙壁厚达 1—1.5 米，窗户开口很小，这显然是适应阿尔泰山严寒气候的一种选择。据族人回忆，居室正中是一张硕大的土炕，炕上铺着羊毛毡，墙上挂着挂毯，炕前摆放着一个俄制的铁炉。这些陈设与 20 世纪 60 年代新移民初入红墩时的住房一样，事实上也与哈萨克族、回族与维吾尔族的室内陈设没有太大差异。在"老户儿家民俗陈列馆"和"户儿家大院"中，陈列着早期的磨盘、农具，但也有毡房、马鞍子、马镫、马鞭和马爬犁，述说着汉人早期的牧业生活和冬季出行的困难。在服饰上，也多选择皮制品，这自然与牧业生活相关，也是应对阿尔泰山寒冷气候的一种行为。

图 7-3 老户儿家汉人日常生活用具

图 7-4 老户儿家汉人常用的马鞍

恽长普在《阿山旧事》中记录了两种鞋子，颇能反映汉人物质文化方面对迁入地气候的适应，以及牧业生产对物质文化的影响。

> 皮窝子鞋。这种鞋是西北广大农村祖辈传下来的一种用手工制作的颇具地方特色的鞋。其制作方法极为简单，主要是以当年宰杀的牛、马、骆驼等大畜（最好是"去势"的公牛皮）的尚未粗加工的皮张为原料，先将它铺在地上，然后按自己脚的尺寸截出两个椭圆形状，并用锋利的小刀沿边割出若干个小孔，将细皮绳收紧，一双皮窝子就制作好了，穿用时再在里面垫上些新麦草。①

> 牛鼻子鞋。制作这种鞋子在用料上要比普通的布鞋档次要略高，常见的是条绒布或劳动布。虽然它也是圆口布鞋，但在制作程序上略显复杂。其最为特别之处，是在鞋面中心线缝出有两道凸出的布线条，因其形似牛鼻子，故而人们以牛鼻子鞋称呼它。制作这种鞋选料讲究、做工精细，鞋底和鞋帮因比普通布鞋厚实而缝制颇费功夫。穿上这种鞋走起路来咯噔、咯噔作响，这也是农家孩子喜好它的重要原因之一。牛鼻子鞋因不同季节分为棉牛鼻子鞋和单牛鼻子鞋。牛鼻子棉鞋在鞋帮子内面加了层绒料，以抵御冬日严寒的侵袭。②

二　精神文化

红墩汉人语言上的变化颇为显著，且精通哈萨克语和蒙古语。到我们调查时，但凡年龄在50岁以上的老户儿家后人，多能听懂并会说哈萨克语，少部分人甚至还会用哈萨克文书写。据他们回忆，上一代人不仅能说、会听，还能与哈萨克族人用极不常见的语句开玩笑，精通哈萨克族的阿肯弹唱。年龄较大的一些汉人看电视习惯看哈萨克

---

① 恽长普：《阿山旧事》，新疆美术摄影出版社2009年版，第109页。
② 恽长普：《阿山旧事》，新疆美术摄影出版社2009年版，第115页。

语频道，因为节目中有大量的哈萨克族的歌谣和舞蹈。在红墩，刘毓连与其哈萨克族妻子哈丽木汗的故事流传甚广。

1943 年秋，红墩举办了一场民间阿肯弹唱会。48 岁的刘毓连担任乡约一职，素以擅长冬不拉弹奏和即兴对唱而闻名于周边。在这次阿肯弹唱会上，刘毓连遇到了年轻貌美、举止大方的哈萨克族姑娘哈丽木汗的挑战。登台前，姑娘提出"若对唱中，我输了，便嫁给你，随你而去。若是你输了，就从我胯下爬过去"。刘毓连当机立断，满口应允。经过紧张的打擂较量，哈丽木汗败下阵来，并信守以身相许的诺言嫁给了刘毓连。①

精通多语是适应克兰河谷多族群社会体系的结果，往往也是边疆多民族地区汉人文化上的一个显著特征。1943 年，陶云逵先生在对云南边地汉人的研究中发现，边地汉人大都操"土语"（虽然往往算不上精通），对"土人"的风土人情多半是很清楚的。一些汉人成为当地土司的属员，叫"接嘴"，往往在汉族与"土人"的交往中扮演着翻译的角色。② 晚清民国时期，奇台出现了"通事店子"。谢晓钟说"通事店者，为通蒙语之汉、回、满人所组织，专供科布多、乌里雅苏台一带各旗蒙民，南来购买百货粮食而设"。③ 显然，在阿尔泰山这类边地，精通多语是汉人生存和发展的重要策略。20 世纪 50—70 年代，从红墩走出的干部无不以多语能力为优势。1970 年，中央人民广播电台组建了蒙、朝、藏、哈、维等对外广播，其中老户儿家后裔朱保全和恽长明先后担任哈萨克语组的组长和副组长。在对杨自治的访谈中，他谈到了自己学习哈萨克语和当翻译的情况。

我 1946 年出生，1961 年在红墩邮电所工作，做翻译。1964

---

① 根据《阿山往事与老户儿家的悲壮经历》（内部资料）第 522 页中的相关记录整理。
② 陶云逵：《陶云逵民族研究文集》，民族出版社 2012 年版，第 625—626 页。
③ 谢晓钟：《新疆游记》，中国国际广播出版社 2016 年版，第 284 页。

年，红墩公社搞社会主义教育试点，派了工作组，但缺哈语翻译，没办法开展工作。有人推荐我去，但我只懂得哈萨克生活用语，不愿意去。最后，实在没人，还是把我推了上去。刚开始做翻译时，前言不搭后语，我就找哈萨克族同志学，还自学哈萨克族文字。社教工作结束后，我被分到了地区商业局，他们已经多次打报告要翻译。我在商业局干了 13 年，又到布尔津冲乎尔干了两年半，再调到地委办公室。文革十年，中央下发的机密文件特别多，机要局把文件拿出来，现场就要翻译成哈萨克语，这把我给练出来了。所以，我到地委办公室工作时，哈萨克语已经很好了，1984 年成立翻译科时我是科长。

语言的变化还只是老户儿家文化在地化的一个方面。一些老人在回忆自己的青春岁月时，总是忘不了参加蒙古族那达慕大会、哈萨克族赛马和姑娘追等民俗活动的场景。在谈到这些场景时，曹忠贤兴致勃勃地说自己在赛马方面很有经验。他说"开始时我不加速，让马自己跑。二十千米过后，快到终点了，我开始加速，快马加鞭，经常第一个冲过终点"。

与老户儿家相比，新移民在语言和饮食方面的变化就小了很多，但是也有在地化的表现。从语言上来讲，第一代新移民往往保留了祖籍地的方言，但是第二代便普遍习得了以陕甘方言为基础的"新疆话"。在新移民的语言中，也往往借用了新疆少数民族词汇甚至语法。李晓霞指出，所吸收的词汇一般为名词，多为音译，可以分为两种：一种是汉语词汇中没有的专用名词；另一种是汉语词汇中有，但人们日常生活中已习惯使用的少数民族语言词汇。[1] 新移民大都不具备多语能力，但普遍能够听懂或会说简单的哈萨克语词汇，多限于问好、打招呼和数字等等。新移民在语言上与老户儿家的差异，主要源于迁入的时代与社会情境的差异。20 世纪 50 年代以来，阿勒泰地区的汉

---

① 李晓霞：《论新疆汉族地方文化的形成及其特征》，《民族研究》1998 年第 3 期。

族人口逐渐增多，汉语成为政府办公、学校教育和各民族族际交流的用语，新移民无须学习或使用哈萨克语也能够在边地生存和发展。在饮食方面，新移民既保留了祖籍地的饮食习惯，又相互交流和借鉴，其中就包括对少数民族饮食类型的借用。大部分新移民也喜食牛羊肉，好喝牛奶，一些人家中也加入了诸如奶茶、奶疙瘩之类的食物。新移民普遍养猪，离不开猪肉，但在与哈萨克族的交流中又比较注重对方的饮食习俗。

费孝通先生指出，移入民族地区的汉人为了适应当地社会生活和自然环境，必然会在生活方式、风俗习惯等方面发生改变。① 不同时期迁入同一地区的汉人群体可能在文化上呈现出较大差异，甚至因为经济和政治上的不平等而互不认同。费孝通提出要重视群体"内部地方性差别"，认为穿青人与穿蓝人的矛盾是在汉族内部地方性差别的基础上在特定的历史条件下产生的矛盾。② 在红墩，老户儿家与新移民倒是没有出现明显的矛盾，但也不能忽略两类群体的社会文化差异，比如"会不会说哈萨克语""养不养猪""吃不吃猪肉""喝不喝奶茶"等等。总之，因为迁入的时间、迁入后的社会历史情境不同，红墩的老户儿家与新移民文化的在地化程度呈现出了显著差异。

三　红墩汉人文化的特征

李晓霞曾指出，新疆汉族地方文化有多元性、变动性和非传统性三个突出特点。③ 就本章的分析来看，这三个特征也是红墩汉人文化的主要特征。

所谓多元性，既指红墩汉人嵌入的区域文化的复杂性，也指汉人群体内部文化的复杂性。从区域层面看，阿尔泰山草原自古以来便是多种民族和多种文化交汇之地。近代以来，哈萨克、汉、维吾尔、

---

① 费孝通：《中华民族多元一体格局（修订本）》，中央民族大学出版社 1999 年版，第 22 页。

② 费孝通：《关于我国民族的识别问题》，《中国社会科学》1980 年第 1 期。

③ 李晓霞：《论新疆汉族地方文化的形成及其特征》，《民族研究》1998 年第 3 期。

回、蒙古等多个民族在这片草原上构建和发展出了相互嵌入的社会结构与社区环境，各种文化在此交汇。从汉人群体内部来看，不同祖籍地的文化元素被带入进来，在村落或社区这类微型空间中交流、借鉴和融合。因此，红墩汉人的文化一方面总是给人以一种"杂糅"的形象，既有祖籍地多元文化的影子，又融入了阿尔泰山草原其他族群的文化元素；另一方面，尽管老户儿家与新移民、不同祖籍地的新移民在文化上都有彰显其特殊性的文化符号，但彼此又共享若干文化元素，在多元中呈现出一体化发展的趋势。

所谓变动性，实质是文化在地化的结果，既指不同汉人群体迁入后文化的变迁，也指红墩汉人作为一个整体所经历的文化变迁。不管是从群体构成来看，还是文化体系来看，老户儿家与新移民的文化都具有多元性。人们迁入后，为了适应迁入地的自然与社会环境，都必须在文化上做出策略性的调适。文化的变化有时是被迫的，比如老户儿家对哈萨克语和蒙古语的习得，汉人群体仪式的不完整性和信仰的隐匿性等等。在特定历史条件下，在地化事实上塑造了共享的文化体系和历史记忆，成为共同体建构和巩固的一股重要力量。本书尽管强调老户儿家与新移民的差异，但从在地化的进程来讲两者还是有较多的相似性，比如语言和饮食结构的调整、仪式的简约性和信仰的淡化等等。

老户儿家与新移民是阿尔泰山草原汉人群体的两种类型，他们的文化则反映了不同时期该地区汉人文化的变迁。事实上，老户儿家后裔中年轻一代在文化上的特征与新移民高度相似，比如多语能力较弱、饮食结构向汉人饮食结构的回归等等。若将红墩汉人视为一个整体，在过去一百五十余年的历史中文化经历了三个阶段显著变化。第一个阶段是移民文化阶段，群体内的文化多元性十分显著，但在适应迁入地自然与社会环境的过程中开始发生变化；第二个阶段是文化在地化阶段，在群体内部逐渐生成了共享的文化体系，并大量融入了周边其他群体的文化元素，建构出了区别于迁出地的文化体系；第三个阶段是文化回归阶段。20 世纪 50 年代以来汉族人口持续增加，破解了汉人散点嵌入于阿尔泰山草原的格局。同时，红墩与外在世界联系的加强，使得汉人有可能与新疆北部乃至祖籍地汉人的交往更加频繁。这为汉人在语言、饮食等文化的显性层面向汉文化的回归提供了可能。

所谓非传统性，指汉人在文化观念上的显著变化，表现为两个方面。一是家族与宗法制的衰微，血缘关系在社会整合中的作用弱化，而姻缘、地缘、业缘和朋友关系的重要性凸显；另一方面传统文化观念和习俗在规范人们社会行为中的功能弱化，表现为仪式的不完整性、信仰的隐匿性、宗教信仰的淡漠等方面。红墩汉人的家庭规模较小，以核心家庭为主，父子关系轴的重要性让位于夫妻关系轴，家庭中的关系相对平等和简单等等。

综上，红墩汉人在迁入克兰河谷后，文化上经历了明显的在地化过程，并在特定时空背景下构建出了多元性、变动性与非传统性的文化特征。红墩汉人在仪式、信仰和文化其他方面的表现是他们适应阿尔泰山草原自然与社会环境的结果，也是其在边地生存和发展的利器。

第八章　族群关系

　　弗雷德里克·巴斯指出"在一个包容性的社会体系中，就族群的文化特征来说，联系几个族群的纽带取决于他们之间的互补性。这样的互补性可能会导致相互依赖或共生，建立接合、融合区域"。① 可以说，共生是族群关系的一种基本形态。无论一个族群杂居区看上去是多么偶然或复杂易变，一切已知的族群结构，从决定族群主体性的内在表征到决定关系格局的族群行为，都是一些彼此互动的共生结构。② 笔者曾在富蕴县的吐尔洪盆地就哈萨克族、汉族和回族的关系进行调查，发现族群之间以无资源竞争、差异化和互补性的经济生产模式为基础，在日常生活的互动中建构和发展出了在经济、社会和文化等多个层面的共生关系，这种关系也是化解或避免族群冲突的一种内生机制。③ 在红墩，共生依然是族群关系的最好表达，而且还在过去一百五十余年中不断传承发展，成为各民族成员共享的社会记忆。哈布瓦赫指出，记忆一方面指向"过去"，另一方面是理性活动，其出发点是社会此刻所处的情况。④ 共生记忆在当前"新疆民族关系"语境下

---

　　① ［挪威］弗雷德里克·巴斯：《族群与边界——文化差异下的社会组织》，李丽琴译，商务印书馆 2014 年版，第 10 页。

　　② 袁年兴、许宪隆：《族群杂居区族际互动的结构性特征——一种超越二元对立的研究视域》，《浙江大学学报（人文社会科学版）》2012 年第 5 期。

　　③ 罗意：《共生关系的构建与发展：新疆阿勒泰草原一个微型多民族社区的个案》，《西南民族大学学报（人文社会科学版）》2014 年第 12 期。

　　④ 陶东风：《记忆是一种文化建构——哈布瓦赫〈论集体记忆〉》，《中国图书评论》2010 年第 9 期。

不断被唤起和再现，被重塑为民族团结记忆的一部分，为铸牢中华民族共同体意识提供了重要的文化资本。

第一节　族群共生关系的生成

我们已对红墩的多族群社会体系做了详细描述，在此进一步对各族群的空间分布略做补充，以从宏观和微观两个层次上勾勒各民族相互嵌入的社区环境。

一　各民族相互嵌入的社区环境

阿尔泰山草原的生态与资源空间具有多层次性，这对族群的分布及族群关系产生了持续且深远的影响。阿勒泰市的草原自北而南分布着阿尔泰山南麓山地草甸草场、额尔齐斯河及其支流的河谷湿地、平地草原与和额尔齐斯河以南的荒漠草原，分别对应游牧民的夏季牧场、春秋牧场和冬季牧场。蒙古族与哈萨克族游牧民在山区、平地草原、河谷湿地和荒漠化草原之间周期性地移动，利用季节变化的水草资源。阿尔泰山草原还生活着汉族、维吾尔族、回族等农耕族群，主要生活在河流谷地的村落和城镇中。中华人民共和国成立以前，这些农耕族群主要聚集在县城及其周边河谷地区。以承化县来讲，除了克兰河谷红墩的务农者外，还有县城（当地人俗称"街上"）的经商者、政府官员、士兵等。谢晓钟在《新疆游记》中对承化街区做了如下描述：

> 策马出公署，东南行数十武，有骑兵营房，壁垒整然。……曲折绕向南行，约半里，登小阜，上建关帝庙，北望承化寺，全街在目，东、中、西三正街，当中骈列，南北二横街当其两端。汉人商务，多在中街与南横街，缠商（维吾尔族商人，笔者加）、俄商，概居西街，北横街则汉缠杂居，东街正兴筑。汉商共六十余家，以永吉庆、天一庆为大；缠商二十余家，以萨的尔阿浑为

富，其店洋楼高筑，华丽冠全市。①

从经济体系的角度来看，阿尔泰山草原可以划分游牧区、农业区和城镇三个空间。农业区和城镇往往相邻并集中在河谷和山前盆地，而游牧区将其他两个空间包围起来。农业区和城镇中生活的主要是汉族、维吾尔族、回族等农耕群体，游牧区主要是哈萨克族和蒙古族的游牧民。因此，在阿尔泰山草原就形成了农耕族群嵌入于游牧族群的大格局。

从微观角度看，每一个空间也形成了多族群相互嵌入的居住格局。如前所述，老户儿家中就有一些户因各种原因加入游牧族群当中，并与牧民一起过上了游牧生活。在农业区中，除了有汉、维吾尔和回等农业族群的成员外，还有少量因丧失生产资料而无法游牧的哈萨克族、蒙古族牧民。因此，红墩汉人的庄子也绝非由单一民族的成员构成，而是一个多民族成员共同构成和相互嵌入的微型空间。20世纪50年代，红墩有约15户哈萨克族人，他们散落在汉人庄子周边。在红墩，还有将近20户的维吾尔族人。他们多建有自己的农庄，但与汉人的庄子相近。因此，红墩形成了各民族相互嵌入的微型社区环境。20世纪50年代后，随着大量汉、维吾尔、回等族移民迁入，阿尔泰山草原族群多样性进一步增强，各民族相互嵌入的社区环境进一步发展。

相互嵌入的社区环境为各民族成员在日常生活领域中的交往交流创造了条件，尤其是在经济生产模式存在差异性与互补性的情况下，族群之间就有可能发展出相互依赖的关系。

二 共生互补关系的构建

弗雷德里克·巴斯认为，族群若利用差异化的资源，占据同一生态系统中不同的生态位，几个族群便可依托生态位之间的结构功能关

---

① 谢晓钟：《新疆游记》，中国国际广播出版社2016年版，第311页。

系形成稳定的共生关系。① 如果他们在政治领域没有密切地成为一个体系，那么这就会导致一个典型的共生情境和各种可能相融的领域。② 这正是 20 世纪 50 年代前红墩族群关系的基本形态。

移动性是游牧这种生产生活方式最重要的特征，牧民必须根据水草资源的季节性变化而移动。哈萨克族和蒙古族牧民每年 4 月中旬进入克兰河河谷，5 月上旬离开并向山区转移。农民在 5 月中旬开始播种，进入生产周期，直至 9 月上旬收获。游牧民在 9 月中旬回到克兰河河谷，利用农田麦茬喂养牲畜。牧民与农民交替利用河谷地平原，有效避免了资源竞争。彼此之间也形成了两种重要的经济交换形式。一是麦茬（作为饲草）与畜粪（作为肥料）的交换，二是牲畜、畜产品与粮食的交换。因此，蒙哈牧民与汉族农民在生态与资源空间上形成了"大"嵌入格局，在经济上形成了共生互补的关系，并构建了族群间相互依存的"经济共同体"。由于蒙古族人与哈萨克族人利用相同的资源，因此理论上必然形成资源竞争关系。18 世纪中叶到 19 世纪中叶，回迁哈萨克族向蒙古族借地游牧，而蒙古族人口"素来不繁"（参见第二章周东郊的论述）。19 世纪中叶后，哈萨克族人口增长较快，但蒙古族人口在历次战乱中外迁而急剧减少，消解了资源竞争的可能。因此，哈萨克族与蒙古族牧民之间形成了无竞争的共生关系。

共生关系的达成，建立在游牧民与农耕民经济交换的需求基础之上，其关键要素在于游牧经济的非自足性。在哈扎诺夫看来，游牧经济本质上是非自足的，必须与外在世界保持各种关系以获得重要资源。③ 萨尔兹曼在 1973 年就指出，部落民、农民和城市居民不能作为一个自在的分析单位。每个群体的适应和经济体系都是与一个社会内

---

① ［挪威］弗雷德里克·巴斯：《族群与边界——文化差异下的社会组织》，李丽琴译，商务印书馆 2014 年版，第 11 页。

② Fredrik Barth, *Ecological Relationship of Ethnic Groups in Swat, North Pakistan*, American Anthropologist, Vol. 58, No. 6, 1956.

③ Anatoly M. Khazanov, *Nomads and the Outside World (Second Edition)*, The University of Wisconsin Press, 1994, p198.

其他社区密切关系的结果。对游牧社会的研究必须将之置于与农业社会、城市社会、国家体系和市场经济体系背景中进行分析。[①] 王建革在对蒙古地区农牧生态的考察中发现，游牧民要通过各种方式获得粮食。越是靠近城镇或农区，就越有可能通过交换获得。越是远离城镇或农区，游牧民就只能自己兼营部分粗放农业。[②] 因此，汉人移入克兰河谷，从事农业生产，非但不会和游牧民产生直接的资源和利益冲突，反倒是有助于游牧民通过交换就近解决粮食和其他生活必需品的问题。

在以"庄子"为中心的微观环境中，各民族成员在经济上也达成了共生关系，而且有很强的互补性。汉人以农业为主要生计，并借此在游牧民人口为主的世界中生存下来。他们又必然兼营牧业，既是对草原生态环境的适应，也是为了满足日常生产生活的需求。他们需要耕畜、坐骑和役畜，也需要肉乳和皮毛衣料。汉人农牧并重的生计形态为贫困的哈萨克族人提供了生计。男性为"大户"犁地、播种、收割、碾场和放养庄子的畜群，女性帮着照看小孩老人、洗衣、做饭，以获得衣物、食物、籽种和住屋等生存资料。"庄子"就成为一个微型的"经济共同体"，内部存在族群间的分工、合作与交换。这个空间还成为各民族成员休戚与共的生活空间，成人交流着家长里短，孩子们在一起嬉戏玩耍，构筑了一个不以族群边界进行区分的"生活共同体"。87 岁的老人阿斯利汗（哈萨克族）讲述了他们一家与老户儿家的关系。

> 1948 年我们到这里时，几户哈萨克族人都已经在这里了。他们的情况比我们好点，有 5—6 只牲畜和一点地。他们帮富裕的汉人家庭照看小麦地，或是帮干点杂活，换点麦子。我给马家帮过忙，今天干点活儿给点东西，明天干点活儿给点粮食。马家情

---

① Salzman, P. C, "The study of 'complex society' in the Middle East: a Review Essay". *Int. J. Middle East Stud.* 9: 539–557. 1978.

② 王建革：《农牧生态与蒙古社会》，山东人民出版社 2006 年版，第 263 页。

况比较好，有牲畜，哈萨克族人帮着放。我母亲给周围的大户洗过衣服，干家务活，得到些边角料给我们缝补衣服。大户宰羊后也将羊皮给我们做衣物。他们过春节时，我们去拜年。我们过节时，他们也过来。

哈三回忆了他们家与曹家的关系，并做了极为精细的描述。

1936年，我在红墩出生。我的父亲是回族，叫阿布热艾。母亲是哈萨克族，叫努尔巴拉。父亲祖籍甘肃临夏，1910年逃难来到红墩。家里穷，既没吃的，也没穿的。父亲在曹光华家里干活，冬天帮着放牧，夏天帮着种地。母亲也在曹家干家里的活，挤奶、洗衣服等等。曹家经济条件好，地特别多，牲畜也多。有二三十位民族人（指哈萨克族）在他们家干活。干活时，曹家会宰一只羊煮给大家吃。干活的人吃完了，再给我们这几个小孩吃。曹家还给打工的人旧衣服穿。曹光华见我们家没有房子住，就给了我们一间房住下。

曹家在红墩名气很高，所有民族人都夸曹家。曹光华有一间大房子，专门用来招待民族人。房间里面的装饰都是按照民族人的习惯弄的，节日或重要日子里都在此招待民族人。他们家不养猪，不吃猪肉，平时宰羊也都是让民族人来宰。民族人过节，曹光华会送羊、送礼物。过春节时，所有民族人都会去曹家，曹光华就在专属的大房间里招待他们。

嵌入与共生推动了族群间文化的交流和融合，表现为汉人对少数民族文化的融摄。"老户儿家"汉人对蒙古族与哈萨克族风俗习惯和行为方式了解颇深，好喝奶茶，喜食牛羊肉，擅长赶马爬犁，惯穿皮衣皮裤，在非本质文化特质上呈现出在地化特征。他们又精通蒙哈两种语言，擅长哈萨克族的阿肯弹唱，参加蒙古族的敖包祭祀活动，并擅长赛马、摔跤、刁羊、姑娘追等文化娱乐活动。红墩汉人无自己的

佛寺和道观，从汗德尕特的喇嘛寺请喇嘛主持葬礼。他们认为大乘与
藏传同源，皆为佛教，实质是有意弱化宗教边界以满足现实需求。汉
人参加哈萨克族人葬礼的全过程，与哈萨克人一起唱葬歌，但不参加
穆斯林的念经仪式。哈萨克族人同样参加汉人的葬礼全过程，包括抬
棺、挖墓坑、下葬、填土等等，但不参加守灵和烧纸两个仪式环节。
汉人不吃猪肉，用"啰啰肉"、"哼哼肉"取代"猪肉"之名。汉人
在语言、文化娱乐活动、宗教仪式上的调整，实质是一种社会文化适
应。更重要的是，一种明确族群间"如何互相和合、如何必须相互分
离、如何互相尊重"①的共生机制逐渐形成，既鼓励交流交融，又尊
重彼此差异，这正是"美己之美，美人之美"的要旨所在。73 岁的
黑扎提（哈萨克族）谈到了汉人葬礼中哈萨克族人参与的情况。

> 老户儿家参加哈萨克族人葬礼的全过程，只是不参与后面的
> 念经。葬礼中，民族人的哭歌，汉族人也唱。在老户儿家的葬礼
> 中，我们哈萨克族人过去帮忙。老户儿家送葬，抬棺材的人很
> 多。葬礼中挖坟、埋人、下棺材等仪式我们都参加，只是不参加
> 守夜和坟前烧纸环节。

曹忠贤和曹忠义两兄弟在接受访谈时，谈到了哈萨克族村民参加
老户儿家葬礼的过程，与黑扎提的说法一致。

> 汉族的葬礼，关系好的哈萨克族只要听说了，都会参加，也
> 会洒三仙土。在仪式过程中，哈萨克族会避开一些环节。比如晚
> 上装宝石瓶的时候，就不参加，但可以白天来告别。他们也不烧
> 纸，但按照他们自己的习惯表达悼念之意。哈萨克族的葬礼，汉
> 人也去，也随着他们的形式来做。在乃孜尔的仪式环节，人们会
> 主动地出来。相互之间都比较了解该做什么，不做什么。

---

① ［英］马林诺斯基：《文化论》，费孝通译，华夏出版社 2002 年版，第 2 页。

各族群间还形成了相互嵌入的社会结构，并发展出了社区共同体意识。游牧民在河谷放牧期间，也到阿勒泰市采购粮食、食盐、烟酒等生活必需品。他们将交易的牲畜和畜产品寄放到汉人朋友的庄子，早上到集市交易和购买物资，晚上回到庄子。70 岁的杨自治提到爷爷的哈萨克族朋友，他说：

> 我爷爷有一个哈萨克朋友叫阿汗，福海人。他每年秋天骑着紫红色的马，带着两峰骆驼来我家，我爷爷把他当贵客。两个人有说有笑，让他上炕，我们给他喂马。阿汗骑马去集市买茶叶、盐和日用品，他的骆驼就在我家放着，晚上回来我们给他的马饮水。吃完喝完，爷爷和阿汗就一块睡下了。第二天走的时候，从我家拖走一些洋芋、莲花白。他来的时候，通常带一些肉、酥油什么的。

每个庄子的牧民朋友相当稳定，传承数代。汉人受邀参加牧民朋友家庭的各种仪式性聚会，携带牧民所需的粮食、烟草和其他生活必需品。汉人的仪式性聚会，牧民亦携礼物而来，并按照自己的习俗赠送小畜、皮毛和畜产品。老户儿家的族谱中对祖辈与哈萨克族、蒙古族的交往做了大量描述。

> 刘毓连和阿山当年行政公署决策者来往密切，处事点子多、路子宽。……常年在少数民族中生活，和当地少数民族上至上层部落的巴依头人，下至平民百姓邻里乡亲结为好友。……这种关系一直保持到上世纪五十年代初，如他的哈萨克老朋友巧拉台、海沙等是当年少数民族中发家致富的佼佼者。
>
> 章有华与哈萨克柯勒依部落中的灭尔克提氏族的头面人物巧汗、吾来汗等皆为生死好友，直到 1958 年公社化时期还一直保持着密切的联系。章有华乳名叫"春喜子"，在同辈兄弟中排行

"老二"，少数民族咬文嚼字不清，称他为"闯曲子"。他还和"衙门官府"中有实权的官吏来往密切。老户儿家中有人遇到棘手难题，他都挺身而出，疏通关系。

在诸户的族谱中，曹氏族谱对他们与其他民族牧民的来往记录最为详细。曹氏族谱中记录，与曹家交往密切的蒙古族和哈萨克族牧民有奴尔争（蒙民医）、巴特蒙克、乌力可奇、迪达热、库力达热、马开、沙都、巴依黄尔、拜山等。曹氏与蒙古族和哈萨克族部落的头目交往颇多，这些部落有叶尔盖甫（蒙古族部落）、胡勒台布拉提（蒙古族部落）、加斯塔拜、哈拉哈斯、木里合、恰哈拜、依铁勒、建太开等等。曹氏第三代光有在红墩的蒙哈两族群众中威信颇高，称他为"芒斯孜"。据说，汉人称光有为"忙事子"，以描述他的勤劳——什么时候见到都在"忙事情"。哈萨克族牧民也是因为咬文嚼字不清，听成了"芒斯孜"。光有之所以有威信，还源于20世纪50年代初他收养了三位哈萨克族的孤儿。

> 曹光有和其子恩坡在兵荒马乱生活极为困难的50年代初，抚养了加布力汗、奴热合买提、居尼斯三个哈萨克族孤儿。抚育成人后，按照哈萨克族人民的风俗习惯给他们相继娶了媳妇成了家，搭了毡房，给了奶牛，使他们走上了自食其力的道路。三个孤儿的父亲生前和曹光有一家有着患难相依、祸福与共、亲如兄弟的关系，所以把三个孤儿视为亲生子一样对待，没有民族之分，也没有歧视过他们。而孤儿们也把这个家当作自己的家，把曹光有当着自己的父亲。

可见，这种朋友关系是亲密的和日常生活化的，而且在代际间有很强的传承性。这些关系对"老户儿家"汉人极为重要。20世纪20—40年代，阿尔泰山草原多次经历战火，这些战争都给生活在这片土地上的各个族群带来了灾难。相比而言，定居的汉人比移动的牧民受到的冲击更大。牧民往往因为移动较早发现风险，并通过移动摆脱这些风险。在每一次战争中，牧民朋友不仅通知汉人及时避难，还帮他们守护家园。汉人三次因战乱流落塔城、乌苏和沙湾等地，但最后都选择回到红墩。游牧民按照自己的习俗，携带牲畜、粮食和生活必需品迎接他们，帮他们重建家园。因此，所有族群的成员被纳入了共同的社会关系网络中，发展出了超越族群边界的"内群感"——社区共同体意识。69岁的李文皋还记得父亲朋友救助自己一家的故事，他说：

> 1947年两股势力在红墩附近打仗。我们一家藏到芨芨草里，不敢出来。父亲的朋友哈拉哈斯骑马过来，在我们家附近转悠。父亲认出了他，他也发现了父亲。他告诉我们"这里晚上要打仗，你们快点离开，小心安全"。我们和哈萨克族人关系很好，这样的事情都会给我们报信。

族际通婚率通常被作为衡量族际关系最重要的指标之一。在现实中，只有当两个族群群体的大多数成员存在着十分广泛而普遍的社会交往，彼此之间在政治、经济、文化、语言、宗教和风俗习惯等各个方面达到相互一致或高度和谐，两族之间才有可能出现较大数量的通婚现象。达到这一目标所需主要条件包括：（1）两个族群的文化同化已经达到较高的程度、族群之间没有语言障碍，宗教上互不冲突或至少能彼此容忍，而不是绝对排斥；（2）两个族群成员相互之间有很多的社会交往机会，人们有可能相识并相爱；（3）两个族群彼此之间没有整体性的偏见与歧视；（4）个人所在家庭与族群社区对于族际通婚也不持反对态度甚至持比较积极的态度。[①] 四个条件满足得越多，通婚阻力越小，反之越大。红墩老户儿家的族际通婚率较高，对象主要

---

① 马戎：《民族社会学——社会学的族群关系研究》，北京大学出版社2004年版，第237页。

是蒙古族而非哈萨克族。这些内容我已在本书第五章做了详细说明，在此不再赘述。

综上，红墩各民族相互嵌入有大小两个层面，各民族间的共生关系有互补型与无竞争型两种形态。嵌入式社区日常生活中的族群关系以共生为原则，表现出交流融合与尊重差异两个面相。嵌入与共生生成于特定的自然与社会历史情境之中，是生态环境、资源条件、生计选择与人口规模等因素互动之结果。

第二节　族群共生关系的巩固和发展

20 世纪 50 年代以来，红墩各民族相互嵌入的社区环境和族群共生关系经历了持续变化，主要受到了国家体制改变、政策调整、新移民进入与族群结构变化等因素影响。同时，历史上形成的族群共生关系又表现出了极强的生命力。在剧烈的社会变迁中，红墩各民族相互嵌入的社区环境与共生关系表现出了变迁、传承与发展多个面相。

一　族群共生关系的传承与发展

各民族相互嵌入的社区环境没有明显变化，但多族群结构发生了显著变化。一方面，回族、维吾尔族、汉族人口的比重明显增加，哈萨克族人因大量迁出①而比重明显降低；另一方面，族群内部区分明显。汉人与哈萨克族人分为"老户"与"新户"，回族村民分为"讲究"的与"不讲究"的。一些区分以迁入时间为标准，比如汉人与哈萨克族人的新老之别。一些区分以地域为标准，甘肃、宁夏的回族与其他地区的回族，四川的汉族与河南的汉族等等。但无论是哪种区分，其核心都是社会与文化差异。哈萨克族人区分"老户"与"新户"，认为前者长期与汉人杂居，多少听得懂一些汉语，与汉人交往

---

① 公社化时期，哈萨克族村民多选择到牧业队从事牧业生产，使农业队哈萨克族的人口减少。

甚多。区别"讲究"的与"不讲究"的回族村民之关键在于遵守仪规的严格程度，比如到汉人家中做客是否吃喝，是全程参加汉人的葬礼还是只随礼。这些区分可能重合，比如认为讲究的回族村民主要来自甘肃与宁夏，不讲究的回族村民多来自其他地区。总之，红墩族群结构更加丰富，族群之间及族群内部的异质性与复杂性明显增强。

族群关系也发生了一些明显变化。首先，族群在经济上的互补性弱化。在人民公社时期，各族群仍然被纳入了同一个"经济共同体"中。然而，整合的纽带由中华人民共和国成立前横向上的交换关系转变为"公社—大队—小队"的垂直再分配体系，实质是由"有机团结"向"机械团结"的转变。① 改革以后，各族群都选择了"以农为主，兼营牧业"的生计方式，同质性较高。以作物为例，都经历了以小麦为主，到小麦、花芸豆和油葵混合，再到以"食葵"（葵花籽，经济作物）为主的转变。族群间在经济和资源利用方面既无竞争，也无互补性；其次，文化融合方向逆转，表现为少数民族群体对汉语的习得和接纳。这可视为是对汉人成为社区主体族群和汉语作为国家通用语言的主动适应；最后，参加族际通婚的群体发生了变化。由于汉人新移民的迁入，汉人婚姻圈扩大，老户儿家汉人第五代后族外婚的比例下降。族际通婚主要发生在维吾尔族与哈萨克族之间，原因与解放前汉族与蒙古族的通婚无异。一方面维吾尔族人人口规模较小，很难避免族外婚；二是哈萨克族与维吾尔族之间无需跨越宗教边界。

上述变化是否意味着族群亲密程度降低了呢？事实并非如此。

首先，微型嵌入式居住格局普遍存在。以萨亚铁热克村为例，哈萨克族、回族和维吾尔族的院落散布于汉人院落之间，形成了数个包括多个族群院落在内的微型嵌入式居住空间。院落与院落之间无水渠、道路或其他"硬"隔离，仅以半人高的土墙或篱笆相区别。院落布局差异较小，彼此习惯隔墙面对面交流并借用生产生活用具，以邻

---

① 马戎：《牧区体制变革与草场使用、人口迁移、社区生活及草原生态系统的变迁》，载周星、王铭铭编《社会文化人类学讲演集（下）》，天津人民出版社1996年版，第676页。

居而非族群成员的身份交往。我们多次遇到不同族群成员的邻居"破门而入"的情况，一位哈萨克族妇女说"两天不见我这个姐姐（汉族），想得慌"。应如何解释这些行为呢？"我们在这里没有兄弟姊妹，真的是无依无靠"这些朴实的言语给出了答案。对移民群体来说，当既往以亲缘关系为主的社会关系纽带缺失后，人们必然建立新的或以其他社会关系来满足在安全、交往、情感与归属等方面的需求。邻里关系自然而然地通过微型嵌入式居住格局进入族群关系之中，促成了族群成员间的亲密互动，实质是"远亲不如近邻"交往逻辑在日常生活中的运用。贾和普1963年来到红墩生活，11年后返回祖籍地取哈丽丹为妻，1981年返回红墩生活。哈丽丹讲述了她与其汉族邻居的关系。

我们回到红墩时就与张红梅成了邻居。我们两家的关系特别好，我经常去找她聊天，她也常到我们家来。两家的孩子也在一起玩，长大了还相互在事业上帮忙。古尔邦节时，她肯定要到我们家做客。她过年，我们也一定过去。张原来是养猪的，但我们经常走动后她主动就不养了，比较照顾我们的感受。冬天，她家也冬宰，都是让我儿子去宰羊，因为我们在汉族人过节时也过去吃饭。

比力克孜（维吾尔族，女）也讲述了与两位汉族邻居的日常交往。

我的院子有一个小门可以通到李红秀（女）的院子。她们家每次宰羊都请我大儿子过去宰，然后两家一起煮肉吃。孩子们关系也很好，大儿子与她们家的大儿子是好兄弟，在生意上相互帮忙。我与李红秀的关系也很好。我身体好的时候经常到另一家汉族邻居家吃饭、喝茶、聊天。这几年身体不好，腰疼，走路不便，邻居便经常到我的院子来。今年4月我生病住院，家里的牛没人挤奶，邻居帮着挤了一周奶。我们院子种的菜，经常让孩子给送过去。

其次，族群成员在经济上的互助现象较为普遍。一直以来，红墩都有族群间互助的传统。人们以汉人与哈萨克族人既往"守望相助"和"共经磨难"的经历来解释这些行为。经济上的互助在一些不易察觉和不那么动人的方面表现得尤为明显。红墩农民普遍种植食葵，亩均投入约为 500 元，每户生产成本达 1—3 万元不等，多以贷款维持生产。贷款实行五户联保，一户未按期还贷款，五户次年皆受影响。人们在选择联保贷款户时倾向于兄弟与邻居之间的组合，较少考虑族群因素。一户无力还贷时，其他四户出资帮其还上，然后仍在一起联保贷款。社区内形成了超越族群边界的信任机制，既有历史根基，又在现实中不断强化。

第三，在社会交往和政治生活中不以族群为边界。人们仍普遍参加各族群成员的婚礼和葬礼，在各自重要节日中相互拜访。为了反映族群间与族群内社会交往强度的差异，我们搜集了三户汉人家庭五份红白喜事簿，试图以送礼的人数与礼金的差异寻找线索。总的来讲，村落中 90% 以上的哈萨克、回、维吾尔村民都有随礼，与汉人村民随礼的人数比例无明显差别。从礼金的角度来看，直系亲属与姻亲、邻居与朋友、其他村民分别构成了核心圈、中间圈与外围圈。进一步分析发现，少数民族村民均衡地散布在中间圈与外围圈之中。人们以与仪式主人的关系决定赠送礼金的金额，起决定作用的是亲属关系、邻里关系、朋友关系和同村关系，族群因素体现得不明显。人们在评价一个人时，不以族群身份为标准，而以是否善良、是否值得信赖这些具有普适性的价值观为标准。在村委会的选举中，人们并不以民族做区分，而是以能力、为村民办事的意愿、品行进行选择。

第四，族群交往中尊重彼此差异的原则得到了传承。汉人新移民在迁入之初总是习惯在院落中搭建一间猪舍，食物中离不开猪肉。然而，不久之后他们便将猪舍改造为羊圈。一方面，这与老户儿家汉人适应当地生态环境与资源条件的生计选择如出一辙；另一个方面，他们了解到了其他族群的习俗，并有意识地做出改变。一位四川新移民描述了这个过程，她说"我的邻居（哈萨克族）经常到我们家串门，但总是说我们院子臭得很，说臭的东西不要养"。另一位受访的河南籍妇女提到自己在阿苇滩汉人村（红墩附近）时养猪，嫁到萨亚铁热克后便不养了，原因是她的邻居是维吾尔族。有意思的是，养猪并未能阻止串门，而邻居以较隐晦的方式提醒汉人新移民尊重自己的习俗。对一些汉人新移民来说，不吃猪肉很难受，他们选择到镇上的汉餐馆解馋，或是深夜煮猪肉以避免邻居的突然造访。当然，买时用黑色塑料袋包裹好，以不易为人发现的方式带回家也是必须的。汉人婚礼与葬礼的宴席也总是选择镇上的回族村民开的食堂，以方便各族村民参与。"讲究"的回族村民即便不参加仪式过程，但也会以符合他者文化的方式"随礼"，并表达尊重。

最后，汉蒙通婚减少，但维哈通婚增多。汉蒙通婚减少是汉族人口增多的结果。在婚姻形式上，红墩维吾尔族人经历了"族内婚"向"族外婚"的转变。第一代维吾尔族人在迁移时多已在祖籍地结婚，主要是族内婚。第二代维吾尔族人的成婚年代多在20世纪50—60年代，也主要是族内婚，主要发生在阿尔泰山草原维吾尔族人群体内部，或是男性返回祖籍地寻找配偶。但是，也有维吾尔族男子娶哈萨克族女子的情况。萨亚铁热克村6户维吾尔族人中有2户属于这种情况。第三代维吾尔族人族内婚的数量明显减少，反倒是维哈通婚更常见。萨亚铁热克村第三代维吾尔族人有31位子女，其中维吾尔族男子娶哈萨克族女子的有10位，维吾尔族女子嫁哈萨克族男子的有7位。在剩下的14位子女中，1位女子残疾，1位女子未婚，仅有12位为族内婚。从访谈情况看，第二代维吾尔族人在子女婚姻上仍更倾向于族内婚。在与哈萨克族通婚的问题上，更容易接受维吾尔族男子娶哈萨克族女子。61岁的比力克孜（女）5个孩子中有2个孩子是族际通婚，她谈到了自己对维哈通婚的态度：

二儿子娶哈萨克族老婆时，我就反对。老公说"我们在阿勒泰生活，这边哈萨克族人多，维吾尔族与哈萨克族通婚很常见"。后来，大女儿说要与哈萨克族结婚，我特别反对。我反对了四年，最终儿子和老公都劝我答应这门婚事。其实，我对这个女婿（能力和品行）很满意。但是，我自己的亲兄妹都在阿图什，他们观念很强，过来参加婚礼后肯定会"说"。

散居在红墩的维吾尔族人在与哈萨克族人通婚问题上的矛盾心态在这个个案中表露无遗。一方面必然接受与哈萨克族通婚的现实，另一方面又担心自己及家庭遭受祖籍地维吾尔族亲友的责难。个案也揭示出两点重要信息。首先，长期在阿尔泰山草原生活的维吾尔族人更能接受与哈萨克族人通婚。比力克孜的丈夫叫穆萨（已故），生于阿勒泰。穆萨的父亲在1935年到阿勒泰做生意，后在红墩定居。这也验证了族际通婚中的一个重要假设，即族际婚姻的后代和族际婚姻的兄弟姐妹更容易接受与异族通婚；[①]其次，之所以能够接受与哈萨克族人通婚，关键在于共同的宗教信仰。这说明，宗教仍是制约散居维吾尔族人通婚选择的重要因素。因既要与哈萨克族人通婚，又要避免祖籍地亲友参加婚礼时的责难，婚礼安排就要相当慎重。比力克孜的大女儿结婚时首先按照维吾尔族习俗举行了仪式。第一天的婚礼在娘家按照维吾尔族习俗举办婚礼，第二天在宴会厅按照哈萨克族习俗举办婚礼。在这些维哈通婚的个案中，婚礼均是两个民族婚俗和仪式的综合，即"维吾尔族一方按照维吾尔族的办，哈萨克族一方按照哈萨克族的办"。

维哈通婚的常态化使红墩维吾尔族人的家庭大都是民族混合家庭。散居维吾尔族人长期与哈萨克族人杂居，远离祖籍地，在家庭生活方面较少受到本族社会的压力。他们又精通哈萨克语，与哈萨克族家庭成员不存在语言交流障碍，对彼此文化、习俗和行为方式了解颇

---

① 李晓霞：《新疆民族混合家庭研究》，社会科学文献出版社2011年版，第99页。

深。这使得家庭内的关系相对和睦，矛盾较少。以居室空间的营造为例，常兼有维哈两族的文化符号。居室空间通常被区分为客厅、老人的卧室和年轻人的卧室三个空间。一些家庭按照卧室主人的族别，做了空间上的区隔。调查时，笔者带了一位来自阿克苏的维吾尔族女学生玛依热做翻译。她在田野笔记中详细描述了比力克孜家庭居室的空间布局。

> 客厅正面墙上挂着具有维吾尔族风格的华丽挂毯，沙发上铺着维吾尔族风格图案的布。在沙发前面放置一张矮桌，桌上铺着维吾尔族的"达斯特汗"（桌布、dastəhan）。左边的房屋是比力克孜的卧室，墙上挂的、床上铺的都是具有维吾尔族风格的红色毯子，床上摆放着维吾尔族的"依坎达孜"（褥子，i Kan daz），在床与房顶之间挂着维吾尔族风格的"喀热瓦特阿依克"（床帘，Karwat ajah），地上铺着维吾尔族风格的地毯。右边的卧室是儿子（妻子是哈萨克族）的卧室，中间摆放着沙发，沙发上铺着白色带花纹的布料，地上铺着哈萨克族风格的地毯，窗帘也是哈萨克族风格的。

玛依热在进入帕提古丽（女，59岁）家时，记录了另一种维哈文化符号"混搭"的情形。帕提古丽有三个孩子，女儿嫁给了维吾尔族，两个儿子都娶的是哈萨克族。她在田野笔记中描述到：

> 房屋墙上除了挂着的挂毯外，都是哈萨克族的装饰品，床上铺的是哈萨克族毡子，沙发上放着有浓厚哈萨克族韵味的枕头。窗帘是向一位哈萨克族妇女定做的，挂窗帘的杆子则是请维吾尔族师傅做的。房屋的吊顶是请维吾尔族师傅做的，装饰着很好看的花的图案。

综上，红墩各民族相互嵌入的社区环境和族群关系核心原则没有显著变化，包括日常生活各个层面的亲密互动与尊重差异的原则等。族群成员日常生活中的社会交往和村里政治生活呈现出不以族群身份为边界的趋势，说明嵌入与共生在新的历史时期进一步发展。这并非意味着"无边界"，因为族群间在语言、宗教信仰、经济生活和通婚态度上的差异仍然明显。比如，哈萨克族人说维吾尔族人"哈萨克化"了，维吾尔族人自身也认可这一点，但仍能察觉彼此在住屋装饰、饮食习惯和语言发音上的细微差异。关键在于，这些差异不再成为影响族际交往的关键因子。

二　族群共生记忆的再现与重塑

大体来讲，20 世纪 60 年代后红墩各族群间共生关系的基础已经发生了诸多变化。然而，在人们的意识中共生关系没有明显变化。哈布瓦赫说"我们保存着对自己生活的各个时期的记忆，这些记忆不停地再现；通过它们，就像是通过一种连续的关系，我们的认同感得以终生长存。"[1] 近年来，老户儿家、政府和媒体通过各种形式不断再现各民族共享的共生记忆，并将之重塑为"民族团结"记忆。在此，重点分析记忆的"再现""过去"与"现在"的关系和再现过程中的权力关系三个方面。[2]

记忆需要"外在唤起"，保罗·康纳顿明确指出"有关过去的意向和有关过去的记忆知识，是通过（或多或少是仪式性的）操演来传达和维持的"。[3] 在老户儿家汉人中，唤起和再现记忆的形式有家谱、回忆文章、座谈会、民俗陈列馆和群体传记等等。近年来，章氏、曹氏、恽氏、杨氏、李氏和赵氏等家族先后修谱，当地文史资料中亦搜集了老户儿家一些老人的回忆文章。这两种形式比较侧重对先辈历史

① ［法］莫里斯·哈布瓦赫：《论集体记忆》，毕然、郭金华译，上海人民出版社 2002 年版，第 82 页。

② 王汉生、刘亚秋：《社会记忆及其建构：一项知青集体记忆的研究》，《社会》2006 年第 3 期。

③ ［美］保罗·康纳顿：《社会如何记忆》，纳日碧力戈译，上海人民出版社 2000 年版，第 40 页。

与生活的描述，但流传范围较窄，鲜为人知。其他三种形式更侧重事件和与他族关系的描述，影响较大。座谈会不只是对先辈在动荡岁月中苦难生活的追述和为了凝聚群体而举办的庆典，还是对老户儿家与哈萨克族人、蒙古族人和睦相处、团结奋斗故事的发掘和再现。2012年，在红墩镇政府的帮助下，李红秀将多年搜集的老物件、文字记录、老照片和影像资料捐出，建立了老户儿家民俗陈列馆。文字说明采用了恽氏四世孙恽长普在《阿山往事》和《阿山旧事》中族群历史的表述。这段表述颇为用心，将群体的历史追溯至太平天国运动和捻军起义，将其经历融入近代以来新疆农民起义、外蒙独立、马仲英乱疆、三区革命等重大历史事件之中。小群体的生活被纳入了国家与地方社会的宏大叙事结构之中，与其他民族的和谐关系、各族群众患难与共、守望相助的情谊被反复强调。下面这段文字很好地说明了这一点。

> 民国初年，军阀混战，民不聊生，其影响也波及新疆。在那个动荡不安的年代里，居住在阿山一带常年屯垦务农的汉族老户儿家与当地蒙、满、哈萨克等少数民族休戚与共，生死相依熬过了漫长的艰苦岁月，同时建立了深厚的感情。当地汉族老户儿家出于保全家族成员生命和财产的需要，也源于当时特殊的社会历史环境，几乎人人精通蒙古族与哈萨克维吾尔语，也有人精通俄罗斯语，绝大多数人还为自己起了蒙古族或哈萨克族名字。由于姓名、语言和生活习俗的相同，加之少数民族同胞的庇护，在后来的多次动乱和民族仇杀中，大多数人都躲过了杀身之祸。[①]

政府和媒体也是共生记忆再现的推动者，并将之引向了民族团结记忆。地方政府并不十分关注过往的历史和生活，而是借民俗陈列馆和座谈会呈现和宣扬红墩民族团结的深厚基础，并为阿勒泰民

---

① 恽长普：《阿山往事与老户儿家的悲壮经历》（内部资料），第11页。

族团结示范区建设提供支持。国家民委和新疆维吾尔自治区团委调研组也到红墩镇与老户儿家代表座谈，从中发现了民族团结"阿勒泰现象"。媒体的关注点也在于此，但形式更加丰富。近年来，一批老户儿家的新闻报道出现在中国日报（海外版）、央广网、新华网、光明网、天山网、阿勒泰新闻网和阿勒泰日报等主流媒体上，多以"齐聚一堂话团结""讲述民族大爱故事"等为标题。阿勒泰地区和阿勒泰市的电视和广播节目中，老户儿家代表登台亮相，讲述"民族团结"故事，并用哈萨克语一展歌喉。王明珂深刻地指出"这些集体记忆由社会精英提供，并借由种种媒体传播，以强化人群间的根本情感"。①

表 8 - 1　　　　　　　　　　红墩老户儿家的相关报道

文章名称	时间	作者	来源
百年"户儿家"传奇诠释民族团结真谛	2019—3—14	张晓龙、张啸诚	央广网、新华网、光明网
一眼百年，"户儿家"的老物件里都是故事	2019—8—28	魏志源	新疆党建网
The place where nothing is ever lost in translation	2018—12—12	张怡	China Daily
听，红墩老"户儿家"讲述民族大爱故事	2014—05—15	张建玲	额尔齐斯网
互帮互助是一家：听郭桂英讲"户儿家"的故事	2014—10—31	闫雪洁	阿勒泰日报
阿勒泰市"户儿家"系列故事之老物件背后的故事	2014—11—04	闫雪洁	阿勒泰日报
吉林援助阿勒泰拍摄电影《老户儿家》六月开机拍摄	2015—05—28	闫雪洁	阿勒泰日报

---

① 王明珂：《华夏边缘：历史记忆与族群认同》，社会科学文献出版社 2006 年版，第 32 页。

续表

文章名称	时间	作者	来源
像爱护眼睛一样爱护民族团结	2015—09—14	冯建伟	农民日报
阿勒泰市红墩镇"户儿家"的一家亲	2016—05—06	—	阿勒泰地区电视台
让团结之花开遍每个角落——走进阿勒泰"户儿家"	2016—06—06	张婷、贾春霞	华夏经纬网
"户儿家"的故事	2017—01—10	—	新疆日报
阿勒泰曹家媳妇的"户儿家"展馆：留住这份悠长美好的传奇	2017—06—14	郭玲	新疆晨报
阿勒泰市"户儿家"文化大院发展庭院经济	2017—08—15	美丽娜孜	新疆亚欧网讯

在众多报道中，张建玲的文章《听，红墩老"户儿家"讲述民族大爱故事》较早，也颇有代表性，她将日常生活中生发出的"共生关系"及其记忆转化为了"民族团结"记忆，也奠定了之后众多报道的写作模式。

阿勒泰市红墩镇是个有历史故事的镇子，特别是当地"户儿家"的故事最为丰富。据《阿勒泰市地名图志》记载，那里曾经是阿勒泰开发非常早的农业区。1870 年以后，汉族民众从福海迁徙到此开荒种地至今，当地居民从事农业生产约有一百多年的历史了。

如今，走进这个镇子，往日的弯腰耕作挥汗如雨的劳作场面已经没有了影子，跳入人们眼帘的是高楼耸立，一股蓬勃发展的气势直逼人们的视觉，整个镇子里涌动着蓬勃发展的力量。

红墩镇的老户儿人家鼎鼎有名，当地居民称之为"户儿家"。要想讲清楚什么是老"户儿家"也不是件难事，只要你卷起舌头发出两个音：即"户家"——也就是最早居住在这里的老户人家对自己家族的昵称。

因为跟当地牧民居住的时间久了，当地牧民也称红墩老户人家为"胡勒家""胡尔家"——即人们通常说的"户儿家"。红墩老住户几乎人人精通哈萨克语。已经 74 岁的老"户儿家"曹忠伟是个哈语通，他也对"户儿家"的出处进行分析，得出同样一个结果。

曾经老"户儿家"影响力很大，家族也很大。四大"乡约"家族代表即：马家，曹家，刘家，冯家。经过多年的发展，新的"户儿家"四大家族也应运而生：恽家、曹家、刘家、章家，能成为这四大家族中的一分子，是很荣耀的事情。

随着社会经济的不断发展，最早居住在红墩镇的老"户儿家"也都陆续迁入阿勒泰市区和乌鲁木齐以及疆外了，留下来的也只是那些舍不得孩子、扔不下地、已经退休的为数不多的老人。

因为常年跟当地牧民生活在一起，这些老户儿家人，几乎人人都会讲哈萨克语，人人都喜欢喝奶茶吃手抓肉，还有沿用当地居民的传统习惯祈福。

当然，发生在这些老"户儿家"的民族团结的事情也举不胜举、数不胜数。

今年 60 岁的章玉芬老人也被这些民族大团结融合发展的事情不断感动着。她讲述说，在红墩镇乌图布拉克村民铁木儿的亲戚在一次意外中摔断了颈椎，成了一个有意识有知觉的植物人。弟媳妇阿依努尔依然决然地一边照顾自己的家人和孩子，也将自己的丈夫的亲戚接在家中尽心照料。一把屎一把尿的一照顾就是四年，直至这位亲戚死亡。这样的大爱成为了身边每一位"户儿家"人的榜样，章玉芬的叔叔章维诚得知阿勒泰市区一位维吾尔族小姑娘面临失学，果断地资助她上学，直至大学毕业。

老"户儿家"的嫡系孙子曹忠伟已经 74 岁了，他也讲述了一个各民族大团结大融合的故事：他的爷爷曾经收养了四个民族孤儿并为这几个孩子置办家业娶上媳妇。如今帮助的那四个孩子都已经陆续离开了人世。曹忠伟也接过爷爷的爱心接力棒，不仅跟当地牧民和睦相处亲如一家，还将贫困的孩子塔斯肯接到家中寄养直至完成初中学业，现如今，当年那个被寄养的孩子已经成人并在乡镇从事医务工作。

63 岁的恽芝玉是红墩老"户儿家"的第四代后人。她回忆说当年她的父亲有兄弟六个，不分家的大户过着跟当地牧民一样的日子，饲养牛羊，赶马爬犁，即使雇佣的民族长工，他们也都像爱护自己的兄弟一样的爱护他们，尊重他们的风俗习惯。这种民族互相融合发展的大爱影响着"户儿家"后来的好几代人也影响着陆续迁移过来的汉族居民。

恽芝玉阿姨分析说，红墩镇的民族之间的大爱是有根源的，最早落脚在红墩开发农业的汉族人数很少，在当地牧民热情好客、尊老爱幼的优良风俗习惯的影响下，汉族同胞们逐渐被这种良好风气所影响所熏陶，民、汉互帮互助、亲如一家的乡风逐渐形成。

如今，恽芝玉老人生活在离市区较近的村子里，她目睹着村子里那些感人肺腑的团结情爱：村里有个哈萨克族小伙子眼睛失明了，村民纷纷捐款捐物；某汉族的媳妇出车祸了，全村居民捐款捐物，村里的孤儿寡母也是全村人帮扶的对象，只要村里有困难的人就会有人帮助；只要村子里有发展缓慢的家庭，大家都会有力的出力，有钱的出钱；只要村里有需要帮助的人和事，全村人都尽心尽力进行帮助。

最后，恽芝玉阿姨郑重地说：一个各民族大团结大友爱的村子必定是一个有希望的村子，一个有希望的村子必定是快速发展的村子，乡镇是这样，国家也是这样！

"老户儿家"的故事还经常出现在阿勒泰地区和新疆民族团结进

步事业的相关报道中。比如《吉林日报》在 2015 年 10 月 1 日刊发了题为《金山银水的甲子新颜》的文章,对吉林援疆的影片《在那遥远的地方》的拍摄情况做了介绍。在写"老户儿家"时,说"他们和当地的少数民族百姓一起生活、一起劳动,互通婚姻、互相帮助,共同走过了一个多世纪的风风雨雨"。①2016 年 3 月 29 日,《新疆日报》刊发了《民族团结之花开遍了天山南北——自治区民族团结进步事业综述》中专门讲述了"户儿家民俗陈列馆"。② 2015 年 10 月 5 日,《人民日报》刊发了《47 个民族共攥一把"金钥匙"（新疆跨越 60 年）》的文章,其中也提到了"老户儿家"。

> 在阿勒泰市红墩镇,提起"户儿家民俗陈列馆",可谓尽人皆知。小小陈列馆,收藏了汉、哈萨克、蒙古等各族人民共同生产生活的旧器具、老照片。"户儿家"是太平天国和西北捻军汉民的后裔,清末以后陆续迁至红墩镇阔克萨孜村等地。陈列馆的主人叫李红秀,土生土长的红墩镇人。③"老物件见证了一段岁月,记录着生活在这里的各民族和睦相处、共同生活的历史"。这是李红秀建馆的初衷。李红秀的爷爷收养了 3 个哈萨克族孤儿,养大成人,娶妻成家。李红秀喜爱各民族的老物件,也源于这 3 个哈萨克族叔叔。老"户儿家"人人都会讲哈萨克语,喜欢喝奶茶、吃手抓肉。李红秀说:"大家生活在一起,感情非常深厚"。④

记忆的再现实质是记忆的重塑,包括结构性失忆和集体记忆的再

---

① 黄鹭:《金山银水的甲子新颜》,《吉林日报》2015 年 1 月 1 日。

② 王鼎:《民族团结之花开遍了天山南北——自治区民族团结进步事业综述》,《新疆日报》2016 年 3 月 29 日。

③ 此处报道有误,李红秀并非土生土长在红墩,而是 20 世纪 60 年代随父母迁移至红墩的。也并非她的爷爷收养 3 个哈萨克族孤儿,而是她丈夫曹忠伟的爷爷曹光华。

④ 张文娟:《47 个民族共攥一把"金钥匙"（新疆跨越 60 年）》,《人民日报》2015 年 10 月 5 日。

造两个层面。事实上，我们总是在一个与过去的事件和事务有因果关系的脉络中体验"现在"的世界。① 通过重新调整哪些是"过去的重要人物和事件"或赋予历史人物与事件新的价值，来应对外在利益环境的变迁。如此，个人生活在社会所给予的记忆以及相关的族群认同中，在另一方面，个人也在社会中与他人共同遗忘、追寻或创造过去。② 当然，过去不是被保留下来的，而是在现在的基础上被重新建构的，记忆什么、忘却什么都与现实密切相关。哈布瓦赫说"社会不时地要求人们不能只是在思想中再现它们生活中以前的事件，而且还要润饰它们，削减它们，或者完善它们，乃至我们赋予它们一种现实都不曾拥有的魅力"。③ 因此，要理解这种重塑，就必须回到当下新疆的民族关系。李晓霞指出，中华人民共和国成立后 60 多年来新疆的民族关系基本是和睦的，同时主要民族间的文化差异仍明显存在。④ 因此，共生记忆便具有了"民族团结"意义，也为民族团结记忆的塑造提供了基础。

在记忆再现和重塑过程中，记忆的生产者往往无法控制记忆被重塑的形式和方向，并丧失话语权。2015 年 8 月，一部以老户儿家感人故事为线索、反映阿勒泰民族团结的影片《在那遥远的地方》由长春电影制片厂拍摄完成。2015 年 8 月 28 日，中国新闻网对该片内容和拍摄过程做了介绍。

新疆阿勒泰第一部反映哈萨克民俗风情的影片《在那遥远的地方》影片顺利杀青，经后期制作、剪辑合成，年底前将上映。

---

① 王汉生、刘亚秋：《社会记忆及其建构：一项知青集体记忆的研究》，《社会》2006 年第 3 期。

② 王明珂：《华夏边缘：历史记忆与族群认同》，社会科学文献出版社 2006 年版，第 32 页。

③ ［法］莫里斯·哈布瓦赫：《论集体记忆》，毕然、郭金华译，上海人民出版社 2002 年版，第 91 页。

④ 李晓霞：《新疆民族关系走向及其影响因素分析》，《北方民族大学学报》2012 年第 1 期。

《在那遥远的地方》制片方 28 日表示，这是新疆阿勒泰地区第一部以民族团结故事为原型的影片，也是第一部反映哈萨克民俗风情的影片。

　　据知，影片以哈萨克族民俗风情为背景，以"老户儿家"的感人故事为线索，以两代人凄美的爱情故事为主线，以阿勒泰地区各族人民融洽美满的生活现实为写照，展现民族团结，展示民族特色，促进民族融合，并将阿勒泰优美的自然风光、质朴的民风民俗和浓郁的乡土乡音汇集在一起，生动刻画了一个民族团结融洽，生态环境优美的阿勒泰。

　　吉林省目前对口支援阿勒泰地区。制片方称，吉林省委宣传部、吉林省援疆工作前方指挥部筹集资金 1500 万元，由具有拍摄民族题材电影传统优势的长影集团组建精英创作团队，开展线索搜集、剧本创作、前期准备和拍摄工作，先后选用三任国内知名编剧进行了 18 次修改，精心打造了这部具有思想性、艺术性、观赏性的精品电影。①

　　电影的文稿创作征求了老户儿家后裔的意见，但最终却引起了人们的强烈不满。他们发现，红墩的历史基本消失了，成为一部"谈情说爱"的片子。一些历史事件被张冠李戴，比如本是曹氏三世孙曹光有收养了三个哈萨克族孤儿，但却换成了李长福。事实上，媒体报道中已经不止一次出现失真或不实的情况。老户儿家认真地挑出每一处失真或不实之处，并向之后的调查者强调这并非他们的原话或本意。族群共生记忆亦被"去背景化"，先辈们的迁徙过程、在红墩的生产生活场景、与他族成员日常生活中的亲密互动甚少被关注，群体记忆成为民族团结故事的片段式集合。老户儿家对此心知肚明，一些人开始拒绝接受访谈以避免陈述内容被篡改，一些人则强调要突出民族团

---

　　① 仲春春：《电影〈在那遥远的地方〉顺利杀青》，中国新闻网（http：//www.chinanews.com/yl/2015/08 - 28/749831. shtml）。

结的内容。他们希望电影、新闻报道等能够如实反映群体的历史、生活和与他族的关系，任何对群体历史的肆意篡改都不可接受。杨自治在访谈中说：

> 文稿讲汉族姑娘白云找了一个民族小伙儿，后来北京来了一个画家，要求带个翻译到喀纳斯去画画。乡镇领导就把白云派去了，结果画家就把白云强奸了。他把这个写进去了，我非常生气。我质问导演"我们汉族人祖祖辈辈在这里生活了一百多年了，七代人了，没有听说过哪一家发生过这样的事情，少数民族家也没有这样的事情。你电影要是放出去，明天就有人造反，别人就会问谁提供的材料？老杨讲的，老李讲的，还是老曹讲的？"如果有这样的事情也情有可原，但是从来没有这方面的事情，这不是破坏民族团结嘛。如果这样的话，我以后不参加这样的活动了。

2018年，萨亚铁热克村在驻村工作队和村"两委"班子的带领下编排了《绿树底下好乘凉》舞台剧，传承和发扬"户儿家"民族团结精神。舞台剧以"户儿家"大院的故事为原型，分为夫妻争吵、双喜临门、打开心结、同贺新春四幕，对民族融合、团结互助、患难相依、共谋发展的历程进行展现。舞台剧成为红墩镇增进各民族团结，丰富群众文化生活，推动阿勒泰地区民族团结事业发展的一个重要抓手。2021年，吉林援疆出资350万元帮助红墩镇新建"户儿家精神展览馆"，作为红色主题教育和文化润疆工程的一部分。笔者受红墩镇党委和政府的邀请，为展览馆提供了文稿方案，并参与了展厅的设计。

综上，一种生成于日常生活领域和特定社会历史情境中的族群共生记忆被再现和重塑，被赋予了全新的意义，成为该地区民族团结记忆的一部分。再现和重塑有现实价值，旨在将各民族共同团结奋斗、共同繁荣发展的记忆植根于人们的心中，并激发人们增强交往交流交融和自发维护民族团结。老户儿家的个案表明，族群共生记忆可以通过不同方式予以唤起、再现和重塑，成为民族团结记忆的一部分和一种可以激发自觉维护民族团结行为的符号资本，但是也要特别关注共生关系和共生记忆生成的日常生活情境，避免歪曲事实和过度"去背景化"。这不仅会导致民族团结故事模式化、缺少细节而无法触动人心，还会导致族群共生与民族团结记忆的生成过程变得无法理解。

第三节 共生：族群关系的一种基本形态

从本章前面两个部分的分析中可以得出三个结论：第一，红墩老户儿家族群共生记忆的个案丰富了我们对族群共生关系的认识。共生关系包含了两套相互协调的运作机制，一方面是避免竞争、化解矛盾和促进融合的机制。另一方面是包容多样，尊重差异的机制。"包容多样，尊重差异"的机制并不意味着拒绝融合或彼此隔离，而是反映出对彼此社会文化内涵和边界的深刻理解与精确把握；第二，共生记忆生成和扎根于日常生活领域和特定社会历史情境中族群成员在经济、社会与文化等领域的亲密互动；第三，共生记忆可以根据现实的需要，以特定的方式被再现和重塑，成为民族团结的历史根基。

近年来，我们在新疆阿勒泰地区多个各民族相互嵌入的社区中就族群关系做了大量深入的田野调查，试图回答如下一些基本问题：族群成员如何认识"己"与"他者"的社会文化差异，如何在差异中和谐共生，如何建立超越族群边界的"命运共同体"，以及这类"命运共同体"中族群关系逻辑对新疆和谐民族关系的巩固与发展提供了哪些启迪。在此，以红墩的个案初步提出一些关于上述问题的理论思考。

首先，在"民族互嵌型"社区中，族群关系的基本形态与基本逻辑是"共生"。族群间既可能因为生计形态或经济上的互补性形成共生互补的关系，也可能因为制度安排或人口规模等因素形成无竞争的共生关系。共生并不意味着无边界或完全融入，关键是形成了正确看待"己"与"他者"差异的认知结构，并在此基础上构建"美己之美，美人之美"的互动逻辑。这套逻辑既鼓励和支持交往，又让各族群尊重彼此文化的差异。"和而不同""和谐共生"和向着"增进共同性"方向发展应是这类社区族群关系和新疆整体民族关系的理想状态。

其次，日常生活中族群关系的研究就是要将民族关系嵌入宏观与微观情境之中。一方面，研究者应注意近代以来新疆整体生态、政治、经济、社会与文化之变迁，以及它们对族群关系的影响。我们应该清楚地意识到，这些因素是族群关系生成与变迁的情境和动力；另一方面，要将族群关系的研究嵌入于人们日常生活的微观情境。只有在日常生活的微观情境中，才可能发现不同族群在生计、行为方式、社会交往、宗教观念和人们对族群关系及其变化的主位认知，将过往的历史、集体意识、社会记忆、现实需求、重大事件、宏观情境变化和人们对这些因素的反应带入到一致的分析框架之中，进而揭示出日常生活中族群关系的基本形态与运作机制。在此，要特别关注行动者及其行为。行动者将宏观与微观情境连接起来，包括族群及其成员、政府、社会组织、企业等等。行动者既通过适应、干预或其他方式应对宏观情境的变化并对微观情境中的族群关系产生影响，又通过微观情境中族群关系的调节和重塑影响宏观情境中族群关系的再造过程。因此，日常生活中族群关系的研究绝不是将研究封闭在"民族互嵌型"社区之中，而是要将这些社区视为大社会中的"地方世界"。其目的是实现在微观中呈现日常生活中族群关系的多面性、多层次性与丰富内涵，并借此透视和反思宏观族群关系之本相及其变迁机制。

再次，"民族互嵌型社区"是新疆一种常态化的人文生态，绝非无源之水，而是有着深厚的历史积淀和广泛的现实基础。我们惯用"多种文明交汇之地""多民族地区""多元文化地区"等来描述新疆族群、文化与文明的特性，但常常忽略了这样一些问题：这些特性如何在人们的日常生活中体现出来，如何影响了人们的生活，以及对人们的生活有何种价值或意义。红墩的个案说明，人们在日常生活中不断发现、认识和体验这些特性，甚至将它们建构为社区共同体意识的一部分，以一种"开放、尊重和包容"的态度看待这些特性，并将之转换为一种谋求"和谐共生"的集体行动以应对宏观与微观情境之变化。历史上形成的集体意识和社会记忆成为社区中各族群成员共享的"符号体系"，而新的移民群体在日常生活的情境中逐渐认可、接纳和濡化了这些"符号体系"。哈布瓦赫精辟地指出，我们保存着对自己生活的各个时期的记忆，这些记忆不停地再现；通过它们，就像是通过一种连续的关系，我们的认同感得以终身长存。[①] 换而言之，共同体意识、符号体系成为一种重要的文化资本，并通过日常生活中人们的实践实现再生产，成为社区弥足珍贵的一笔财富。

最后，日常生活中族群关系的研究可以为新疆各民族相互嵌入的社会结构和社区环境建设提供经验、启迪和理论支持。2014 年 5 月 26 日，习近平总书记在中央新疆工作第二次座谈会上提出"推动建立各民族相互嵌入的社会结构和社区环境，促进各民族交往交流交融"。2020 年 9 月 25 日至 26 日，第三次新疆工作座谈会在北京召开，习近平总书记在讲话中进一步强调"要促进各民族广泛交往、全面交流、深度交融"。2021 年 8 月 27 日至 8 月 28 日，习近平总书记在中央民族工作会议的讲话中指出"必须构筑中华民族共有精神家园，使各民族人心归聚、精神相依，形成人心凝聚、团结奋进的强大精神纽带"，明确"必须促进各民族广泛交往交流交融，促进各民族在理想、信念、情感、文化上的团结统一，守望相助、手足情深"。这些论断既符合新疆历史发展规律，又指出了新时代铸牢中华民族共同体意识的根本路径，也反映了新疆各族人民的心声。一个值得深入探讨和分析的问题是"如何在各民族互嵌型社区环境中，促进各民族交往交流交融"。红墩的个案说明，"民族互嵌型"社区不仅仅是居住格局上的"大杂居"和"交错杂居"，更是社区中不同族群在经济上的共

---

① ［法］莫里斯·哈布瓦赫：《论集体记忆》，毕然、郭金华译，上海人民出版社 2002 年版，第 82 页。

生，在文化与行为方式上的尊重、包容和互渗，在社会交往和政治生活中不以族群身份为边界，以及共同建构并维系社区共同体意识。总之，就是要在社区层面建构一个"相互嵌入、和而不同、和谐共生"的"命运共同体"，将之凝聚为各族成员共享的"符号体系"，进而转化为可再生产的文化资本。这样的社区便是一个扎根于历史与现实的、深得各族人民认可的、有生命的各民族相互嵌入的社区，便能在各族群众在广泛交往、全面交流、深度交融的过程中促进各民族在理想、信念、情感、文化上的团结统一，逐步实现各民族在空间、文化、经济、社会、心理等方面的全方位嵌入，进而引导各族人民牢固树立休戚与共、荣辱与共、生死与共、命运与共的共同体理念。

结　　论

　　行走在新疆大地，可见沿大河带状分布的、散落在绿洲与草原深处的汉人村落，也可见深入沙漠和群山边缘的汉人村落，还可见散布在城镇郊外的汉人社区。可见完全由汉人组成的村落，也可见与其他族群完全杂居的村落。这些汉人村落的历史有长有短，规模有大有小，生计方式有繁有简。它们在经济生活、社会结构与文化体系等层面的组织原则表现出了较强的同质性，同时又在形式和内容上呈现出了较为鲜明的多样性。在新疆这块沃土上，一些耕耘者已经推出了颇有影响的汉人社会的民族志作品，大大推进了新疆汉人社会的人类学研究，但总体上还是存在成果偏少、深度不够和系统性研究不足等问题，尚待后来者加以推进。

　　在新疆汉人社会中，红墩既是典型的，也是特殊的。它的典型性表现为与该区域其他汉人社会在经济、社会、文化、历史记忆与族群关系等多个层面的相同或相似的特征，比如共同历史记忆在共同体整合中的突出作用，混合生计、非宗亲关系对群体发展的价值、文化的在地化、与其他族群共生互补的关系等等，可以说它在一定程度上是新疆汉人社会的一个缩影。它的特殊性在于较长的历史深度和涵括了不同时代、不同类型的汉人，让我们有机会从一个较长的历史时段，在国家、区域历史与社会情境的互动中去考察和分析新疆的汉人社会，并在不同时代和不同类型汉人之间进行比较。在结论部分，我希望探讨新疆汉人社会的特性和研究新疆汉人社会之价值两个问题。

一　新疆汉人社会的特性

汉人进入新疆的历史久远，至迟可追溯至西汉在西域的屯垦和对西域的管辖，且在漫长的历史长河中不曾中断。在张骞凿空西域之前，东西方人群迁移流动、文化交流与文明互动就已广泛存在，因此中原居民进入西域的时间无疑更为久远。历史上，进入西域的汉人在与其他族群交往交流交融，有的融合入其他族群之中，与其他族群一起创造了绚丽多姿的西域文化，强化了西域与中原、生活在西域的族群与中华民族、西域文化与中华文化血肉相连的关系。清平定准噶尔后，在天山南北逐渐形成了带状分布或散点分布的汉人聚居区。在之后的历史中，汉人不断从内陆迁移至边地，在边地扎根、生存和发展，与其他族群一起谱写了边地开发的壮丽诗篇。迁移至新疆的汉人，时间或长或短，祖籍地各不一样，在将新疆视为故乡的同时，往往与祖籍地保持着密切的联系，或是保持着较强的祖籍地认同。对这些汉人来说，"迁移"与"苦难"的记忆形式、内容各异，但却都在社会的整合和共同体认同的构建中发挥着十分重要的作用。同时，迁移形式、迁移的时代往往又成为汉人社会内部重要的边界，比如"新疆老汉人"与"新移民"的区别，支边青年与"自流"人员的区别等等。红墩汉人的个案彰显出共同的记忆在汉人社会生成和发展中的重要作用，一定程度上拓展和丰富了汉人社会整合机制的研究。

迁移至新疆的汉人往往要经历在边地艰辛拓垦、重构生活、重建社会关系网络的艰难历程。以红墩汉人为例，他们不仅要在克兰河谷兴修水利、广辟良田、建设家园，还要运用各种变通性的生存智慧编织新的社会关系网络。他们还要采取策略积极应对各种自然与社会风险，因此形成了"农牧兼营"的生计形式，与游牧民维系着共生互补的关系模式，并通过"移动"逃避战乱。换言之，为在边地生存和发展，汉人移民必须对自己的生计方式、生活方式、社会结构和信仰观念等进行调整，必须在迁入地的场域中"在地化"。从这个层面来讲，新疆的汉人社会已经实现了从移民社会向本土社会的转型，并创造出了与祖籍地相区别的经济、社会和文化体系。

从经济上看，"混合生计"是新疆汉人经济生活最典型的特征，又可具体从三个层面进行分析。一是形成了"农牧兼营"的生计形态，农业与牧业的比重因迁入地的生态环境、资源条件和社会情境而有不同。牧区汉人的牧业比重较高，冬季多圈养牲畜，夏季要么交给牧民带到山上放养，要么放到河谷草滩，这与游牧民四季游牧的传统区别开来。一般来说，农区汉人的牧业比重较小，但多好圈养牛羊，与绿洲维吾尔族人的牧业生产相类似；二是汉人往往保留了种植蔬菜、饲养家禽的副业传统，多以自足为目标。一些移民家庭充分发挥了在副业上的优势，将副业发展成了家庭主要的生计类型；三是另一些家庭进入商业和服务业领域，但多以满足农牧区群众日常生产生活需求为导向，喜好经营"超市""服装店""杂货铺""药店"等。事实上，20世纪50年代以前，在农牧区游走的"货郎"便多以汉人为主。我们应该意识到，汉人的"混合生计"与周边其他族群的生计少有竞争，更常见的是与其他族群的生计有较好的互补性，为共生互补族群关系的生成和发展奠定了基础。

从社会结构层面看，对祖籍地与姓氏各异的汉人来说，缺少组织与整合社会的宗亲和地缘关系纽带，人们在迁入地策略性地利用姻亲、拟制亲、同村、邻里、战友、同事、老乡、朋友等关系纽带来整合社会。事实上，不管是老户儿家，还是新移民，在迁入初期整合社会的力量都不来自宗亲关系。随着在迁入地扎根、生存繁衍，宗亲关系逐渐在社会中生成，甚至在时间允许的情况下发展出不完备的家族形态。但是，宗亲关系并不排斥其他关系，在人们的生活中也不具备主宰性，而是与其他关系共存叠加。随着人口城乡、区域流动的加速，已具雏形的家族形态发育中断，宗亲纽带注定只能成为人们社会关系的一种类型，甚至其功能正因村落的空心化和家庭的空巢化而呈现出弱化的趋势。以我们在红墩的调查来看，当前整合村落社会的纽带似乎更多是姻亲、同村、邻里和朋友关系而非宗亲关系。另外，由于长期与其他族群嵌入式居住，还会生长出跨族群的关系纽带。事实上，人们很少将跨族群的关系从其他关系中剥离出来，更常见的是以邻居、朋友、同事等非族群身份界定彼此关系。只有在调查者确认对方族群身份时，他们才会明确其交往对象的族群身份。

汉人文化的在地化也很普遍，既表现在了语言、饮食、住屋、生产工具等显性层面上，也表现在了行为方式、举止、信仰、仪式和认同等隐性层面上。在地化对汉人在边地生存和融入多族群社会体系之中具有十分重要的功能，有时甚至成为他们扎根边地的有效策略。以多语能力来说，既是长期与其他族群嵌入式居住和交往交流的结果，事实上也是他们与其他族群和睦共处、互帮互助的重要策略。老户儿家与新移民在文化上的在地化程度存在显著差异，这当然受到迁入时间长短的影响，但更多源自社会情境的变化。汉人的增多与国家通用语言文字的普及，在很大程度上弱化了调整自身文化的迫力。另外，一些重要文化事项的简约化是新疆汉人文化一个突出特征，这在信仰、仪式、礼仪等方面均有表现。简约化既是因为缺少迁入地的文化情境，也是因为移民社会往往具有更强的开放性和包容性，并可能受到了周边其他族群文化的影响。

"在地化"是新疆牧区汉人社会的普遍特征，但因迁入时间、背景和过程的不同，在形式和程度上表现出了一定差异性。大体来说，迁入时间越长且与其他族群形成和发展出了相互嵌入的社区环境，与牧民的交往越多，汉人社会在生计与经济生活、社会结构与文化观念体系等方面的调整就越大，在地化程度就越深，就越是能够巩固和发展对迁入地的认同。迁入时间越短，且未与其他族群发展出相互嵌入的社区环境——形成了居住上的区分，经济生活、社会结构与文化观念体系等方面的调整就相对小，而且多停留在生计与经济生活层面，在地化程度相对较低，对迁入地的认同相对较弱。以红墩的情况看，老户儿家属于前者，汉人新移民属于后者。从族群关系的层面看，老户儿家汉人与其他族群之间形成了非常牢固的共生互补关系和内群感，汉人新移民与其他族群之间形成了无竞争的共生关系——互补性相对较弱。

二　新疆汉人社会研究的价值

首先，作为典型的边地汉人社会，既具有汉人社会的一般性特征，又在经济、社会和文化等各个层面形成了地域性特征，可与已有研究范式形成对话，进而推动中国汉人社会研究的深入。以汉人社会的生成机制而言，红墩的个案提供了三点重要启示。一是，边地汉人社会因国家力量向边地扩展而生成，因边地情境而具有了社会文化上的独特性。"边地情境"既包括与迁出地不同的生态环境与资源条件，也包括迁入地的历史、经济、社会、文化与族群结构。在生计结构、生活方式、社会与文化传承上相异的移民，在边地情境中创造出高度共享的历史记忆、经济生活、社会与文化结构，进而推动了汉人社会之生成；二是，迁移至边地的汉人并未能逃脱"国家在场"之影响，而是被卷入国家与地方重大事件之中，并因此经历了具有阶段性、连续性和多层次性的社会文化变迁；三是，为在边地生存和发展，人们必然根据现实需求在经济、社会和文化等方面做出各种创造性的调整。总之，国家在场、边地情境与人群抉择应是考察边地汉人的三个基本维度。

其次，汉族是新疆多民族社会体系的重要一极①，因此不认识新疆的汉人社会就无法全面认识新疆过去、现在和未来。以新疆民族关系的研究来说，我们往往强调关系中少数民族社会这个主体，而忽略汉族社会这个主体。因此，在研究新疆民族关系时，总是习惯性地聚焦少数民族的经济、社会与文化，单向度地将这些层面与汉人社会进

---

① 第七次全国人口普查数据显示，新疆维吾尔自治区常住人口中，汉族人口为 10920098 人，占 42.24%。维吾尔族人口为 11624257 人，占总人口的 44.96%。参见新疆维吾尔自治区统计局、新疆维吾尔自治区第七次全国人口普查领导小组办公室：《新疆维吾尔自治区第七次全国人口普查主要数据》，2021 年 6 月 14 日，https://baijiahao.baidu.com/s? id = 1702536859029150 899&wfr = spider&for = pc。

行比较，而很少注意到少数民族社会对汉人社会在经济、社会与文化等多个层面的影响。再以绿洲社会与草原社会的研究来说，很容易将之与特定民族（比如维吾尔族、哈萨克族）划等号，而忽略绿洲社会与草原社会中本身包括了汉人在内的不同族群。习惯性对嵌入于绿洲与草原的汉人社会视而不见，事实上也无法对维吾尔族社会、哈萨克族社会达成客观、全面和深入的认识。更为糟糕的是，这种划等号的研究还可能误导关于边地与国家、生活在边地的民族与中华民族关系的认识。

最后，边地汉人是联通边地与内陆、边地的族群与内陆的族群的桥梁，新疆汉人社会的研究可为考察边地与国家、边民与国家的关系以及中华民族多元一体格局的形成和发展提供了新的视角。加强对边地汉人社会的研究，将有力地推进各民族相互嵌入的社会结构与社区环境、各民族交往交流交融和中华民族共同体的研究，并通过民族志描述和分析呈现各民族共生互补的关系格局。以扎根牧区的汉人为研究对象，从他们的主体性看与其他族群的互动，以及互动中自身社会文化受到的影响和发生的变化，将增进对这些地区族群关系的认识，揭示出日常生活场域中各民族广泛交往、全面交流、深度交融的地方经验。这些地方经验具有十分重要的现实价值，可以转化为广泛开展"文化润疆"工程和铸牢中华民族共同体意识重要的社会资本和文化资本。

附录1 老户儿家部分姓氏的家谱

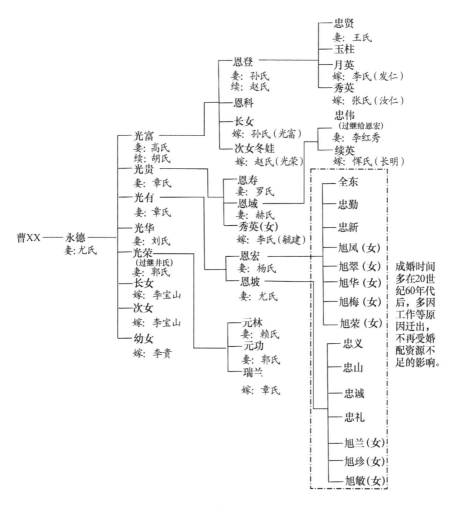

曹氏族谱

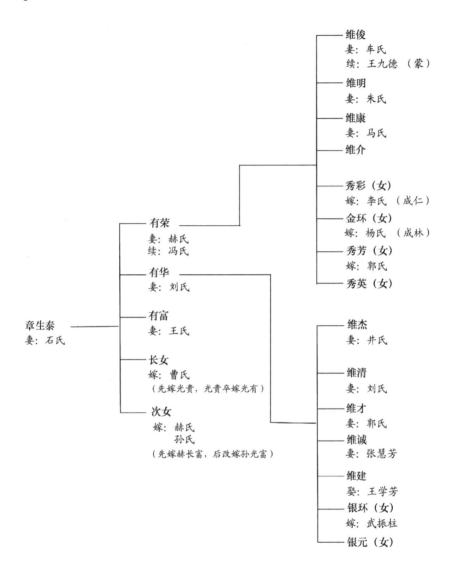

章氏族谱

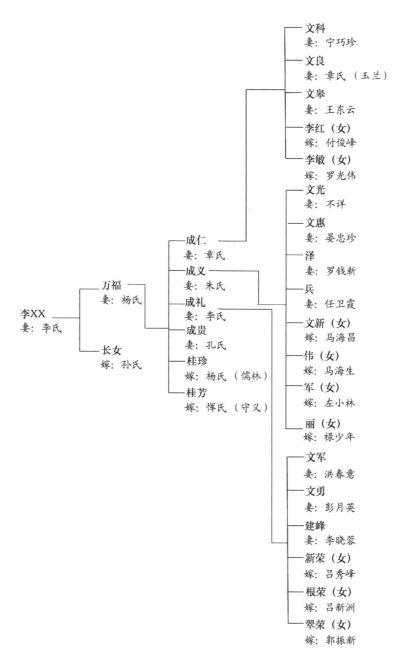

李氏族谱

附录 2 老户儿家祖籍地与迁移时间

在现红墩的位置	姓氏	祖籍地	迁移时间
一村	李氏	甘肃凉州（现武威）	清同治年间
	刘氏	甘肃	清同治年间
	孙氏	甘肃凉州	一个半世纪前
	吴氏	甘肃兰州	—
	高氏	甘肃临洮	清同治年间
	赵氏	—	清同治年间
	王氏	山西	清同治年间
	杨氏	甘肃武威	清同治年间
二村	赵氏	天津杨柳青	清同治年间
	马氏	陕西汉中	清同治年间
	朱氏	山西	清同治年间
	罗氏	甘肃武威	—
	恽氏	甘肃武威	清咸丰十年（1850）至同治元年（1862）之间
	李氏	甘肃	清同治年间
	胡氏	甘肃	清同治年间
	周氏	天津杨柳青	清同治年间
	陈氏	—	清同治年间
	彭氏	—	清同治年间
三村	李氏	甘肃	清同治年间
	王氏	—	清同治年间

续表

在现红墩的位置	姓氏	祖籍地	迁移时间
四村	杨氏	山西	清同治年间
	巨氏	甘肃	清同治年间
	詹氏	—	清同治年间
	刘氏	陕西	清同治年间
	郭氏	陕西汉中	清同治年间
	高氏	甘肃高台	清同治年间
	尤氏	四川	清同治年间
	曹氏	陕西汉中	清同治年间
	井氏	陕西汉中	清同治年间
	冯氏	陕西汉中	清同治年间
	章氏	甘肃武威	清光绪六年（1881）
	刘氏	山西文水县	—
	陈氏	陕西汉中	—
	刘氏	陕西	清同治年间
	赵氏	甘肃	清同治年间
	顾氏	甘肃	清同治年间
	王氏	甘肃	清同治年间
	雷氏	山西	清同治年间
	赖氏	陕西	清同治年间
	邹氏	甘肃	清同治年间
五村	李氏	甘肃	清同治年间
	吴氏	陕西	清同治年间
	赫氏	甘肃	—

另有 3 户缺少姓氏、祖籍地和迁移时间的记录

说明：根据恽长普编写的《阿山往事与老户儿家的悲壮经历》中的相关记录整理而来。

参考文献

一 专编著

阿勒泰市党史地方志编纂委员会：《阿勒泰市志》，新疆人民出版社 2001 年版。

曹树基：《中国人口史·第五卷·清时期》，复旦大学出版社 2001 年版。

费孝通：《费孝通文集（五）》，群言出版社 1999 年版。

费孝通：《江村经济——中国农民的生活》，商务印书馆 2001 年版。

费孝通：《江村农民生活及其变迁》，敦煌文艺出版社 1997 年版。

费孝通：《生育制度》，群言出版社 2016 年版。

费孝通：《中华民族多元一体格局（修订本）》，中央民族大学出版社 1999 年版。

冯志文等：《西域地名词典》，新疆人民出版社 2002 年版。

葛剑雄等：《简明中国移民史》，福建人民出版社 1993 年版。

郭美兰：《明清档案与史地探微》，辽宁民族出版社 2012 年版。

郭鹏、张西虎：《太平天国西征军暨李蓝义军——陕南战事史料汇编》，三秦出版社 2015 年版。

郭松义：《伦理与生活——清代的婚姻关系》，商务印书馆 2000 年版。

哈正利：《社会变迁与学科发展：台湾民族学与人类学简史》，民族出版社 2009 年版。

韩敏：《清代同治年间陕西回民起义史》，陕西人民出版社 2006 年版。

贺雪峰：《新乡土中国（修订版）》，北京大学出版社 2013 年版。

华立：《清代新疆农业开发史》，黑龙江人民出版社 1995 年版。

黄达远、王彦龙、蔺海鲲：《从河西走廊看中国：中华民族共同体意识形成的区域经验》，社会科学文献出版社 2018 年版。

贾建飞：《清乾嘉道时期新疆的内地移民社会》，社会科学文献出版社 2012 年版。

兰林友：《庙无寻处——华北满铁调查村落的人类学再研究》，黑龙江人民出版社 2007 年版。

李德龙校注：《〈新疆四道志〉校注》，中央民族大学出版社 2014 年版。

李洁：《新疆南疆地区汉族移民及民族关系研究》，民族出版社 2010 年版。

李晓霞：《新疆民族混合家庭研究》，中国社会科学文献出版社 2011 年版。

李晓霞：《新疆南部的乡村汉人》，社会科学文献出版社 2015 年版。

李亦园：《李亦园自选集》，上海教育出版社 2002 年版。

林竞：《西北考察日记》，中国国际广播出版社 2016 年版。

林耀华：《义序的宗族研究》，生活·读书·新知三联书店 2000 年版。

刘丹：《新疆移民问题研究——一个汉族亲属群体的移民安居史》，上海三联书店 2018 年版。

刘衍淮著：《丝路风云》，徐玉娟等整理，商务印书馆 2021 年版。

罗意：《消逝的草原：一个草原社区的历史、社会与生态》，中国社会科学出版社 2017 年版。

麻国庆：《家庭》，长征出版社 1998 年版。

麻国庆：《走进他者的世界：文化人类学》，学苑出版社 2001 年版。

马大正等整理：《新疆乡土志稿》，新疆人民出版社 2010 年版。

马戎：《民族社会学——社会学的族群关系研究》，北京大学出版社 2004 年版。

潘允康：《家庭社会学》，重庆出版社 1986 年版。

（清）方希孟等：《西征续录》，中国国际广播出版社 2016 年版。

（清）裴景福：《河海昆仑录》，中国国际广播出版社 2016 年版。

（清）王树枏编纂：《新疆图志》，朱玉麒整理，上海古籍出版社 2015
年版。

陶云逵：《陶云逵民族研究文集》，民族出版社 2012 年版。

吐娜：《近现代新疆蒙古族社会史》，新疆美术摄影出版社 2015 年版。

王建基、许学诚：《爬梳镇西：掀起新疆汉文化神秘盖头》，光明日报
出版社 2003 年版。

《王乐井乡志》编委会编：《王乐井乡志》，宁夏人民出版社 2015 年版。

王明珂：《华夏边缘：历史记忆与族群认同》，社会科学文献出版社
2006 年版。

王鹏辉：《清代民初新疆镇迪道的佛寺道观研究》，新疆人民出版社
2016 年版。

王希隆：《清代西北屯田研究》，新疆人民出版社 2012 年版。

翁家烈：《夜郎故地上的古汉族群落——屯堡文化》，贵州教育出版社
2002 年版。

吴蔼宸：《边城蒙难记》，新疆人民出版社 2013 年版。

吴文藻：《人类学社会学研究文集》，民族出版社 1990 年版。

吴毅：《记述村庄的政治》，湖北人民出版社 2007 年版。

谢晓钟：《新疆游记》，中国国际广播出版社 2016 年版。

《新疆哈萨克族迁徙史》编写组：《新疆哈萨克族迁徙史》，新疆大学
出版社 1993 年版。

新疆社会科学院历史研究所编：《〈清实录〉新疆资料辑录·同治朝
卷》，新疆大学出版社 2007 年版。

新疆社会科学院历史研究所：《新疆地方历史资料选辑》，人民出版社
1987 年版。

徐开墅：《民商法辞典（增订版）》，上海人民出版社 2004 年版。

徐黎丽：《走西口：汉族移民西北边疆及文化变迁研究》，民族出版社
2010 年版。

许烺光：《祖荫下：中国乡村的亲属、人格与社会流动》，王芃、徐隆
　　德译，南天书局 2001 年版。

许万敬、刘向信：《家庭学》，山东友谊出版社 1994 年版。

许学诚：《神化镇西——掀起新疆汉文化神秘盖头》，光明日报出版社
　　2006 年版。

薛宗正：《汉族》，新疆美术摄影出版社 1996 年版。

闫天灵：《汉族移民与近代蒙古社会变迁研究》，民族出版社 2004
　　年版。

阎云翔：《礼物的流动：一个中国村庄的互惠原则与社会网络》，李放
　　春、刘瑜译，上海人民出版社 2017 年版。

殷晴：《新疆经济开发史研究》，新疆人民出版社 1992 年版。

恽长普：《阿山旧事》，新疆美术摄影出版社 2009 年版。

曾问吾：《中国经营西域史》（内部资料），新疆维吾尔自治区地方志
　　总编室 1986 年。

张帆：《血浓于水——华北高村汉族的亲属制度》，云南人民出版社
　　2009 年版。

赵予征：《新疆屯垦》，新疆人民出版社 1991 年版。

中国科学院新疆综合考察队等：《新疆地下水》，科学出版社 1965
　　年版。

中国科学院新疆综合考察队：《新疆综合考察报告（1956 年）》（内
　　部资料），科学出版社 1958 年版。

朱道清：《中国水系大辞典》，青岛出版社 1993 年版。

庄孔韶：《银翅：中国的地方社会与文化变迁（增订本）》，生活·读
　　书·新知三联书店 2016 年版。

庄英章：《林圯埔：一个台湾市镇的社会经济发展史》，上海人民出版
　　社 2000 年版。

［法］迪迪埃·埃里蓬：《今夕纵横谈——克劳德·列维 - 斯特劳斯
　　传》，袁文强译，北京大学出版社 1997 年版。

［法］马歇尔·莫斯：《礼物》，汲喆译，上海人民出版社 2002 年版。

［法］莫里斯·哈布瓦赫：《论集体记忆》，毕然、郭金华译，上海人民出版社 2002 年版。

［芬兰］韦斯特马克：《人类婚姻简史》，李彬译，商务印书馆 1992 年版。

［美］保罗·康纳顿：《社会如何记忆》，纳日碧力戈译，上海人民出版社 2000 年版。

［美］康拉德·菲利普·科塔克：《文化人类学：欣赏文化差异（第 14 版）》，周云水译，中国人民大学出版社 2012 年版。

［美］拉铁摩尔：《中国的亚洲内陆边疆》，唐晓峰译，江苏人民出版社 2010 年版。

［美］林南：《社会资本——关于社会结构与行动的理论》，张磊译，上海人民出版社 2005 年版。

［美］马文·哈里斯：《母牛·猪·战争·妖巫——人类文化之谜》，王艺、李红雨译，上海文艺出版社 1990 年版。

［美］马文·哈里斯：《文化人类学》，李培茱、高地译，东方出版社 1988 年版。

［美］马歇尔·萨林斯：《石器时代经济学》，张经纬、郑少雄、张帆译，生活·读书·新知三联书店 2009 年版。

［美］施坚雅：《中国农村的市场与社会结构》，史建云、徐秀丽译，中国社会科学出版社 1998 年版。

［美］威廉·W. 哈维兰：《文化人类学（第十版）》，瞿铁朋、张钰译，上海社会科学院出版社 2006 年版。

［美］威谦·J. 古德：《家庭》，魏章玲译，社会科学文献出版社 1986 年版。

［挪威］弗雷德里克·巴斯：《族群与边界——文化差异下的社会组织》，李丽琴译，商务印书馆 2014 年版。

［日］渡边公三：《列维‐斯特劳斯—结构》，周维弘、李巍、翁春、吴怡译，河北教育出版社 2002 年版。

［英］阿兰·巴纳德：《人类学历史与理论》，王建民、刘源、许丹

译，华夏出版社 2006 年版。

［英］埃德蒙·利奇：《列维·斯特劳斯》，王庆仁译，生活·读书·
新知三联书店 1985 年版。

［英］埃文斯·普理查德：《努尔人——对尼罗河畔一个人群的生活
方式和政治制度的描述》，褚建芳、阎书昌、赵旭东译，华夏出版
社 2003 年版。

［英］马林诺斯基：《文化论》，费孝通译，华夏出版社 2002 年版。

［英］莫里斯·弗里德曼：《中国东南的宗族组织》，刘晓春译，上海
人民出版社 2000 年版。

二　论文

白志红：《历史脉络中的民族认同——以阿佤山汉族移民认同的变迁
与佤族的互动为例》，《云南社会科学》2009 年第 6 期。

戴良佐：《王树楠与〈新疆图志〉》，《中国地方志》2002 年第 3 期。

董红玲：《清代奇台地区屯垦事业的发展及影响》，《伊犁师范学院学
报（社会科学版）》2015 年第 3 期。

杜靖：《作为概念的村庄与村庄的概念——汉人村庄研究评述》，《民
族研究》2011 年第 2 期。

杜靖：《超越村庄：汉人区域社会研究评述》，《民族研究》2012 年第
1 期。

段超：《元至清初汉族与土家族文化互动探析》，《民族研究》2004 年
第 6 期。

费孝通：《关于我国民族的识别问题》，《中国社会科学》1980 年第
1 期。

芈一之：《青海汉族的来源、变化和发展（上）》，《青海民族研究》
1996 年第 1 期。

芈一之：《青海汉族的来源、变化和发展（中）》，《青海民族研究》
1996 年第 2 期。

芈一之：《青海汉族的来源、变化和发展（下）》，《青海民族研究》

1996 年第 3 期。

何星亮：《阿尔泰乌梁海社会历史述略》，《中央民族学院学报》1988
　　年第 1 期。

侯春燕：《同治回民起义后西北地区人口迁移及影响》，《山西大学学
　　报（哲学社会科学版）》1997 年第 3 期。

黄达远：《隔离下的融合：清代新疆城市发展与社会变迁（1759—
　　1911）》，博士学位论文，四川大学，2006 年。

黄达远：《清代新疆北部汉人移民社区的民间信仰考察》，《宗教学研
　　究》2009 年第 2 期。

黄树民：《从早期大甲地区的开拓看台湾汉人社会组织的发展》，载李
　　亦园、乔建编《中国的民族社会与文化：芮逸夫教授八十寿庆论文
　　集》，食货出版社 1981 年版。

黄应贵：《光复后台湾地区人类学研究的发展》，《"中央研究院"民
　　族学研究所辑刊》（第 55 期）1983 年春季。

纪大椿：《试论一八六四年新疆农民起义》，《民族研究》1979 年第
　　2 期。

靳薇：《新疆维汉关系的社会学研究》，《西北民族研究》2001 年第
　　4 期。

阚耀平：《清代天山北路人口迁移与区域开发研究》，博士学位论文，
　　复旦大学，2016 年。

李承三：《新疆北部边界考察报告（参阅新疆北部考察纪要附路线
　　图）》，《地理》1944 年第 4 卷第 1/2 期。

李德新：《"龙首龟背"上的承化寺》，《新疆地方志》2012 年第
　　1 期。

李国庆：《关于中国村落共同体的论战——以"戒能—平野"论战为
　　核心》，《社会学研究》2005 年第 6 期。

李建新：《新疆维汉关系的调查研究》，《西北民族研究》1996 年第
　　1 期。

李洁：《民国时期新疆汉族移民探析》，《中国边疆史地研究》2009 年

第 4 期。

李晓霞：《新疆汉族地方文化的形成及其特征》，《民族研究》1998 年
　　第 3 期。

李晓霞：《新疆民族关系走向及其影响因素分析》，《北方民族大学学
　　报（哲学社会科学版）》2012 年第 1 期。

李亦园：《民间宗教仪式之检讨——讨论的架构与重点》，载李亦园
　　《民间宗教仪式之检讨研讨会论文集》（内部资料），（台湾）中国
　　民族学会，1985 年 06 月第 1 版。

连雪君、吕霄红、刘强：《空心化村落的共同体生活何以可能：一种
　　空间治理的视角——基于 W 县乡村留守老年人群社会组织方式的
　　调查》，《南京农业大学学报（社会科学版）》2019 年第 2 期。

梁玉金、邹晓飞、胡玉昆：《文化圈理论之下的青海河湟汉族求子风俗探
　　析——以湟中县为个案研究》，《青海民族研究》2012 年第 1 期。

廖国强：《清代云南少数民族之"汉化"与汉族之"夷化"》，《思想
　　战线》2015 年第 2 期。

林美容：《汉人传统庄社的基本性质》，《民俗研究》2016 年第 2 期。

刘虹：《清末民国时期新疆汉文化传播研究（1884—1949）》，博士学
　　位论文，陕西师范大学，2012 年。

陆辉：《"高山汉族"——多民族聚居地区里的少数民族丛叶》，《广
　　西民族研究》1994 年第 1 期。

路伟东：《守土与离乡：同治西北战争期间战区人口的外迁》，《复旦
　　学报（社会科学版）》2019 年第 2 期。

罗江呼：《额尔齐斯河流域开发对河谷生态的影响及保护》，《新疆环
　　境保护》1992 年第 2 期。

罗意：《共生关系的构建与发展：新疆阿勒泰草原一个微型多民族社
　　区的个案》，《西南民族大学学报（人文社会科学版）》2014 年第
　　12 期。

罗意：《生成与重塑：阿勒泰市红墩"老户儿家"汉人族群关系记忆
　　研究》，《云南师范大学学报（哲学社会科学版）》2016 年第 4 期。

罗意：《在嵌入中共生：新疆红墩族群关系的百年变迁》，《西南民族大学学报》2017 年第 3 期。

罗意：《牧区散居维吾尔人的社会文化适应——阿尔泰山草原红墩的个案》，《西南民族大学学报（人文社会科学版）》2018 年第 5 期。

麻国庆：《汉族的家族与村落：人类学的对话与思考》，《思想战线》1998 年第 5 期。

马成俊：《循化汉族社会文化的建构：从河源神庙到积石宫》，《青海民族学院学报（社会科学版）》2009 年第 2 期。

马戎：《牧区体制变革与草场使用、人口迁移、社区生活及草原生态系统的变迁》，载周星、王铭铭编《社会文化人类学讲演集（下）》，天津人民出版社 1996 年版。

马云：《承化寺僧众迁徙论述》，《新疆师范大学学报（哲学社会科学版）》2008 年第 3 期。

齐清顺：《清代新疆汉民族的文化生活》，《新疆大学学报（哲学·人文社会科学版）》1996 年第 4 期。

石峰：《"边汉社会"及其基本轮廓——以黔中屯堡乡村社会为例》，《安顺学院学报》2017 年第 6 期。

覃德清：《多重的认同，共赢的汇融——壮汉族群互动模式及其对消解民族矛盾的启示》，《广西民族研究》1999 年第 4 期。

陶东风：《记忆是一种文化建构——哈布瓦赫〈论集体记忆〉》，《中国图书评论》2010 年第 9 期。

陶云逵：《论边地汉人及其与边疆建设之关系》，《边政公论》1943 年第二卷第一、第二册。

田丰：《中国当代家庭生命周期研究》，博士学位论文，中国社会科学院，2011 年。

王川：《民国时期"康西"边缘的"汉人社会"——以西藏工布江达一地为中心》，《西南民族大学学报（人文社会科学版）》2011 年第 1 期。

王海霞、杨圣敏：《新疆库车县民族关系调查与试分析》，《西北民族研究》2007 年第 2 期。

王汉生、刘亚秋：《社会记忆及其建构：一项知青集体记忆的研究》，《社会》2016 年第 3 期。

汪洪亮、何广平：《民国时期川西北羌地汉人的文化生活与精神世界》，《西南民族大学学报（人文社会科学版）》2017 年第 2 期。

汪洪亮、何广平：《民国时期川西北羌地汉人的经济生活》，《中国边疆史地研究》2017 年第 3 期。

王丽珍：《河湟汉族转房婚存留的背景探析》，《青海民族研究》2009 年第 2 期。

王明珂：《历史事实、历史记忆与历史心性》，《历史研究》2001 年第 5 期。

王铭铭：《小地方与大社会：中国社会人类学的社区方法论》，《民俗研究》1996 年第 4 期。

王田：《近代藏彝走廊东缘的汉人社会与市镇发育——以川边薛城为中心的讨论》，《贵州民族研究》2013 年第 1 期。

王希隆：《清代实边新疆述略》，《西北史地》1985 年第 4 期。

王希隆：《准噶尔时期天山北路农业劳动者的来源和族属》，《民族研究》1993 年第 5 期。

王勇：《我读赵光明》，《小说评论》2001 年第 5 期。

谢燕红、李刚：《废墟中的生命之歌——读周涛〈游牧长城〉兼论 20 世纪 90 年代知识分子的一类话语转型》，《廊坊师范学院学报（社会科学版）》2011 年第 2 期。

行龙：《"水利社会史探源"——兼论以水为中心的山西社会》，《山西大学学报（社会科学版）》2008 年第 1 期。

许建英：《坛庙与神祇：清代新疆汉族移民的社会文化构建》，《云南师范大学学报（哲学社会科学版）》2014 年第 3 期。

杨小柳：《一个处于区域性"少数民族"地位的汉族族群建构——对云南大理州鹤庆县金敦乡积德屯村的调查》，《吉首大学学报（社会科学版）》2002 年第 3 期。

杨志娟：《清同治年间陕甘人口骤减原因探析》，《民族研究》2003 年第 2 期。

袁年兴、许宪隆：《族群杂居区族际互动的结构性特征——一种超越二元对立的研究视域》，《浙江大学学报（人文社会科学版）》2012年第 5 期。

张生旺：《太平军在陕西的抗清斗争》，《历史教学》1963 年第 1 期。

张咏：《认同与发展——一个边疆汉人移民社区的文化研究》，博士学位论文，中央民族大学，2004 年。

周东郊：《新疆阿山区概况》，《新疆论业》1940 年创刊号。

周泓：《汉唐两朝对古代新疆的管辖与经营》，《新疆师范大学学报（哲学社会科学版）》2001 年第 4 期。

周泓：《魏晋十六国时期中原王朝对西域的经营》，《新疆师范大学学报（哲学社会科学版）》2003 年第 2 期。

周泓：《杨柳青镇乡：地缘圈界与信仰圈层——兼论汉人社会圈层形态》，《广西民族大学学报（哲学社会科学版）》2011 年第 3 期。

周泓：《晚近新疆汉人社会的生成——以迪化为中心》，《学术月刊》2014 年第 5 期。

周泓：《近代新疆汉人主体的社会生成》，《社会史研究》2018 年第 2 期。

朱炳祥：《继嗣与交换：地域社会的构成——对摩哈苴彝村的历史人类学分析》，《民族研究》2004 年第 6 期。

庄英章：《人类学与台湾区域发展史研究》，《广西民族学院学报（哲学社会科学版）》1998 年第 2 期。

庄英章：《台湾宗族组织的形成及其特性》，载李亦园、杨国枢、文崇一编《现代化与中国化论集》，桂冠图书股份有限公司 1985 年版。

三　英文文献

Anatoly M. Khazanov, *Nomads and the Outside World* (*Second Edition*), The University of Wisconsin Press, 1994.

Fredrik Barth, *Ecological Relationship of Ethnic Groups in Swat*, *North Paki-*

stan, American Anthropologist, Vol. 58, No. 6, 1956.

Salzman, P. C, "*The study of 'complex society' in the Middle East: a Review Essay*". Int. J. Middle East Stud. 9: 539 – 557. 1978.

四 其他文献

黄鹭:《金山银水的甲子新颜》,《吉林日报》2015 年 1 月 1 日。

王鼎:《民族团结之花开遍了天山南北——自治区民族团结进步事业综述》,《新疆日报》2016 年 3 月 29 日。

新疆维吾尔自治区统计局、新疆维吾尔自治区第七次全国人口普查领导小组办公室:《新疆维吾尔自治区第七次全国人口普查主要数据》, https://baijiahao. baidu. com/s? id = 1702536859029150899& wfr = spider&for = pc, 2021 年 6 月 14 日。

伊犁哈萨克自治州政协文史资料委员会编:《伊犁文史资料 (第 27 辑)》(内部资料) 2010 年。

政协昌吉回族自治州委员会文史资料委员会:《昌吉文史资料选辑 第 7 辑 昌吉回族与伊斯兰教》(内部资料) 1988 年。

张文娟:《47 个民族共攥一把 "金钥匙" (新疆跨越 60 年)》,《人民日报》, 2015 年 10 月 5 日。

仲春春:《电影〈在那遥远的地方〉顺利杀青》, 中国新闻网 (http://www. chinanews. com/yl/2015/08 – 28/749831. shtml), 2015 年 8 月 27 日。

中国人民政治协商会议新疆维吾尔自治区奇台县委员会文史资料委员会编:《奇台文史 第 1 辑》(内部资料) 1991 年。

中国人民政治协商会议新疆维吾尔自治区奇台县委员会文史资料委员会编:《奇台文史 (第 3 辑)》(内部资料) 1994 年。

中国人民政治协商会议新疆维吾尔自治区奇台县委员会文史资料委员会编:《奇台文史·合编本 (1)》(内部资料) 2015 年。

中国人民政治协商会议新疆维吾尔自治区奇台县委员会文史资料委员会编:《奇台文史·合编本 (2)》(内部资料) 2015 年。

后　记

　　距离初次"闯入"红墩已逾六载，总是耐不住红墩受访者与身边朋友们的催促，在完成这部书稿时终于有了一种解脱之感。一是对我调查的红墩汉人群体有了一个交代，期待他们祖先及他们自己的生活能为更多人所了解；二是对我自己有了一个交代，即通过民族志的方式呈现了自己长期关注的阿尔泰山草原的汉人社会。我始终认为，要全面、客观和深入地认识新疆牧区，离不开对生活于此的各个民族的民族志描述。因为，新疆牧区的历史是由生活在这片热土上的各民族共同缔造的。我也始终坚信，对新疆牧区汉人社会的民族志描述有助于把握边疆与内陆、生活在边地的民族与中华民族的内在关系，对丰富关于"各民族共同团结奋斗，共同繁荣发展"的认识和铸牢中华民族共同体意识都有着十分重要的意义。尽管本书研究的对象是红墩汉人，但并没有忽略生活在这片土地上的哈萨克族、蒙古族、回族和维吾尔族群众。如本书所描述的，红墩汉人不仅通过"在地化"适应策略在边地扎根和发展，还与该区域其他民族在日常生活中共同构建了具有延续性的共生互补关系。

　　在此，我要感谢很多在田野调查、资料搜集与书稿写作等方面提供帮助的朋友和亲人。

　　我要感谢原阿勒泰广播电视大学的腾建新校长和邹峰副校长（已调到新疆维吾尔自治区林业局工作）。他们不经意的安排，让我有机会接触和认识生活在克兰河谷的"老户儿家"汉人后裔和其他汉族群众。2015—2017年在红墩调查期间，腾校长多次出面帮助协调食宿事宜，还多次带着水果到红墩看望调查组一行，让我十分感动。

我要感谢参与红墩调查和后续资料整理的学生们。他们是庹梦婷、张凤婷、田昊、陈红博、玛依热、米娜和吉尔格勒等。新疆师范大学民族学专业的研究生王佩、王丹参与了红墩的试调查，邱磊受委托到红墩帮助补拍了一些照片。我的几位研究生承担了整理资料、校稿的工作，他们是庹梦婷、王炜、李飞、张文聪、胡俊雄和李俊，在此也一并谢过。

我特别要感谢红墩可爱的老乡。他们中一部分人的故事已经在本书中得到呈现，还有很多人的故事未能收入书中，但我想他们都能在我的描述中找到和体会到自己、家人和祖辈们在红墩生活的印记。在此，特别要感谢几位在田野中提供很多帮助的老乡，包括曹忠伟与李红秀夫妇、曹忠贤、杨自治、李文皋、刘建军、高新民、杨发新等老户儿家的后人，赵金华、韩纪斌、朱言周等新移民，以及黑扎提、哈三、比力克孜等其他民族的老乡。还要特别感谢书写《阿山旧事》《阿山往事》的恽长普老先生，虽未谋面，但阅读两本书给予了我诸多灵感。为我们提供帮助的老乡实在太多，无法一一写下来，唯在此以"红墩可爱的老乡"之名表达对他们的感激之情。

我要感谢新疆师范大学的几位同事。如本书所说，我是与关丙胜教授一起邂逅红墩"老户儿家"的。几年来，我也数次与关教授讨论，获益良多。我要感谢老院长地木拉提·奥迈尔教授，2016年红墩调查得到了我校民族学重点学科的资助，他为此提供了力所能及的帮助。还要感谢与我共事多年的李媛博士，她是民族学13—5班的班主任，帮我配强了一支田野调查队伍。2016年我们一起组织了阿尔泰山草原四个汉人村落的调查，这些调查对我深化红墩汉人社会典型性的认识帮助很大，期待在今后还有更多机会与她合作。

我要感谢在红墩调查期间给予帮助的多位当地领导。在原阿勒泰市红墩镇的秦红军书记（已调到和田地区策勒县工作）协调下，2016年调查组在红墩镇政府食堂用餐40多天，解决了调查中的一大困难。阿勒泰地委的马学良秘书长帮我们联系了阿勒泰地区、阿勒泰市档案馆，为了解 20 世纪 40—50 年代红墩汉人的情况提供了宝贵的第一手材料。2021 年，为了新建"户儿家民俗文化展览馆"，红墩镇现任书记徐云龙与我联系，请我帮助完成展览馆的文案。为此，我在红墩又工作了一个多月（6—8 月），有机会与红墩的老户儿家后裔核对了诸多信息，校正了一些细节，丰富了一些内容。当然，更有意义的是为展览馆的建设提供了力所能及的帮助，为真实地展现民族团结"阿勒泰现象"出了一份力。

我要特别感谢我的博士研究生导师曾少聪教授，本书很荣幸地纳入老师主编的"汉民族研究丛书"之中。我将牢记老师的教诲，专注于学术研究。

最后，我要感谢我的妻子。最近几年，我总是忙于各种工作，鲜少顾及家中事务。没有她打理家中事务，我很难专注于本书的写作，军功章上有她的一大半。

本书中的一些内容曾以论文形式发表，在写作本书时做了增补和修订。这些文章有《天山北路的农牧交错带及其走廊意义——以清中期至民国"游记"文本为中心》（《西南民族大学学报》2020 年第 8 期）、《牧区汉族社会的生成与变迁：红墩"老户儿家"的个案》（《北方民族大学学报》2019 年第 2 期）、《在嵌入中共生：新疆红墩族群关系的百年变迁》（《西南民族大学学报》2017 年第 3 期）、《牧区散居维吾尔人的社会文化适应——阿尔泰山草原红墩社区的个案》（《西南民族大学学报》2018 年第 3 期），《生成与重塑：阿勒泰市红墩"老户儿家"汉人族群关系记忆研究》（《云南师范大学学报》2016 年第 4 期）。

罗　意
2021 年 10 月 30 日写于温泉校区